TIERRA FIRME

PUERTAS ABIERTAS

PUERTAS ABIERTAS

Antología de poesía centroamericana

Selección y prólogo
Sergio Ramírez

FONDO DE CULTURA ECONÓMICA

Primera edición,   2011
    Primera reimpresión, 2012

Puertas abiertas. Antología de poesía centroamericana / selec. y pról. de Sergio
Ramírez. — México : FCE, 2011
    479 p. ; 23 × 17 cm — (Colec. Tierra Firme)
    ISBN 978-607-16-0808-6

    1. Poesía centroamericana 2. Literatura centroamericana — Siglo XXI I. Ser.

LC PQ7474   Dewey 861p

Este libro forma parte de las actividades en apoyo a la literatura
centroamericana durante la XXV Feria Internacional del Libro de Guadalajara.
Agradecemos el patrocinio del Conaculta, la Secretaría
de Relaciones Exteriores, la FIL de Guadalajara y el Cerlalc.

Distribución mundial

Diseño de portada: Teresa Guzmán Romero

D. R. © 2011, Fondo de Cultura Económica
Carretera Picacho-Ajusco, 227; 14738 México, D. F.
www.fondodeculturaeconomica.com
Empresa certificada ISO 9001:2008

Comentarios: editorial@fondodeculturaeconomica.com
Tel.: (55)5227-4672. Fax: (55)5227-4640

ISBN 978-607-16-0808-6

Impreso en México • *Printed in Mexico*

Deja la puerta abierta.
Que tus palabras entren
como un arco tejido por cipreses,
un poco más livianos
que la ineludible vida.
Lejos está el puerto
donde los barcos de ébano
reposan con tristeza.
Poco me importa llegar a ellos,
pues largo es el abrazo con la noche
y corta la esperanza con la tierra.
Donde quiera que vaya
el mar me arroja a cualquier parte,
otro amanecer donde la imaginación
ya no puede convertir el lodo
en vasijas para almacenar recuerdos.
Me canso de despertar,
la luz me hiere cuando ver no quiero,
el viaje a Ítaca nada me ofrece.
Si hubiera al menos un poco de vino
para embriagar los días que nos quedan
    embriagar los días que nos quedan
        que nos quedan.

FRANCISCO RUIZ UDIEL (1977-2010),
"Deja la puerta abierta", *In memoriam*

Sumario

Agradecimientos ✦ 11

Prólogo. Inventando sueños ✦ 13

Guatemala ✦ 25

El Salvador ✦ 95

Honduras ✦ 161

Nicaragua ✦ 219

Costa Rica ✦ 327

Panamá ✦ 399

Índice ✦ 467

Agradecimientos

Cuando acepté el encargo del Fondo de Cultura Económica (FCE), de componer una antología de la poesía centroamericana, y otra del cuento centroamericano, conté desde el principio con el apoyo dedicado de dos jóvenes escritores nicaragüenses, el poeta Francisco Ruiz Udiel, para la primera de ellas, y el narrador Ulises Juárez Polanco, para la segunda. Por cuenta de ambos empezó a correr el trabajo de contactar corresponsales en los países del área, reunir los materiales, preparar las fichas biográficas y ayudarme, con sus estrictos criterios de selección, a configurar la lista de los autores que deberían figurar en ambas antologías, y los trabajos que los representarían.

El 31 de diciembre de 2010, Francisco murió de manera trágica, y además de abrumarnos con su desaparición tan temprana, pues apenas tenía 33 años y era ya uno de los mejores poetas centroamericanos, no sólo de su generación, dueño de una voz muy singular y novedosa, dejó un hueco muy grande en el trabajo de preparación de la antología que le correspondía. Ulises Juárez Polanco asumió el reto de la doble tarea; rescató de la computadora de Francisco los materiales ya reunidos y siguió adelante con todo empeño, un colaborador de muchos quilates, y también un promisorio narrador, por lo cual le estoy doblemente agradecido.

También quiero agradecer el apoyo brindado por Ana María Rodas y Allan Mills en Guatemala; Miguel Huezo Mixco, Carlos Clará y Otoniel Guevara, en El Salvador; Helen Umaña y Fabricio Estrada, en Honduras; Carlos Cortés en Costa Rica, y Dimas Lidio Pitty y Javier Alvarado, en Panamá. Sus criterios para la selección de los poetas de sus respectivos países fueron esenciales.

Prólogo
INVENTANDO SUEÑOS

¿Para qué sirve la poesía? Ésta es una de las preguntas más viejas de la que se puede tener memoria en la Centroamérica enfrentada y fragmentada desde los años de la independencia en el siglo XIX, bajo la costumbre de ver los fenómenos de expresión cultural como productos marginales e inservibles para los fines prácticos de la creación de riqueza material, y para crear las condiciones de esa voluble quimera que se ha llamado siempre el desarrollo. En la Centroamérica cerril y rural, donde sonaban mejor los mugidos de los tropeles de reses que atravesaban el paisaje, los poetas fueron considerados no pocas veces a la par de los tísicos y de los locos, a quienes se encerraba en cuartos apartados en el traspatio de las casas, porque eran un estigma familiar, para que no contagiaran, para que no estorbaran, o no fueran causa de vergüenza.

Pero la poesía estuvo siempre allí, inadvertida del mundo material, o estorbándolo, como un testigo indiscreto, además de molesto, mientras se tejía la tela de la historia de lo que llegarían a ser, andando el tiempo, las mal afamadas repúblicas bananeras, agobiadas por la intervención extranjera, los golpes de Estado y las asonadas, sus instituciones sólo un remedo de la democracia descrita en las constituciones. Y en esas repúblicas, que no dejaban de ser rurales, convivían los malos poetas con los buenos, y era a los malos a quienes se encargaba escribir las letras de los himnos nacionales, con versos mal medidos en los que florecía desde entonces la retórica patriótica mal rimada.

La poesía cumplía así variados oficios, por mucho que le negaran parte en el mundo terrenal. En los albores de la independencia se salió del canon religioso y pasó al bando de la subversión anónima a través de las octavillas clandestinas que denostaban al poder de la corona; y aunque la independencia se consumó sin que se disparara un solo tiro, porque fueron los mismos criollos realistas quienes la declararon en Guatemala en 1821, "para prevenir las consecuencias, que serían temibles en el caso de que la proclamase de hecho el mismo pueblo", según reza el acta suscrita por los próceres, fue seguida de constantes guerras intestinas en las que las imprentas portátiles iban con los ejércitos en la impedimenta, arrastradas en carromatos tras las cureñas de los cañones, y no pocas proclamas bélicas se escribieron en versos, pues no faltaban los bardos en las filas guerreras, y aun los había entre los caudillos, que a veces eran letrados.

Siempre fue la poesía un hilo en el tejido confuso de la historia, aunque se siguiera preguntando para qué servía. El poeta nicaragüense José Coronel Urtecho (1906-1994) señalaba que a cada época del devenir de Centroamérica correspondía una obra literaria capital: el *Popol Vuh* a la época precolombina; la *Historia verdadera de la conquista de la Nueva España,* de Bernal Díaz del Castillo, a la época de la conquista; la *Rusticatio mexicana,* de Rafael Landívar, a la época colonial, y la poesía de Rubén Darío, a la época independiente.

Si nos fijamos bien, todas esas obras, cruciales en nuestra cultura, pertenecen al mundo de la poesía, salvo la *Historia verdadera* de Bernal; desde luego que el *Popol Vuh,* el libro sagrado del pueblo quiché, es tan mágico, y por tanto tan poético, en su concepción, en sus imágenes y en su manera de contar, como lo es el Antiguo Testamento. Basta leer los párrafos iniciales, en que se describe la creación del mundo, según la versión de Adrián Recinos:

> Ésta es la relación de cómo todo estaba en suspenso, todo en calma, en silencio; todo inmóvil, callado, y vacía la extensión del cielo.
>
> Ésta es la primera relación, el primer discurso. No había todavía un hombre, ni un animal, pájaros, peces, cangrejos, árboles, piedras, cuevas, barrancas, hierbas ni bosques: sólo el cielo existía.
>
> No se manifestaba la faz de la tierra. Sólo estaban el mar en calma y el cielo en toda su extensión. No había nada junto, que hiciera ruido, ni cosa alguna que se moviera, ni se agitara, ni hiciera ruido en el cielo. No había nada que estuviera en pie; sólo el agua en reposo, el mar apacible, solo y tranquilo. No había nada dotado de existencia...

El cura jesuita Rafael Landívar, nacido en Guatemala en 1731, murió en el destierro en Bolonia en 1793, expulsado de su país gracias a la Pragmática Sanción de Carlos III, que mandaba sacar de las tierras americanas a todos los miembros de su orden, y fue en el exilio donde escribió, en latín, su *Rusticatio mexicana,* toda una evocación lejana de la tierra natal perdida para siempre, cuyos hermosos ecos podemos oír sonar en la traducción de Federico Escobedo:

> ¡Oh salve, Patria, para mí querida,
> mi dulce hogar, oh salve Guatemala!
> Tú el encanto y origen de mi vida.
> ¡Cuánto, tierra bendita, se regala
> el ánimo evocando de tu suelo
> las prendas todas, de natura gala!
> Me acuerdo de tu clima y de tu cielo,
> a tus fuentes me asomo, y se pasea
> por tus henchidas calles ¡ay! mi anhelo.
> En tus templos mi vista se recrea,
> y a la sombra encontrarme de tus lares...

Esas obras fundamentales, y fundacionales, señaladas por Coronel Urtecho, no se quedan en las estrechas y confusas fronteras centroamericanas, y son en todo sentido universales, en la medida en que enseñan al mundo el valor trascendente de una cultura que tiene sus raíces en el mundo indígena, y habrá de alcanzar, desde los finales del siglo XIX, la dimensión moderna que le da la poesía de Rubén Darío (1867-1916), toda una revolución en la lengua castellana que empieza con *Azul...*, aparecido en Chile en 1888, y que habrá de llegar a su esplendor con *Cantos de vida y esperanza*, publicado en Madrid en 1905. Fuera de su vuelo universal, que crea seguidores tanto en América como en España, el modernismo renueva a plenitud la poesía centroamericana, y en cada uno de nuestros países hay al menos un poeta de esa escuela al cual celebrar.

El salvadoreño Francisco Gavidia (1863-1955), más bien un precursor de Darío, a quien enseñó a aprovecharse de las novedades métricas del alejandrino francés, y quien ya en 1885, antes de la aparición de *Azul...*, había publicado su primer libro, *Versos;* el costarricense Aquileo Echeverría (1866-1909), amigo de Darío, y cuyo libro de poemas más conocido es *Concherías* (1903), situado en la línea vernácula; el panameño Darío Herrera (1870-1914), quien dio a luz en 1903 un libro de cuentos, *Horas lejanas,* pero sus poemas sólo aparecerían en 1971 recopilados bajo el título *Lejanías;* el hondureño Juan Ramón Molina (1875-1908), muerto muy tempranamente en su exilio de El Salvador, de modo que fue hasta 1911 que se editó una recopilación póstuma de sus poemas, *Tierras, mares y cielos,* hecha por otro modernista, Froilán Turcios (1875-1943);

y el guatemalteco Rafael Arévalo Martínez (1884-1975), también narrador, que se inicia con los libros *Maya* (1911) y *Los atormentados* (1914), y que es autor de un libro de cuentos, clave también para la literatura modernista, *El hombre que parecía un caballo* (1914).

Era una generación ansiosa por la novedad del cambio, por la búsqueda de un nuevo lenguaje, que junto con Darío partía desde la literatura francesa, la más brillante de las novedades, parnasianos y simbolistas militantes, hacia lo que ellos mismos definían como cosmopolitismo, que salvo en el caso de Aquileo significaba alejarse del color local y buscar los escenarios extranjeros, principalmente los europeos, París, para empezar, que era la meca. Hacia esos escenarios que evocaban de lejos se desplazaron como periodistas, o diplomáticos, igual que ocurría con los otros latinoamericanos, Leopoldo Lugones, Amado Nervo, José Asunción Silva, Rufino Blanco Fombona. Cuando se celebró en Río de Janeiro la Conferencia Panamericana en 1906, había poetas modernistas como miembros subalternos de las delegaciones, lo que permite a Darío afirmar: "Esa conferencia en que los secretarios éramos gigantes y los ministros pigmeos…"

Y eran también, en su mayoría, liberales positivistas, convencidos de que la modernidad literaria tenía su par en el progreso, en el aprovechamiento local de los nuevos medios de comunicación, los ferrocarriles, el telégrafo, el cable submarino, las instituciones civiles separadas de la Iglesia, la enseñanza laica. Era el momento en que Centroamérica atravesaba por las transformaciones económicas que traía consigo la extensión de la caficultura. Cuando Darío se despide de Nicaragua en 1908 después de su viaje triunfal a la tierra natal, en el discurso que pronuncia en el Ateneo de León, lo que recomienda a la juventud es que aprendan las artes liberales, de provecho para el avance del país, más que a hacerse poetas.

El modernismo era una exploración extramuros; desde luego que los países centroamericanos no representan el escenario cosmopolita natural al modernismo. Falta la intensa vida urbana que es esencial a su visión literaria, eso que Darío llama "la ciudad de luces feéricas", con sus cenáculos literarios, las charlas de café, los teatros, las editoriales, los periódicos, las revistas. El romanticismo había buscado antes la lejanía y la extrañeza de las tierras exóticas, o los escenarios melancólicos del pasado; el modernismo buscaba también lo exótico, y entre todo lo exótico prefería el Oriente. Pero también París era lo exótico; y este fenómeno de la huida del color local hacia el color cosmopolita, que parte de la sustitución de los escenarios, habrá de ser una constante futura en la literatura latinoamericana, y siempre objeto de debate, aunque Darío lo acomodara de una manera conciliatoria en el prólogo de sus *Prosas profanas* de 1896: "Abuelo, preciso es decíroslo, mi esposa es de mi tierra; mi querida, de París".

El modernismo hizo posible que la poesía hispanoamericana entrara por novedosos cauces de expresión, y ya enterrado Darío en la catedral de León en Nicaragua, "bajo su espantoso león de marmolina, como esos leones que los ricos ponen en los portales de sus casas", como diría Federico García Lorca en el discurso al alimón que él y Pablo Neruda pronunciaron en su homenaje en Buenos Aires en 1933, los poetas de las nuevas generaciones se encontrarán en deuda con él: sin Darío y sin el modernismo no sería posible explicar a García Lorca, ni a Neruda, ni a César Vallejo ni a Jorge Luis Borges, ni a Octavio Paz, y todos ellos reconocen de una u otra forma esa deuda.

Pero como si se tratara de un *boomerang*, la nueva poesía que es posible porque Darío le abrió brecha transformando el idioma, regresará a Centroamérica para establecer una influencia casi inamovible en la primera mitad del siglo XX, marcado por tres figuras, que son las de Lorca, Neruda y Vallejo. Son el modelo, un modelo repartido en tres, y cuando uno lee a los poetas centroamericanos de ese medio siglo, que alcanza aún los años sesenta, encontrará grabada a fuego esa marca.

E igual que ocurre con la narrativa en esa primera mitad del siglo, la poesía andará entre regresiones, estancamientos y avances, y no dejará de presentar novedades. Persistirá una nostalgia por el modelo modernista, con todos sus atractivos pirotécnicos; se insistirá en algún tipo de poesía vernácula; y además de las influencias de Lorca, Neruda y Vallejo, entre los poetas que buscan emparejarse a la vanguardia, se empezará a leer también a Rafael Alberti, a Vicente Huidobro, a Xavier Villaurrutia, a Vicente Aleixandre, a Jorge Guillén.

Pero es en Nicaragua donde la poesía, desde muy temprano, tomará un sesgo dinámico con la generación inmediatamente posterior a Darío, la de los posmodernistas, y en la que destacan tres nombres: Azarías H. Pallais (1884-1954), Salomón de la Selva (1893-1959) y Alfonso Cortés (1893-1969). Pallais, un sacerdote formado en Francia y en Bélgica, que hizo de la pobreza un verdadero voto, usa la métrica tradicional, principalmente los alejandrinos, para descomponerla en figuras novedosas, y Cortés, enajenado por la locura que lo asaltó desde joven, crea una poesía metafísica de gran misterio y poder.

El verdadero puente entre el modernismo y la vanguardia es, sin embargo, Salomón de la Selva, formado desde la adolescencia en Estados Unidos, y quien fue parte del núcleo de escritores congregados alrededor de la célebre revista *Poetry*, compañero de Edna Saint Vincent Millay y Stephen Vincent Benet. Fue un escritor bilingüe, y su primer libro, *Tropical Town and Other Poems*, se publica en 1918, recién muerto Darío, a quien había conocido en Nueva York en 1915. Su siguiente libro será el fruto de su experiencia como combatiente en la primera Guerra Mundial, *El soldado desconocido*, publicado en México en 1922 con una ilustración de portada de Diego Rivera. Las amarras con el modernismo tradicional se rompen en la poesía centroamericana a partir de estos dos libros.

Pero igual deuda tiene la modernidad centroamericana con el guatemalteco Luis Cardoza y Aragón (1901-1992). Enviado por su padre a estudiar medicina a París, hizo amistad con Pablo Picasso, André Breton, Louis Aragon y Antonin Artaud, y luego, diplomático en Nueva York, conocería a García Lorca. Fue desde joven un entusiasta surrealista, como lo demuestra su primer libro *Luna Park*, publicado en París en 1923.

El Movimiento de Vanguardia aparece en Nicaragua en 1931 en el lugar más imprevisto, la colonial y conservadora ciudad de Granada, encabezado por José Coronel Urtecho, quien había vivido desde muy joven en California, y había regresado con una maleta cargada de libros de poesía, desde Walt Whitman, Carl Sandburg, Emily Dickinson, hasta Marianne Moore, William Carlos Williams, Robert Frost, T. S. Elliot, Ezra Pound y Vachel Lindsay. Fue esta poesía la que aleccionó a los poetas adolescentes del movimiento, entre ellos Pablo Antonio Cuadra (1912-2002) y Joaquín Pasos (1914-1947), autor de un largo poema capital, *Canto de guerra de las cosas*, que concluyó el mismo año de su muerte.

La vanguardia se presenta en Nicaragua contraria a todo resabio de modernismo, que es ahora el estilo de los poetastros, y se alza contra el padre fundador, como el mismo Coronel lo expresa en su *Oda a Rubén Darío*. Toda una rebelión:

> Tú comprendes.
> Tú que estuviste en el Louvre,
> entre los mármoles de Grecia,
> y ejecutaste una marcha
> a la Victoria de Samotracia,
> tú comprendes por qué te hablo
> como una máquina fotográfica

en la plaza de la Independencia
de las Cosmópolis de América,
donde enseñaste a criar Centauros
a los ganaderos de las Pampas.

La poesía nicaragüense ya no abandonaría el camino de la modernidad, y de las permanentes transformaciones, como lo atestiguan las dos figuras de la siguiente generación, Carlos Martínez Rivas (1924-1998), autor de *La insurrección solitaria,* publicado en México en 1953, y Ernesto Cardenal (1925), representado en esta antología, ambos creadores de corrientes diversas, interiorismo *versus* exteriorismo, si es que buscáramos alguna simplificación, y mejor difundida la obra de Cardenal, mucho más dilatada además, pues Martínez Rivas, tocado por el genio, se entregó con perseverancia a la tarea de tender sobre sí mismo un velo de anonimato.

Hay otra dimensión que es preciso hacer notar, y que viene desde la herencia de Neruda, sobre todo del *Canto general,* su vasta obra comenzada en 1939 y publicada en México en 1950, y es la de la poesía comprometida, la poesía ligada a las luchas sociales y políticas que se desarrollan en Centroamérica frente a las dictaduras militares; la presencia de las compañías bananeras, sobre todo en Guatemala, Costa Rica y Honduras; la injerencia política y militar de los Estados Unidos, un fenómeno que tendrá su culminación con el derrocamiento en 1953 del gobierno democráticamente electo de Jacobo Árbenz en Guatemala; y en general, la injusticia social y la marginación.

Un primer ejemplo de poesía social sería la de Jorge Debravo (1938-1967). De humilde origen campesino, y autodidacta, muerto prematuramente en un accidente de tráfico, es considerado el poeta nacional de Costa Rica, al punto de que el 31 de enero, fecha de su nacimiento, se celebra como el Día de la Poesía. Su obra es muy extensa, y buena parte de ella se publicó después de su muerte; el último de sus libros, *Guerrillero* (1987). Sus poemas, al tiempo que denuncian la desigualdad y la miseria, tienen un hondo sentido humanista, como podemos verlo en *Nosotros los hombres:*

Traigo sueños, tristezas, alegrías, mansedumbres,
democracias quebradas como cántaros,
religiones mohosas hasta el alma,
rebeliones en germen echando lenguas de humo,

árboles que no tienen
suficientes resinas amorosas.

Estamos sin amor, hermano mío,
y esto es como estar ciegos en mitad de la tierra.

Frente a la oscuridad del panorama centroamericano, signado por la represión, los golpes de Estado, los regímenes militares y los fraudes electorales, con lo que se cierran las salidas democráticas, salvo en Costa Rica, el triunfo de la Revolución cubana en 1959 alienta a los movimientos guerrilleros que buscan a través de la lucha armada el triunfo del socialismo.

Hay entonces un momento en que, a partir de los años sesenta, a los poetas comprometidos con las luchas populares ya no les basta el campo de las palabras, y se convierten en combatientes de las causas que defienden desde sus poemas. Es cuando surgen los poetas guerrilleros.

Es el caso del guatemalteco Otto René Castillo (1936-1967), de quien Cardoza y Aragón, su compatriota, dice en *El río. Novela de caballería* (1986): "Poeta guerrillero capturado en la Sierra de las Minas con Nora Paiz, su amor, también combatiente, y quemados vivos el 17 de marzo de 1967, durante el gobierno de Méndez Montenegro. De aquel combate según se cuenta sólo salvó la vida el legendario Pablo Monsanto. Vivió 31 años. Dio a su pueblo su canto y su vida. ¿Qué más puede dar un poeta?" Ese compromiso suyo, expresado con su propia vida, queda patente en su poesía:

Hemos sufrido
en tantas partes
los golpes del verdugo
y escrito en tan poca piel
tantas veces su nombre,
que ya no podemos morir,
porque la libertad
no tiene muerte…

Su compañero de lucha y de letras, el poeta salvadoreño Roque Dalton (1935-1975), diría que la poesía de Otto René es "la reafirmación constante del sentimiento de la vida contrapuesto en todo momento a la injusticia, a la tristeza y a la muerte". Y el mismo Dalton, combatiente clandestino también, pagaría con su vida el precio de su compromiso, sólo que arrastrado hacia la muerte por sus propios compañeros del Ejército Revolucionario del Pueblo (ERP), que lo ejecutaron bajo la absurda acusación de traición, tiempos en que las disidencias ideológicas tenían una carga letal, y criminal.

Roque, irreverente y desenfadado, y dueño de un implacable sentido del humor, y de la ironía, cabía poco dentro de los rígidos cánones de la ortodoxia militante. Su poesía, entre burlona y desolada, desbordaba las estrecheces del marco político, o de la mera propaganda. En su *Poema de amor*, que pertenece a *Las historias prohibidas de pulgarcito* (1974), un verdadero himno nacional, canta las desventuras de sus compatriotas errantes, "los tristes más tristes del mundo"; y en el poema *El vanidoso,* de la colección *El turno del ofendido* (1964), parece dejarnos su epitafio:

> Yo sería un gran muerto.
> Mis vicios entonces lucirían como joyas antiguas
> con esos deliciosos colores del veneno.
> Habría flores de todos los aromas en mi tumba
> e imitarían los adolescentes mis gestos de júbilo,
> mis ocultas palabras de congoja.
> Tal vez alguien diría que fui leal y fui bueno.
> Pero solamente tú recordarías
> mi manera de mirar a los ojos.

Y está el nicaragüense Leonel Rugama (1949-1970), también de humilde origen campesino como Jorge Debravo, quien dejó los estudios de sacerdocio para incorporarse a las filas clandestinas del Frente Sandinista de Liberación Nacional (FSLN) y murió de manera heroica a los 21 años de edad, cuando la Guardia Nacional de Somoza, en un inusitado despliegue de fuerzas, atacó con fuego de fusilería y disparos de tanquetas la casa de seguridad donde se encontraba en un barrio de Managua, con otros dos compañeros de la guerrilla. Un buen jugador de ajedrez, tenía igual que Roque Dalton un penetrante sentido del humor, y su vida en la clandestinidad solía verla como la de los primeros cristianos en las catacumbas, bajo la aspiración, expresada en uno de sus poemas, de "vivir como los santos". Y en otro de ellos, *Biografía*, parece, igual que Dalton, haber escrito su propio epitafio:

Nunca apareció su nombre
en las tablas viejas del excusado escolar.
Al abandonar definitivamente el aula
nadie percibió su ausencia.
Las sirenas del mundo guardaron silencio,
jamás detectaron el incendio de su sangre.
El grado de sus llamas
se hacía cada vez más insoportable.
Hasta que abrazó con el ruido de sus pasos
la sombra de la montaña.
Aquella tierra virgen lo amamantó con su misterio
cada brisa lavaba su ideal
y lo dejaba como niña blanca desnuda,
temblorosa, recién bañada.
Todo mundo careció de oídos y el combate
donde empezó a nacer
no se logró escuchar.

La antología que el lector tiene en sus manos, le ofrecerá un panorama de la poesía centroamericana del siglo XX, y encontrará que es ya también una antología del siglo XXI; igual que en la *Antología del cuento centroamericano*, que se publica de manera paralela, la selección que se ha hecho es de autores vivos, lo que la hace más contemporánea.

En este panorama es posible advertir que esa poesía, escrita desde seis países distintos, pero que tienen denominadores comunes en la geografía, en la historia, en la lengua y en la cultura, no sólo busca en ocasiones subvertir el orden social arcaico, al punto de que, como se ha visto, los poetas mismos llegan a empuñar el fusil, al que Jorge Debravo invoca en uno de sus poemas:

… hijo de Dios, repartidor de trigo,
verdugo de la paz, creador de paz,
esperanza del justo y del mendigo,
hijo de la traición, perro de presa,
padre de libertad, hermano mío,

sino que también, de manera paralela, esa subversión está dirigida contra los valores burgueses, algo que los jóvenes irreverentes de la vanguardia nicaragüense ya ensayaban. Ironía y desenfado, atrevimiento, que se transmiten de una generación a otra de escritores, como un fermento de la propia juventud creadora que busca derribar viejas estatuas y barreras. Encontraremos una prueba de esta persistencia al inicio mismo de esta antología, en los poemas del guatemalteco Marco Antonio Flores (1937), cuando en *Testamento del exiliado*, advierte:

> Hube de abandonar el cementerio
> y las buenas costumbres de los párrocos
> el saludo decente
> obligado
> y las genuflexiones en levita...

Por otra parte, el cúmulo de voces diversas que hablan en estas páginas, de acuerdo con su propia tesitura verbal, se nutre de otras nuevas, que vienen a ser por primera vez numerosas desde la segunda mitad del siglo xx, las de las mujeres. Igual que en la narrativa centroamericana, también en la poesía dominaban antes las voces de los hombres, y las femeninas se presentaban como excepciones esporádicas, pero brillantes y singulares.

Esas voces excepcionales, sin las que no se puede explicar la modernidad de la poesía centroamericana, despuntan con la salvadoreña Claudia Lars (1899-1974), quien se inició en 1933 con *Estrellas en el pozo*, y publicó una docena de libros, fundamentalmente de temas amatorios, que se cierra con *Poesía última* en 1972, un largo recorrido en el que se advierte su paso desde la rima y la métrica tradicionales, al verso libre.

Hay que anotar también el nombre de la hondureña Clementina Suárez (1902-1991), un espíritu rebelde y provocativo, pintora además de poeta, y que en las tempranas décadas del siglo xx solía escandalizar a la conservadora Tegucigalpa con su vida bohemia y sus desplantes, y cuando, además de otros pecados de sedición social, se le endilgaba el de publicar poesías, el primero de sus libros, *Corazón sángrate,* que apareció en 1930, siempre desafiante, hasta el último de ellos, *El poeta y sus señales*, aparecido en 1969.

Libertad, intransigencia a la hora de romper los moldes literarios y sociales. En esta corriente entra la costarricense Eunice Odio (1922-1974), quien con su primer libro, *Los elementos terrestres* (1948), varía de manera radical los parámetros tradicionales de la expresión poética en su país, y en Centroamérica, lo que por sí mismo significa un desafío al establecimiento cultural, igual al que presentó para entonces su compatriota Yolanda Oreamuno (1916-1956) con su novela *La ruta de su evasión*, ambas ganadoras del Premio Centroamericano 15 de Septiembre en Guatemala. Los poemas de *Tránsito de fuego*, publicado en 1957 en San Salvador, demostrarían la magnitud renovadora de su obra.

Las voces de las mujeres se multiplican a partir de las últimas décadas del siglo xx, y en esta antología hay una buena lista de ellas. En sus manos la poesía se vuelve un arma para defender su lugar no sólo en la literatura sino en la sociedad y en el mundo, desde la individualidad creadora y desde su propio sexo, que deja de ser un tabú. Las poetas no son ya poetisas, y se convierten en sujetos activos y nunca más pasivos, tal como les fue marcado por la sociedad patriarcal, tal como lo expresa con toda propiedad la guatemalteca Ana María Rodas (1937):

> Tengo hígado, estómago, dos ovarios,
> una matriz, corazón y cerebro, más accesorios.
> Todo funciona en orden, por lo tanto,
> río, grito, insulto, lloro y hago el amor.
>
> Y después lo cuento.

En esta misma línea de libertad y desafío encontraremos a la nicaragüense Gioconda Belli (1948), una revelación y un escándalo cuando apareció en 1972 su primer libro de poemas, *Sobre la grama,* en el que celebra el goce de la vida y sus dones, y celebra al cuerpo; igual la costarricense Ana Istarú (1960) cuando, a los 15 años de edad, dueña ya de esa misma sensualidad, publicó *Palabra nueva*, sus poemas de adolescencia.

Es una de las cosas para las que sirve la poesía, aunque algunos no quieran darle función alguna. Para hacernos siempre más libres.

GUATEMALA

Marco Antonio Flores (1937)
Ana María Rodas (1937)
Francisco Morales Santos (1940)
Isabel de los Ángeles Ruano (1945)
Luis Eduardo Rivera (1949)
Enrique Noriega (1949)
Aída Toledo (1952)
Humberto Ak'abal (1952)
Javier Payeras (1974)
Allan Mills (1979)

MARCO ANTONIO FLORES
(Ciudad de Guatemala, 1937)

Poeta, narrador, periodista y ensayista. Premio Nacional de Literatura Miguel Ángel Asturias 2006. Su obra poética ha sido traducida al inglés, francés y alemán. Es autor de la novela Los compañeros *(1976) y de los poemarios* La voz acumulada *(1964),* Muros de luz *(1968),* La derrota *(1972),* Persistencia de la memoria *(1992),* Crónica de los años de fuego *(1993) y* Un ciego fuego en el alma *(1995). Su poesía se ha reunido en* Poesía escogida *(1998),* Reunión *vol. 1 (1992) y* Reunión *vol. 2 (2000), y en* Poesía completa *(2010). En el* Fondo de Cultura Económica *ha publicado* Antología personal (1960-2002) *(2008).*

LOS HERMANOS KARAMASOV

Uno, se fue por las veredas
de la rebelión y la vagancia;
otro, por las de la locura
y la abyección;
el último, por las del fanatismo
religioso y la sodomía.

Pobre mamá.
(Y ella que aspiraba a tener la sangre azul).

INICIACIÓN

me presenté a mí mismo hace un momento,
con qué amabilidad reconocí mi voz,

reconocí mi mano, mi esperanza,
mi profunda quietud de ser un hombre.

contemplé mi figura transitoria
parsimoniosamente, eternamente;
me vi, me conocí, me di un abrazo,
me preparé una copa en bienvenida,
me invité a sentarme. me miraba.

miraba mi ropaje ennegrecido por la angustia,
miraba mis ojeras más negras que la noche del hastío,
miraba mi sillón y mis espaldas,
mis lentes, mi ilusión, mi sexo, mi odio,
mis dedos extendidos que gritaban,
mi loca poesía: mi delirio!;
y me reconocí: había llegado!

VISITA

La verdad es que a veces
no sé qué contestarle a mi silencio
Entonces callo a gritos
y lo miro
lo escruto suavemente
lo adivino encuclillado
entre los pliegues del miedo
Me interroga el bruto
pregunta por las tiras de mi piel
inquiere por el tiempo que utilizo
para gruñir dándome golpes
por la voz derrotada de hace lustros:
la de la alta metáfora
vacía
De si estoy satisfecho aburguesado

Inquisidor
confuso
lo contemplo
Aúllo entonces al brote de su oído
Plántome recio
viril
ante su nombre
Quiebro en dos mi garganta:
Lo despido

TESTAMENTO DEL EXILADO
(Fragmentos)

No me avisaron que me engancharían
y de repente el aire me atoró los pulmones
No habían advertido
que todo era carroña
A lo más que llegaron
fue a decirme
que la luz
se escondía diariamente
que las nubes no son tales ovejas
que la risa es a veces una máscara

Fui emergiendo a la angustia suavemente
Comencé a darme cuenta de la noche
conforme me brotaban
estrellas de los ojos
a palpar en mí mismo las pezuñas
a conocer la palabra interesante
la que utilizan los intelectualoides para responder lo que no saben
a mirar el suicidio de la gota que cae del tejado
y se desprende definitivamente de los sueños
a comprobar mi sombra en el espejo

Después de verlo y conocerlo todo
callé por siglos
Me exilé de la noche hacia mí
Me fugué de las
piedras
de los bancos del parque
del café
Hube de abandonar el cementerio
y las buenas costumbres de los párrocos
el saludo decente
obligado
y las genuflexiones en levita

Entonces

Me infamaron en los túneles secos
en los helados "party"
en las cuevas de topos donde no se distingue la miseria ajena
Me llamaron ladrón de pareceres
trastornado
resentido social
disociador de la comodidad cristiana

Sin embargo
yo estaba sentado entre los niños escuchándolos
paseaba en la pradera con la pupila huyendo
o contemplaba
a las muchachas que amando suavemente a sus amantes
acariciaban
la suavidad de la tarde
Contemplaba el turbión de voces roncas
diluirse como ciclón inmenso
al mediodía
a la salida de la fábrica

Consolaba a los perros después de cada pateadura
Escribía en las nubes
Amaba a las mujeres en la calle
Trataba de ahorcar con la mirada
al hombre de negocios
        al banquero

                            Entonces me llamaron

asesino

Por eso me exilé
callé de golpe

Ahora

es necesario que lo grite
El momento esperado está llegando
y queda poco tiempo

***

Hoy tuve carta tuya
Comenzaste
como tú solías:
"Buenos días Antoine estoy tan sola
y no puedo mirar hacia el pasado
Te cuento que se casa Tania
será feliz espero
le hace falta
a todos nos hace falta ser felices
a mí también escríbeme te quiero
Aquí todo anda bien
tuve algún accidente
nada grave nada puede ser más grave
ahora
Todo pasa yo también voy pasando
Me siento ya mejor

Me cayó un año más encima
y tú no estás
No estás para nunca
Sé fuerte estudia mucho
Aprende que es el pueblo quien decide
y cree en el futuro en lo que tú conoces
Tú sabes
aquí estamos defendiendo la paz
la tierra lo que es nuestro
Si vienen
recogerán el polvo del pueblo anegado en sangre
Siento lo de tu amigo
Así es la lucha ¿quién fue? no me lo digas
lo adivino
Voy a hacerme marino
faltan marinos en la armada
y la mar me recuerda
tu partida
¿Lo ves? Te extraño tanto
A tu amigo Polanco no lo he visto
en fin
no es importante
Adiós Antoine
Escríbeme querido".

DE LA ESPOSA

Cuando
te miro
     dormida
a mi costado
cuento
los siglos
que se acumularon

para juntarnos
en la misma
almohada

ESQUIZOFRENIA

Siempre fui dos:
viví de sueños.

De niño me inventaba un padre cariñoso
y contaba sus hazañas a mis amigos.

De adolescente solitario concebí novias
hermosas y calientes
y rodaba con ellas por la cama mientras mi mano
atontaba mis espermas.

Luego recibí multitud de premios literarios,
fui un famoso escritor y el máximo comandante de
la revolución
en tanto la soledad estrujaba mis entrañas.

Ahora me invento un país.

ANA MARÍA RODAS
(Ciudad de Guatemala, 1937)

Poeta, narradora, periodista y profesora de literatura y periodismo. Ha publicado, entre otros, Cuatro esquinas del juego de una muñeca *(1982),* El fin de los mitos y los sueños *(1984),* La insurrección de Mariana *(1993) y* Poemas de la izquierda erótica *(trilogía) (2005). Su obra se encuentra traducida al alemán, inglés, rumano, francés e italiano. En 1990 ganó dos galardones, el Premio de Poesía y el de Narrativa, dentro del mismo concurso en los Juegos Hispanoamericanos de Quetzaltenango. Premio Nacional de Literatura Miguel Ángel Asturias 2000. En el Fondo de Cultura Económica ha publicado* La monja. Ixöq rusamajel ajaw *(2002).*

DE ACUERDO
soy arrebatada, celosa
voluble
y llena de lujuria.

Qué esperaban?

Que tuviera ojos
glándulas
cerebro, treinta y tres años
y que actuara
como el ciprés de un cementerio?

DOMINGO 12 de septiembre, 1937
a las dos de la mañana: nací.

De ahí mis hábitos nocturnos
y el amor a los fines de semana.
Me clasificaron: nena? Rosadito.
Boté el rosa hace mucho tiempo
y escogí el color que más me gusta,
que son todos.
Me acompañan tres hijas y dos perros:
lo que me queda de dos matrimonios.
Estudié porque no había remedio
afortunadamente lo he olvidado casi todo.

Tengo hígado, estómago, dos ovarios,
una matriz, corazón y cerebro, más accesorios.
Todo funciona en orden, por lo tanto,
río, grito, insulto, lloro y hago el amor.

Y después lo cuento.

ASUMAMOS la actitud de vírgenes.
              Así
              nos quieren ellos.

Forniquemos mentalmente
suave, muy suave
con la piel de algún fantasma.

              Sonriamos
              femeninas
              inocentes.

Y a la noche, clavemos el puñal
y brinquemos al jardín
abandonemos
esto que apesta a muerte.

LIMPIASTE el esperma
y te metiste a la ducha.

Diste el manotazo al testimonio
pero no al recuerdo.

Ahora
        yo aquí, frustrada
        sin permiso para estarlo
        debo esperar
y encender el fuego
y limpiar los muebles
y llenar de mantequilla el pan.

Tú comprarás con sucios billetes
            tu capricho
            pasajero.

A mí me harta un poco todo esto
        en que dejo de ser humana
        y me transformo en trasto viejo.

PORQUE yo soy la causante de tus iras
                de tus tensiones
                de tus penas
y además soy didáctica
destruyo tu paz todos los días
                y te amarro.

Nunca supe hasta hoy
que yo era así de impresionante.
            Creía ser mujer
nunca supe que fuera un cataclismo.

VINE, doctor, porque me duele la cabeza.
Hay noches que no duermo
y me sofoco y estoy inquieta.
Además, a veces me deprimo.

Claro que sí, tomé mis cápsulas rosadas
en forma
un poco irregular, es cierto.

La lengua? Limpia.
Treintaitrés, respire hondo.
Presión normal, reflejos buenos.

Y en medio de la farsa
del estetoscopio frío, de los tranquilizantes,
del cuente cómo sigue
y saludos por casa
se mienten con descaro, sin vergüenza.

Lástima que a los hombres aún no los envasan
                    como ampollas
                    como capsulitas
                    como pomadas

DIJERON que un poema
debería ser menos personal
que eso de hablar de tú o de yo
es cosa de mujeres.
Que no es serio.

Por suerte o por desgracia
todavía hago lo que quiero.

Quizá algún día utilice otros métodos
y hable en abstracto.
Ahora sólo sé que si se dice algo
debe ser sobre tema conocido.

Yo sólo soy sincera —y ya es bastante—
hablando de mis propias miserias y alegrías
puedo contar que me gustan las fresas
                              Por ejemplo
y que algunas personas
me caen mal por hipócritas, por crueles
o simplemente porque son estúpidas.
Que no pedí vivir
y que morir no es algo que me atraiga
excepto cuando me hallo deprimida.
Que estoy hecha
sobre todo
de palabras.
Que para poder manifestarme
uso tinta y papel a mi manera.
No puedo remediarlo.
Por más que trate
no escribiré un ensayo
sobre la teoría de conjuntos.

Tal vez más adelante
encuentre otras formas de expresarme.
Pero eso no me importa ahora
hoy vivo aquí y este momento
y yo soy yo
y como tal actúo.

Por lo demás lamento no complacer a todos.
Creo que ya es bastante mirar hacia mí misma
y tratar de aceptarme
con huesos con músculos

con deseos con penas.
Y asomarme a la puerta y ver pasar el mundo
y decir buenos días. Aquí estoy yo.
Aunque no les guste.
Punto.

YA SÉ.
Nunca voy a ser más que una
guerrillera del amor.
              Estoy situada algo así
como a la izquierda erótica.
Soltando bala tras bala
contra el sistema.
Perdiendo fuerza y tiempo
en predicar un evangelio trasnochado.

Voy a terminar como aquel otro loco
                    que se quedó
tirado en la sierra.

Pero como mi lucha
no es política que sirva a los hombres
jamás publicarán mi diario
ni construirán industrias de consumo popular
con carteles
y colgajos con mis fotografías.

EL MÁS perfecto amor
Podría durar quizás tres años.
Te lo aseguro yo
que ya asistí a varios entierros.

            Pero todo está bien
si al menos escribiste algunos poemas.

LA ÚLTIMA vez que creíste hacer el amor
del otro lado de la cama
                    te esperaba un dragón
                    de aliento espeso
                    de garras afiladas.

Te tiró boca abajo
y te arrancó
la dorada piel de la espalda.

No tuvo un orgasmo
sólo se relamió los dientes
regurgitó un líquido verdusco en el
                              cerebro
y alzó el vuelo.

FRANCISCO MORALES SANTOS
(Ciudad Vieja, 1940)

Poeta, ensayista y editor. Autor de Agua en el silencio *(1961),* Ciudades en el llanto *(1963),* Nimayá *(1966),* Poesía para lugares públicos *(1976),* Cartas para seguir con vida *(1977),* Al pie de la letra *(1985),* Implicaciones del verbo amar *(1991),* Ceremonial contra el olvido *(1995),* Asalto al cielo *(1998),* Oh líquida memoria *(1999),* Escrito sobre fondo oscuro *(2001)* y Árbol de pájaros *(2004). Premio Nacional de Literatura Miguel Ángel Asturias 1998. En el Fondo de Cultura Económica ha publicado* Madre, nosotros también somos historia. Nan, Ri Oj Xuqueje Oj Ajer Tzij K'wi Chi Taq B'ix *(2001).*

MADRE, NOSOTROS TAMBIÉN SOMOS HISTORIA

A Magdalena Santos, mi madre

1

El aire húmedo, viejo familiar nuestro, te puso en mi memoria
con tu vida presente y anteriores vidas.
Cerré entonces el libro para acercarme al hombre
formando multitudes, dejé correr las voces,
dejé que envejeciera la tarde por ser tarde,
perdoné la flojera del bus y los enviones
y me puse a pensar copiosamente, verificando los recuerdos
en el manual de tus oficios regios.

Fue como si el invierno penetrara al cuerpo con fuerza
recogida en australes latitudes,
como si desde lejos llegara una poesía torrencial acerca de ti,

en efecto, el hablar de ti, el hacerte lugar en mis palabras
conduce necesaria, invariablemente, a expresarlo de este modo.
Me pareció entonces que desde tu poniente
retornabas el sol a mi cerebro, permitiéndome ver más claramente
el presente y el futuro
como cuando en tu mano he leído mi pasado,
es decir, la niñez y años siguientes
por los cuales gastó su cuerpo de hoja.

Tan fina eres que entraste por mis ojos sin que te viera nadie,
sin que nadie aperciba nuestra plática larga
semejante al susurro de los pinos.
Siempre has sido discreta, como el lápiz coautor de esta crónica
donde exalto tus quehaceres domésticos
y el libro destinado a recoger tus señas y rústicos cantares.
Precisamente, madre, no quiero hablar de ruidos
bajo los cuales pasa mi corazón las diarias
y persistentes pruebas de insensibilidad;
prefiero reseñar el tiempo que a ambos nos corresponde:
tiempo cereal, tiempo que reverdece en el poema.

El aire húmedo que referí al principio traía un alfabeto
de abejas y gorriones, pero tu voz más poderosa
que todos los sonidos,
tu presencia más luminosa que todas las estrellas,
no requieren intérprete o música de fondo.
Eres, en realidad, de hábitos menos portentosos
lo que te hace pasar inadvertida,
mas yo que te distingo en el fondo de mi infancia
como la luz de un faro, sé cuánta maravilla
obra en ti bajo el silencio.

Déjame recordarte atizando la alegría en tiempo de vacas flacas,
déjame recordar tu llama por la que mi estatura
fue solidificándose,
déjame recordarte pequeñita de cuerpo, con el temor de hallarlo

rajado por el peso que impone la pobreza,
déjame recordarlo en los días de mercado, con cargas, recorrido
y sudores obligados,
con una primavera metida en el canasto,
con una primavera que al cabo de los años he visto en la terrestre
pintura de Tamayo,
con una primavera que nunca fue pagada a su debido precio;
déjame recordarte allá lejos, en el tiempo,
como la suave patria, descalza y sin temores.

(Madre, enciende la luz entre las fauces severas de la noche.
Los grillos y yo hacemos el canto para darnos confianza
nada menos que frente a la tiniebla.
Ninguno aquí acostumbra decir: "Había un vez...",
etcétera. Lo que se cuenta en pushitos de palabras
son hechos cotidianos que habrán de repetirse. La luz
es otro párpado próximo al reposo.)

En el campo el alumbrado público eran las luciérnagas,
débiles, por cierto, ante el grosor de la tiniebla.
No temía a su fulgor intermitente sino al ímpetu del trueno,
al impromptu de las aves nocturnas
y a la reminiscencia de un cuento sobre aparecidos,
pero asido a tu mano me variaba el pulso
que era una forma de crecer sin darme cuenta.
No puedo recordarte sentada en una silla por más de media hora,
pues desde que fundaste la casa con mi padre
ella fue como anhelabas; un campo de ejercicios para atacar el ocio.
Mientras hago lugar a otros recuerdos, permitirás que alabe
tu habitual sencillez y las sorpresas de tu conocimiento
que junto con tu rostro conservaré en este poema.

En tu campo de ejercicios tus manos lo eran todo:
clareaban la cocina antes que amaneciera y el canto de los gallos
deseara buenos días,
recogieron el fuego de los siglos,

detuvieron el hambre para que nuestras vidas tuvieran su futuro,
y siempre siempre estaban aplaudiendo victorias
sobre ocupaciones,
cosa que he festejado como si se tratara de un solemne
alboroto de palomas.

La luz que dosifico sobre mis actitudes civiles y a las claras
proviene de tu cara vista hace mucho tiempo
cuando para alcanzarla tenía que empinarme
(¿Qué edad tendría entonces?)
Recuerdo que mis días estaban protegidos
por ese mismo cielo sereno de tus ojos.

Te he de recordar siempre
como un enorme río en la geografía del afecto,
hablaré de tus prodigios para reinventar la esperanza
y de cómo transformaste en espada tu lamento
la vez en que la muerte llegó a escasa distancia
inquiriendo por mis huesos;
siempre he de recordarte con esa bondad ciega que supo
darle crédito a nuestras ocurrencias,
pondré en primer término los besos con que abrías
la marcha de mis sueños.
Te he de recordar siempre como una tejedora de diálogos afables
para ojos apagados y corazones grises.

2

No me puedo quejar de tu cariño del cual soy bien servido,
ni andarme por las ramas cuando hay que echar el hombro,
ni presentar excusas a quienes recolectan sentimientos dulces,
ni ser inexpresivo como los bustos en los parques
mientras sea tu nombre el engranaje central de mi existencia
y tu mano esté en las mías como una banderita
mientras pases por la ventana de mi alma

invitándome a reandar tu vida más allá del tiempo
en que di con tu figura
y mi corazón realmente empezó a condescender.
No puedo, en definitiva, vivir sólo de broncas,
a menos que el motivo por el que te quedaste sin pan ni escuela
exija, como decía Ernesto, mi odio intransigente.

Y para que no quede nostalgia que alimentar mañana,
para que no quede canción insatisfecha,
para que no aparezcas frágil, borrosa, o no aparezcas,
lo cual sería injusto,
que se alcen los recuerdos, que devengan en sol
y viva tu gesto de heroína en el frente de la vida.

La suerte del poema no deja de inquietarme.
Nació en el peor momento
pero, ¿es que hemos tenido una época apropiada
para decirte: madre, ven siéntate y disfruta
pues en tu honor he puesto a rodar la poesía?
Nació cuando el reemplazo de lluvias orquestales
por lluvias radiactivas,
nació donde la muerte deja ayes esparcidos
que vamos espigando,
nació en el peor momento
desprendiéndose de esa misma circunstancia popular
desestimada, relegada a segundo plano;
nació extramuros de la lírica pura
y, sin embargo...

3

Si una espiga hay en el campo,*
una espiga que de alta da alivio al horizonte,

* Víctor Jara, "Qué saco rogar al cielo", en *Víctor Jara,* Demon, Chile, 1966.

una espiga que no transa jamás con huracanes
y es una espiga roja,
que a nadie queda duda que tú eres,
que no importe si muestras las mejillas
preñadas por el fuego y el sol de marzo a mayo.

Cuán grato es encontrar en tu matiz de terracota
la luz inacabable que extendiste como un manto
sobre mi práctica de niño.
No es posible olvidar que en prolongados inviernos y penumbras
arrojabas al fuego nuestro espanto,
pues tus palabras tenían claror de pirotecnia,
lo alumbraban todo,
lo arrullaban todo.

A veces cuando había desánimo en el frente
del juego y los deberes
o cuando atrincherado en mi edad golpeaba el talón de tu paciencia,
no tenías ningún inconveniente en evocar tu infancia,
breve, ineficaz infancia
amputada a los once años
—edad de las sorpresas del físico y del mundo—,
amputada por padrinos tremendamente crueles
a quienes terminaste llamándolos patronos.

Me costaba entender este atropello, no así soltar el llanto
en el pozo profundo de tu memoria.

Cómo quise beber esos vinagres, cargar con esos días,
creer que me enseñabas a contar ficciones.
Nada fue de película. Todito fue tan cierto
como que hoy pienso en ti en dimensión de universo.
Tú estabas entre los elegidos para abrir con furia
los senos de la tierra, los senos duros y viejos de la tierra,

pedirle horas extras a la luz del día
y tomar media ración de sueño.

Fue así como nos diste pan remojado en pena.

Para disimularlo, madre, tenías una gracia que es de antología.

4

Desde el fondo del tiempo me regalas adioses temporales
que datan de mis idas nerviosas a la escuela;
me sigues mentalmente como una estrella
y festejas mi regreso con la flor de tu sonrisa.
Tu bella piel anciana ha venido a ser un mapa
que expone los caminos de la perseverancia.

¡Cuán espléndida has sido todo el tiempo
amparándome en el diáfano cielo de tus ojos!
Los días ordinarios los has hecho mejores
hasta parecer de cumpleaños.
Siempre has sido igualita a ti misma;
tu riqueza provino de la tierra al igual que tu hermosura.
Lástima grande que no pueda grabar en el poema tus palabras,
pero tengo el placer ilimitado de guardar su eco,
la suerte de apoyar mi corazón sobre ellas.

He cantado tu presencia entre platica y platica
mientras unas estrellas aparecen y otras ceden el sitio
a tu memoria. Colocando los pies sobre la tierra
he tomado tus grandes sentimientos para arrostrar el tiempo.
Quiérase o no, tus actos han sido la argamasa con que se edifica
este país carajo; país hecho de actos sencillos y humanos simples
que, al cabo, es lo que cuenta,
porque nosotros, madre, también somos historia.

NAPALM

No importa que sucumba la flora
con tal que sobreviva el Estado.
Eso dijeron
los Señores de Xibalbá
a principios de la década
del setenta.

REGLAS PARA ENAMORAR
GRADUALMENTE A UNA MUCHACHA

Primeramente hay que apartarla de sus bordados de silencio
pues Penélope solamente hubo una,
luego dejarla ordenar sus pensamientos, el sístole y el diástole
que no hallan cabida en ningún lado.
Llamarla de algún modo
que además de cariñoso
no se haya dicho a nadie
ni a nadie se repita;
bautizar con su nombre una flor o su perfume;
infiltrar un poema en sus oídos sin que ella se percate.
De vez en vez ofrézcasele una porción de letras.
Pero cuidado, ¿eh? Las metáforas dadas en abundancia
causan indigestiones a quien no las consume con regularidad.
Désele a deshojar un libro de amor del gran Neruda
para que la declaratoria de amor resulte fácil
y para que comprenda a qué grado de locura
puede llegar la mano que busca aprisionarla.
Envíesele flores, aunque haya que cortarlas
en el parque más próximo a su casa.
Luego, habrá que esperar que algo la agite;
por ejemplo: un temor de once mil diablos.

ISABEL DE LOS ÁNGELES RUANO
(Chiquimula, 1945)

Poeta y periodista, licenciada en literatura de la Universidad de San Carlos de Guate- *mala. Su libro* Cariátides *(1976) fue prologado por León Felipe. Es autora, también, de* Canto de amor a la ciudad de Guatemala *(1988),* Torres y tatuajes *(1988),* Los del viento *(1999),* Café express *(2002),* Versos dorados *(2006) y* Poemas grises *(2010). Premio Nacional de Literatura Miguel Ángel Asturias 2001.*

JUEGO DE PALABRAS

Yo tengo un violín escondido,
sin cuerdas y sin notas,
sin partituras ni sinfonías,
es un pequeño violín,
oscuro, dulce
el que yo llevo adentro,
sin que suene,
sin que nadie oiga
aquella melodía
que a veces es ternura
que le robé al silencio.

MIS FURIAS

Cómo amo mis furias,
mis indómitas furias y mis rebeldes furias

y el potro rojo de mis furias de sangre
y mis furias de fuego y las furias salvajes
que han retado al ocaso bajo un cielo rugiente.

Me han atado las venas las brillantes pasiones
y las furias gimieron bajo mi sol ardiente.

Tuve escarpados muros en la frente incendiada
y mis furias saltaron todas las barricadas.

No creí que la hoguera de mi arsenal furioso
poseyera a las piedras y mascara la luna,
pero mis furias vivas como garras de tiempo
son parte de mi carne y tienen mi violencia.

ORACIÓN A VALLEJO

Vallejo, Dios solo,
a dónde irás en esta noche de frío?

Yo desespero mientras tú eres libre volando
por no sé dónde.

En mi huerto crecen los versos
y reniego de los mitos de siempre.

Me quebraré como tú
siendo una sólida fortaleza,
o renegaré de la rebeldía
para implorar la vuelta a la morada?

Hoy soy capaz de verte imperturbable
fuera de la leyenda,
y sabes, no me gustan los gestos anquilosados.

Tú eres tosco, natural y simple
como una lechuza o un roble.

Y es así como me gustas
fuera de las disecciones académicas
antes que te llevaran a la farsa
como también llevaron a León Felipe
y arrastrarán a Manuel Sorto,
pero si uno viene con el fuego
demolerá la construcción de sus estatuas.

Algún día yo también entraré a los manuales de retórica
y me daré asco
o acaso blasfemaré como tú.

Estas dos manos, viejo César,
sólo saben tejer la cesta de los poemas
y esto es el látigo en el vientre, la lengua y los costados.

Tú lo sufriste en las horas sin razón del absurdo.
Fuiste un vagabundo más,
un prisionero más de estas cárceles
terribles en donde proscriben a los poetas
y supiste que duele nacer con la marca.
Amigo Baudelaire ¿recuerdas?

Es ésta una hora difícil como todas las horas
y andamos siempre rumiando por las calles,
anudando las estrofas sobre papeles sucios
y a veces no sabemos ni para qué
porque es terrible caminar con la esperanza
e hiriente ver nuestra andrajosa sombra
proyectada por lámparas invisibles.

Viejo César,
hoy oro a ti con mis palabras

de ritmo salvaje y torpe
sin las complejidades ni los retorcimientos
de los eunucos
con esta llana y natural y humana
voz desgarrada
y todas las plenitudes
que me heredaste.

LA PALABRA

Tengo que cargar estas cosas,
tengo que ir cantando, pero no me culpen
de no ir delineando mariposas de júbilo,
no me endilguen tareas ajenas,
entiendan
conmigo ya no hay tretas posibles.

Si estos versos nacieron no son ellos
culpables,
nada
tiene que ver con esta que anda,
con esta que discute y se enardece.

Si no sé ni por qué me han endosado
la palabra, no la pedí yo,
ya me la dieron
al nacer,
y eso basta.

O creen que no es suficiente
ir a todos lados cargándola,
tener este ribete en la vida,
este apéndice,
esto que me conduce a donde no quiero ir,

esto que es una estaca al pecho,
una estocada,
el juego de algún dios loco,
alguna broma
que me jugaron.

No me acusen de llevarla,
si a veces
no la quiero,
si me duele,
si quiebra mis anhelos,
si me rige.

¡Ah… si supieran lo que cuesta tenerla!

HORA SIN SOPORTE

Hoy pierdes un objeto, mañana otro,
como si te arrancaran a pedazos la vida;
te mutilan la voz, te quedas sin lágrimas,
te cuentan del suicidio de un amigo.

Mueres a pausas tú también,
de ayer a hoy
cada dolor es una nueva llaga,
en cada instante hay una herida.

El mundo de las cosas, caprichoso,
no responde a tus ideas, se te escapan los objetos
como pequeños tiranos, se te esconden,
y te hacen girar y girar, golpearte la cabeza,
o mascar trozos de papel con ira desbordada.
Pierdes todo lo que has amado,
te hundes sin retorno en cada pliegue del pasado.

Y de súbito un caos interior,
la tempestad, la locura, toda la rebeldía,
lo indescriptible se te mete dentro,
tensos los nervios, los dientes encorajinados…
… y el tedio invencible de las horas vacías…

MI CUERPO

Este cuerpo que suena es muy urgente,
me hace su esclava, me transporta,
tiembla.
Y vive por cosas que me son ajenas.

Lo amo a veces, pero lo detesto,
me doblega, me vence,
me envuelve en su delirio,
me trastorna:
ataja mi vuelo

Tiene profundos dolores que me hieren.

Su frustración enciende
desquiciados anhelos.

Sabe quemar y no se apaga
su latir exigente.

Tengo que sofocarlo, detenerlo,
porque vibra en lo oscuro.

Me vence tanto que lo desestimo:
sólo vivo por él y lo he odiado.

LUIS EDUARDO RIVERA
(Ciudad de Guatemala, 1949)

Poeta, narrador, traductor, crítico, periodista y profesor. Estudió literatura en la Universidad de San Carlos. Actualmente reside en París. Reconocido como novelista y traductor, ha publicado los poemarios Servicios ejemplares *(1978),* Salida de emergencia *(1988),* Las voces y los días *(1990),* Movimientos *(1999) y* Poesía prepóstuma *(2008). Traductor de autores franceses como Joseph Joubert, George Perros y Remy de Gourmont.*

ENUMERACIONES

era un cuarto desnudo
cuarto de rato
con sus cuatro paredes pringadas de gemidos
eran cuatro paredes impasibles
$\qquad\qquad\qquad\qquad$ y sucias

de tanto ocultar el amor a hurtadillas

era una fría mesa sin sentido
un banco
un rollo de toilet ya prostituido
y un gasneón insolente

era una cama que ocupaba casi todo el espacio
era una odiada cama / tierna cama
animal de sudores y de gritos

era una pobre colcha deshilada / manchas de sangre
lamparones de semen y saliva

era una almohada que no tenía objeto
era una sábana que había sido blanca
y éramos dos amantes

   eso era todo

UN HOMBRE EN EL ESPEJO

   salgo a la calle
y la gente me mira con ojos distraídos
como se mira a un perro vagabundo nadie se da cuenta
que me estoy desangrando que me arranco por dentro

no ahuyento ni a los niños que juegan en los parques
ni a los viejos jubilados
ni siquiera a sus bandadas de pájaros hambrientos

no obstante
cuando estoy a solas en mi cuarto
y me miro al espejo
no veo más que este rostro angustiado
perennemente comido por el miedo
y me espanto yo mismo / me doy tristeza
de verme reducido a esta máscara de eterno penitente

pobre de luis
   dice mi boca dentro del espejo
pobre de luis que soñó con transformar el mundo
a la medida de sus tribulaciones / que vivió su tragedia

anónima y vulgar
pobre de luis tan hondamente hastiado

de ocultar torpemente su torpeza / su papel
de contrito

pobre de luis
      que redujo el amor a cenizas
de sábanas y carne / que buscó entre sus piernas
la linterna de diógenes

pobre
      dice la mueca glacial en el espejo
esa voz que no me pertenece que se burla de mí
con mis palabras

yo para consolarme me maldigo
me crucifico y me niego tres veces
al final me arrepiento
me coloco de nuevo mi máscara de culpa
luego salgo a la calle
      destilando pavor
y aguardo a que los ojos me miren aterrados
a que la gente evite pasar a mi costado
a que se eleven bíblicamente
cientos / miles de brazos

      y me señalen acusatoriamente
pero no ocurre nada / ni siquiera les sorprende mi cara
de extranjero / mi hablar solo
      mis lunares

cómo no ven este rostro llagado / esta mueca en la boca
esta cojera obscena que me deforma el cuerpo

estoy seguro que todos disimulan
      por piedad
que fingen no sentir este olor a cadáver
que desprendo

sin embargo
yo sé que me desangro delante del espejo
que me muero de miedo dentro del espejo
y me insulto a solas en mi cuarto
y me voy desnudando hasta los huesos

RÉQUIEM

laméntate por aquel que no fuiste
por el que se fue vagamente disipando
entre palabras
por el que alguna vez deseó
por el que alguna vez soñó e ideó
fugazmente

laméntate de los besos
que no llegaron nunca a su destino
de las caricias
que se quedaron mordiéndote las manos

laméntate por aquel entrañable cadáver
enterrado bajo tu cobardía
por el miedo procreado en todos tus relojes
que hora tras hora muerte tras muerte
fue devorando tus gestos
fue acorralando tu alma
fue reduciéndote a ese mínimo / fúnebre animal
que se alimenta bebe pone la otra mejilla
y baja la cabeza

laméntate por ese miserable puñado de secretos
que a solas descubres y das brillo
y vuelves a ocultar
receloso y avaro

laméntate del verso y de la prosa
de la belleza que no llegará nunca

laméntate de los límites
y de los excesos
que nunca conociste

laméntate por esa sombra pétrea
que se pega a tu piel
que reduce tu cuerpo y opaca tu visión
que envejece tus movimientos
que toma tu lugar
y se levanta y anda hacia ninguna parte

POEMAS DE UN DESEMPLEADO

Viernes, 21 de septiembre

Papá Schultz

El día amaneció sucio
Llueve, sale el sol, se oscurece
Hace un viento frío, húmedo
Me levanto al grito de guerra
De mi hija menor de cinco meses
Mi mujer ya está bañada y elegante
Dispuesta a salir a trabajar
Canturrea mientras prepara a la mayor
Para llevarla al párvulos
Yo preparo a la pequeña
Y la conduzco donde la nodriza.

De vuelta a casa
Me esperan siete horas y media

De tranquilidad
Leo, escucho música
Leo, almuerzo,
Leo, subrayo párrafos interesantes
Tomo apuntes
Veo el reloj
Mi trabajo se acaba
Soy productivo de nueve a cuatro y media
A partir de ahí
Vuelvo a ser un papá desempleado

Sábado, 22 de septiembre

Hipermercado

1 paquete de 60 pañales	187.00f
1 botella de güisqui	77.00f
6 litros de leche	18.00f
100 hojas de papel bond	21.50f
1 bote de leche para bebé	82.75f
1 paquete de tampax	24.60f
Poemas, de Joseph Brodsky	82.00f
Bandini, de John Fante	110.00f
4 pizzas congeladas	60.00f
2 botellas de vino tinto (Bordeaux)	52.00f
500 gramos de carne molida	32.35f
2 paquetes de café	24.00f
6 rollos de papel higiénico	20.00f
Total	*791.20f*

Domingo, 23 de septiembre

Domingo

Día licuefacto
Disolvente, casi inexistente
Donde floto entre las horas
Como entre una corriente submarina
De aceite inmóvil
Arrullado por los lloriqueos de dos niñas
Convertidos en pompas de aire
Que saltan a la superficie
Revientan
Y rompen la linealidad de la calma doméstica

Lunes, 24 de septiembre

Asociación Nacional para el Empleo

Llega un momento
En que exploto
Y busco explotar mis derechos
De explotado
Para librarme
De la explotación de mis energías
Durante doce horas al día
Mis energías
En donde nada explota
A no ser mi salud
Y mi bolsillo
Que explotan en fragmentos
Mientras la vida se me apaga
Poco a poco
En triviales explosiones
De explotado

Martes, 24 de septiembre

Paisaje después de la batalla

Un calzoncillo al pie de la cama
Un biberón con residuos de leche
Una muñeca sin brazos
Una pila de libros sobre la mesa de noche
Un montículo de ropa sin lavar
Una vajilla sucia sobre el fregadero
Elementos, partículas, escombros
Combinados por las circunstancias
Testimonio de una epopeya irrelevante
Crónica de innumerables batallas
Contra el aburrimiento
Y la repetición de la vida
Doméstica

ENRIQUE NORIEGA
(Ciudad de Guatemala, 1949)

Poeta, antologador y tallerista. Estudió literatura en Guatemala y México. Autor de Oh banalidad *(1975),* Post actus *(1984),* La pasión según Judas *(1990),* Libreta del centauro copulante *(1994),* Caliente voz de hielo *(1998),* El cuerpo que se cansa *(1998),* La saga de N *(2006) y* Épica del ocio *(2007), entre otros. Ganador del Certamen Permanente 15 de Septiembre (1989), Premio Único de Poesía de los Juegos Hispanoamericanos de Quetzaltenango (1998), Premio Único Mesoamericano de Poesía Luis Cardoza y Aragón (2007) y Premio Nacional de Literatura Miguel Ángel Asturias en 2010.*

BARCO A LA DERIVA

Me equivoqué
Me equivoqué de azules
Mc cquivoqué de azules horizontes
Me equivoqué de miedo
Me equivoqué de mí
No me tocaba ser yo
No me tocaba ser yo todavía
Me equivoqué de dirección
Me equivoqué de vocación
No soy lúcido sino hasta cuando me equivoco
No soy crítico sino hasta cuando me niego
No poseo las llaves del texto
Me equivoqué de libro
Me equivoqué de miedo
No me tocaba ser yo

No me tocaba ser yo todavía
No me tocaba ser yo en esta escritura
Oh azules horizontes de la línea
De lector no he pasado
Me equivoqué de mí
De palabras
De mar
De mar de palabras
De mí
            de palabras
De fuga de palabras
De conceptos
De fuga de conceptos
De visiones
            soy fuga de visiones
Y ya
Sólo conozco
            alternativas
Alternativas inciertas
                y caos
                y mar
Y mar de palabras
(Eso he sido)
Mar de palabras
                    mar
                amar
            mal amar
            eso he sido
barco a la deriva
        incierta nave
            barco
barco a la deriva
        eso he sido

AVIVADO EL DESEO POR QUE TE MUESTRES

En lo que soy
Hay grato silencio que eres
Y si es domingo por la tarde
Sobre la mesa del comedor
Una jarra de limonada
            frijoles volteados
Pan y quesocrema para untar

En la sala has dejado
Los periódicos del día *despan*
zurrados
Y ya podemos enterarnos de lo incierto
Que es la vida acá o en cualquier
Otro sitio del mundo

Mamá te sirve una taza de té humeante
Y tú con la mirada le devuelves
            la orquídea de una lejanía

Agregaré también que como ajenas
A las dificultades de un tiempo largo y miserable
            quedaron fotos
Las de la dicha cotidiana de estar juntos

Hurgo en ellas para saber
            si corresponden
A lo apacible de tu rostro en mis sueños

ME AGRADAN LOS ANCIANOS

Me agradan los ancianos
Que se hacen consolar

Por una radio mal sintonizada
Mejor que por la dicha
Dudosa de un recuerdo

Me agradan cuando vienen
Con los zapatos desatados
A husmear en las cocinas
A quedarse en una silla
Fabulando musarañas

Son los héroes legañosos
De las lentas madrugadas
Del insomnio escultores
Son los pastores cojitrancos
De la luz que no se atreve
De la ternura sus guardianes
Son las aves que se topan azules
De olvido contra los cristales
De la transparencia sus mineros

HOMENAJE

no fue la muerte
            tras lo que fuimos
era más que la vida:
            la irrenunciable fe
por una mejor vida

jóvenes robustos   labios abriéndose
            al amor

memoria
oh memoria
maldita memoria

PARÁBOLA DE LOS ESPEJOS

En la inquietante visión
Abordo como puedo
Un bus repleto de gente
El destino no importa
Importa no quedarse
Me marcho y también
Me quedo viéndome partir
Me quedo sabiendo
Que era decisivo partir
Y también me marcho
Sabiendo que me quedo
Viéndome partir
Tras un objetivo inexistente

QUEVEDEANA

Esta madrugada
Sentí por mis manos
Intangible sed
De tu cuerpo

Y sin que precedieran
Campanas de rebato
A ti tan tú
        que arrobada dormías
Volquéte por las nalgas

AÍDA TOLEDO
(Ciudad de Guatemala, 1952)

Poeta, narradora, ensayista y profesora de literatura latinoamericana. Licenciada en letras por la Universidad de San Carlos, con maestría y doctorado en literatura y cultura latinoamericana de la Universidad de Pittsburgh. Premio Permanente 15 de Septiembre (1992) de los Juegos Hispanoamericanos de Quetzaltenango (2003) y de los Juegos Hispanoamericanos de Quetzaltenango en cuento (2010). Autora de los poemarios Brutal batalla de silencios *(1990),* Realidad más extraña que el sueño *(1994),* Cuando Pittsburgh no cesa de ser Pittsburgh *(1997),* Bondades de la cibernética/ Kindness of Cybernetics *(1998),* Por los bordes *(2003),* Con la lengua pegada al paladar *(2006) y* Un hoy que parece estatua *(2010). En el Fondo de Cultura Económica ha publicado* Por los bordes. Chi ru li rehileb' *(2003).*

EN LA MORGUE

Era de noche
Una cama
Una colcha
Y tú y yo
    dos
Cadáveres jugando
Al coito perfecto

DEGRADACIÓN
EN FÁ(BULA) MENOR

Sube hombrecito le digo y
Se transforma en gato
Sube gatito le digo y
Se transforma en cabro
Sube cabrito le digo y
Se transforma en perro
Sube perrito le digo y
Se transforma en asno
Sube asnito le digo y
Se transforma en león
(Ruge ruge ruge)
Sube leoncito le digo y
Se transforma en mono
Sube monito le digo y
Entonces sube

EPIGRAMAS A GILAUME

I

Tú dijiste ser quien más me amaba
porque no se viera mal
yo te dije lo mismo
Oh Gilaume
cuán grandes mercaderes de mentiras
fuimos

II
(Así planteabas tus batallas)

No
No querías mis ideas
Querías penetrar mi cuerpo
con las tuyas

III

Según tu supino criterio
yo trabajaba para satisfacer
mis estrafalarios caprichos y lujos
No
creo que lo hacía
para olvidar mi sometimiento

IV

Supón que yo hubiese sido la culpable
por no lavar planchar barrer limpiar
coser y copular
Todo a un mismo tiempo

V

Hicimos del amor
un rito de dioses aislados
El placer fue *siempre* tuyo
En la pira de los sacrificios
el cordero degollado
fui siempre yo

VI

Si la soledad que disfruto es obra tuya
Eres hábil

VII

Crees que el daño que te causé fue irreparable
Pienso que el daño que te causé fue necesario

VIII
(Gilaume y sus fantasmas hambreadores)

Ayer Gilaume recordé
aquellos lluviosos sábados
de amor en la cama
Recordé tus lentes sobre la mesa
tu peso sobre mi cuerpo
Y es que en la penumbra
aún me siguen tus fantasmas

IX
(¿La fotografía o el recuerdo de Gilaume?)

Sé que no puedes hablar
Nada te pregunto
Tu silencio es suficiente

X
(La piedad de Gilaume)

Ayer me contaron que vas a la iglesia
a pedir por mí para que olvide

No sigas
Ahórrate los rezos
El proceso se inició hace meses

XI
(Gilaume provoca la revancha)

Ahora mi amor por ti
es distinto
Te ha dejado de sentir
profundo
Ahora te amo
como tú te lo mereces

XII
(Gilaume pierde ventaja)

Sabés recordadísimo Gilaume
Después de tanto tiempo sin amar
pensando en ti
sentí de nuevo el aletazo del gavilán

XIII
(Gilaume y su equivocación)

Gilaume
piensas que mi amor por ti
aún existe
y no te equivocas
El error no está
en si yo te amo o no
El error está que pienses
que hoy tú
aún eres el que yo amé

XIV
(Gilaume solidario)

Tu solidaridad con los que sufren
te hace eterno frente a todos
Cuando yo sufrí por ti Gilaume
dónde estaba tu mano generosa

DESPUÉS MORIREMOS DE MIEDO

Nosotras
No cantaremos al amor
A ese dios que de por vida nos condena
A morir en el cenote

Cantaremos al miedo
Al terrible miedo
De vivir a solas
Y de masturbarnos en silencio

Al miedo de un televisor
Encendido por las noches
O de un insidioso gato
Maullando insomnios

A QUÉ TEMER

a la locura
a la soledad
a que no haya buses
este día
algo faltará

algo necesitaremos
a qué temer entonces
a que al final de esta calle
te haya perdido para siempre
a que las bugambilias de esta casa
no sean tus flores favoritas
o temer tal vez abrir
Salida de Emergencia
y encontrar en su terror
el tuyo
buscando allí
la misma imagen
tuya en la de él
como un presagio /
quién sabe

MONÓLOGO INTERRUPTUS

que no somos dueños de nada
que regresas mañana o no regresas
que tienes miedo de mis uñas tan
larrrrrrrrrrrrrrrrrrrrrrrrrrrrgas
y de mi mirada lasciva

que para qué esa boca tan grande
        y esos labios bembosos

que para qué
que para comerme todita dices

ni lo pienses caperuzo
ni lo pienses

Durante la ausencia
de Ulises
Penélope no tejió
escribió epigramas

Se pulió en el arte
del ensañamiento

MINOTAURA 4

Amor mío
Musita Teseo enfebrecido

Muuuuuuuuuuuuuuuuuu
Le respondo amorosa

HUMBERTO AK'ABAL
(Momostenango, 1952)

Poeta de la etnia maya k'iche'. Habla, lee y escribe maya-k'iche y español. Autor de una docena de títulos; entre ellos El animalero *(1990),* Guardián de la caída de agua *(1993),* Hojas del árbol pajarero *(1995),* Lluvia de luna en la cipresalada *(1996),* Corazón de toro *(2001) y* Kamoyoyik *(2002), así como de varias antologías personales, como* El rostro del viento *(2006). Ha sido traducido al inglés, francés, alemán y hebreo, entre otros idiomas. Premio Internacional de Poesía Pier Paolo Pasolini (2004), Premio Continental Canto de América para escritores de lenguas indígenas (1998) y Premio Blaise Cendrars (1997), entre otros. En el Fondo de Cultura Económica ha publicado* Jaguar dormido. Warinaq' B'alam *(2001) y* Picoteando. Tzopotza' *(2001).*

CAMINO AL REVÉS

De vez en cuando camino al revés:
es mi modo de recordar.

Si caminara sólo hacia adelante,
te podría contar
cómo es el olvido.

VUELO

Soy pájaro:

mis vuelos son
dentro de mí.

NO SÉ

Mi pueblo
Me vio salir en silencio.

La ciudad con su bulla
Ni cuenta se dio
De mi llegada.

Dejé de ser campesino
Y me hice obrero:

No sé si adelanté
O retrocedí.

UNA PERSONA

Una persona triste
no es una persona.

Es un pedazo de algo
que camina
con la mitad de la vida.

PIEDRAS

No es que las piedras sean mudas;
sólo guardan silencio.

ALLÁ

Allá
de donde yo soy

es el único lugar
donde uno
puede agarrarse de la noche
—como de una baranda—

para no caer
en la oscuridad

CHONIMUTUX

Las noches en Chonimutux
son espesamente negras.

Puede llevarse
un poco entre las manos
y tapar con ella
hoyitos en las paredes.

Son como barrancos boca abajo.

Si te quedás viendo su hondura
Sentís irte de cabeza

como si la tierra estuviera arriba
y uno parado en el cielo.

A VECES RÍOS

Si llevan agua
son ríos.

Si no,
son caminos.

EL TRISTE

Yo prefiero ser triste.

De la muerte sólo me separa
el silencio.

¡Ay, de los alegres!

Para llegar a la muerte
tienen que pasar por la tristeza.

HABLO

Hablo
para taparle
la boca

al silencio.

POESÍA

La poesía es fuego,
quema dentro de uno
y dentro del otro.

Si no, será cualquier cosa,
no poesía.

EMBARAZADA

"Cuando yo estaba embarazada,
Esperándote,
Sentía muchas ganas de comer tierra,
Arrancaba pedacitos de adobes
Y me los comía…"

Esta confesión de mi madre
Me desgarró el corazón.

Mamé leche de barro
Por eso mi piel
Es de color de tierra

PLUMA ENCENDIDA

Mientras la pluma
se mantenga encendida
las palabras del poeta
deben arder sobre la hoja

hasta que el lector
quede ciego.

JAGUAR

Otras veces soy jaguar,
corro por barrancos,
salto sobre peñascos,
trepo montañas.

Miro más allá del cielo,
más allá del agua,
más allá de la tierra.
Platico con el sol,
juego con la luna,
arranco estrellas
y las pego a mi cuerpo.

Mientras muevo la cola,
me echo sobre el pasto
con la lengua de fuera.

JAVIER PAYERAS
(Ciudad de Guatemala, 1974)

Narrador, poeta y ensayista. Ha publicado Post-its de luz sucia *(2009),* Días amarillos *(2009),* Lecturas menores *(2007),* Afuera *(2006),* Poesía incompleta *(2006),* Ruido de fondo *(2003),* Soledadbrother *(2003) y* (…) y Once relatos breves *(2000). Su trabajo ha sido incluido en diversas antologías en Latinoamérica, Europa y Estados Unidos.*

INVENTÁ
hacé el esfuerzo
es conmovedor verte
cargando tanta basura y sonriendo
creyendo para ti
que todo dejará de ocurrir muy pronto
toma la pluma
vamos
haz los círculos con la mano
y si te preguntan
¿eres escritor?
no respondas
sólo eres un hombre solo
traza una línea
¡hazlo!
algunas veces
podemos robarle paz al universo
si no vienen tiempos mejores
vendrán mejores poemas
un papel y un lápiz

pueden ser mejor que todo
y que nada

PRESO en una bomba de nylon
el olor de ciertos callejones húmedos
despierta en mi memoria viejas plegarias
sitios perforados por el tiempo y su lógica
la guerra y mi madre
la televisión respirando en la sala
y todos bebiendo café
como si nada ocurriera

RELATO DE RAYMOND CARVER CON MI VIDA

El motor encendido.
Tras del vidrio,
se desvanece otra vida.

El niño sonríe
mientras extiende los dedos de su mano.

Ella tiene los ojos hechos sal
y necesita estar sola —me dice.

Y yo me voy sin nada.
Sin vida.
Sin lugar tranquilo.

Pasado un tiempo
espero a cierta distancia
que ambos entren a la casa.

Un relato de Carver con mi vida.
Un adiós con socialismo religioso
y deseos de conservación.

Con los días busco algo que ver en el cielo,
donde sólo existen obtusas figuras en las nubes
buscando anclar en el equilibrio.

Aquí abajo no hay nada
sólo ideas como ruido,
como un ruido continuo
y sin silencios.

DORADO AMARILLO

me siento viejo
pierdo el paso de la vida
una organizada vida
una buscada inoportuna vida

me siento viejo
viudo del ámbar
suero de lluvia
vaho en el vidrio
siempre borrándose

TENGO ventanas viendo al norte
bromas aplazadas
y un movimiento mecánico en los pasos
no es fácil enumerar la vida
ni todo lo reído
ni todo lo esperado
mejor

ofrecer a otros
todo el sacrificio
y todo el ayuno

SOMOS el cuchillo sangriento
bajo la pelota radiante
unos charlatanes condecorados
unos condones rotos
unos zapatos sucios
la eme amarilla
la danza del venado y el whisky
menos que un morfema
un fonema punto
una araña
un minuto
la españa equivocada
el dolor en la cancha
el toilet del mundo
la uretra de américa
somos los escombros
somos la herencia
somos la posguerra

COLORES EN EL POLVO

si vuelven aquellos días
en que la madrugada era
un frasco de estrellas
de balas rápidas
de gente apedreando carteles
de lágrimas cristalizadas y
dientes molidos en un pan de asfalto

aquellos días en que podíamos
llevar el corazón ceñido a la muñeca
acariciar lentamente un rostro
y guardar la mano para siempre

ECLESIASTÉS

hasta lo que se va
termina

también la soledad
termina

termina cada cosa
vista

cada cosa vuelta
estorbo

termina la calle ancha

el automóvil

las luces encendidas
y el frío en mis pies mojados

DIBUJO DE UN DIÁLOGO

dibujo de infancia:

    mi padre con sus dos manos anchas parte un lápiz

    y ese soy yo

    detenido en el aire

PEQUEÑO MUCHACHO

pequeño muchacho
soportar es la vida
también es correr tras de ti
llorar y quejarse solo

por qué soportar la soledad en sus fronteras
por qué demostrarte realidades tan temprano
por qué no hacerte fuerte despacio
por qué no dejarte reír
pequeño muchacho
que me miras con asombro
¿acaso no sabes que estoy tan necesitado
y tan triste como tú?

ALLAN MILLS
(Ciudad de Guatemala, 1979)

Poeta y traductor. Autor de Los nombres ocultos *(2002),* Marca de agua *(2005),* Poemas sensibles *(2005),* Síncopes *(2007),* Caja negra XX 2012 *(2010),* Escalera a ninguna parte *(2010). Su micronovela* Syncopes *fue publicada en Francia. Ha participado en encuentros literarios en Francia, Alemania y Argentina, entre otros. Como traductor ha publicado* 90-00: Cuentos brasileños contemporáneos (2009).

POEMA ESCRITO EN UN TEMPLO

> Haz que el hombre vuelva a sentir
> que tú, hombre, subiste hasta a ti mismo
> por el dolor sin fin.
> GIUSEPPE UNGARETTI

No señales las estrellas.
Tú las pusiste fuera de alcance.
Nadie roza lo que tiene dentro:
la tiniebla es íntima
está latente al subir la escalinata.
(En un insecto hay muchas almas
reunidas por la agitación del polvo
y el trabajo de las aguas.)
No estás cerca del fuego y te consumes.
Tú volverás de la muerte a morir.
(Las estrellas gozan alma o calor y brillan:
son distantes entre sí
mas se congregan para que tengas cielo.)

¿Quién sabe del alma?
No mates insectos en vano
(las rocas del templo sostienen todo
y no tienen razón de existir).
No hables con el cielo.
Desciende la escalinata.
No eres el jefe de la tribu
pero sin ti el mundo es menos.

SOLILOQUIO EN CHAT

Es ruta para hacer sin sueño
con decisión de hilar e hilar
trocando este vacío en urna griega
o quema de palabras huecas.
La pantalla enfrente /
su brillo de dios sin cansancio.
Quiero desdecir esto que veo
escrito por quién sabe quién
y reiniciar la charla.
Nadie contesta.
Mojo la mirada en rabia.
En el salón un rumor denso.
Advierto que todos me esquivan
defendiendo la angustia de sus ojos.
Uno decide con quién hablar.

LAS LÍNEAS de ese otro libro que lees
te indican que no estás a salvo,
que no lo estarás nunca,
que nunca serás salvo.
Ni las flores adormecedoras,

ni los picos más altos, donde las banderas
ondean ese orgullo un poco tonto,
ni el mar que es todo deseo.
Nada, nada te salva.
No vuelvas a sintonizar el noticiero,
haz un graffiti en tu cuarto
que diga algo lindo o algo sucio,
pero que diga y ensucie esas paredes
que te conocen tanto.
Súbele el volumen a la música,
decídete a quemar ese libro,
viaja y llévate las cenizas
al sepulcro de Kafka.

HAY QUE ver que no se use
ningún material extraño,
así, si quiere hablarse de niños
reventados contra los árboles,
habrá que decirlo sin omitir la sangre
escurriendo las cortezas;
no vale la pena desbancar dolor
por ideas, mejor apresar la hinchazón
nerviosa que traen los ramalazos;
no meter palabra y palabra
donde el plomo sabrá armar su vacío.
Hay que evitar sucedáneos;
si la carne arde, gruñir macizo;
en cada impacto, mostrar su trayectoria;
a cada estallido, la savia roja de los árboles.

EL ANIMAL que calla
se parece un poco a mí,

su charco de sangre,
su casi flotar en rojo
tiene algo mío.
Este animal ha sido molido,
duro le dieron
y ya no sé si es perro o pollo
o simple mártir o qué.
Todo lo que calló lo habla el asfalto,
lo hablan los que lo ven sin hacer nada,
lo dicen los que vomitan de verlo.
Algo tiene,
algo de mí le resplandece
en cada partícula que pasan arrebatando
las llantas.

EL INDIO no es el que mira usted
en el catálogo de turismo,
cargando bultos
o llevándole comida a la mesa.
Tampoco el que ve desde la ventanilla
y pide monedas haciendo malabares,
ni el que habla una lengua muy otra
y resiste fríos nocturnos.
No, el indio está adentro,
y a veces se le sale, acéptelo,
aunque lo entierre en apellidos,
aunque lo socave bien
y niegue su manchita de infancia,
ahí está, acéptelo.
Y si aparece esa agua rancia,
voraz, el aguardiente que inflama,
ya verá que se le sale,
el indio empuja con su fuerza de siglos,
emerge ardoroso y se le sale,

con lo guardado,
con lo que dura doliendo.
No, no es otro,
el indio soy yo,
a ver, repita conmigo.

LECHE

Dejé correr la leche en su boca.
Me recordó a una cantante de arias
y su gesto parecido a la desesperación.
La piel se le puso transparente.
El descenso de una serpiente blanca
le andaba por adentro del cuerpo.
Al notar mi cara de espanto,
me preguntó si seguía siendo ella,
o qué diablos estaba sucediendo.
No tengo en mente mi respuesta,
tampoco sé cuántos años pasaron,
desde su última palabra,
hasta que me quedé en blanco.
Quería hacerle el amor a su fantasma.
Hablé con el aire y el vacío.
Fueron siglos de espera por la palabra
que sólo ella podía darme,
pero carecía de habla,
o le era difícil articular algo,
por tener la boca llena de leche.
Le pregunté si era dulce
y abrió los ojos con desmesura,
tragándose toda la luz
esparcida en el área.

FRONTERA

Quería mojar al agua,
pero con tantas lágrimas
apenas conseguí la risa
de esas desconocidas,
que de tanto caminar juntas
ya eran como unos amantes,
o unos hermanos,
o las dos cosas,
y no quise mucho movimiento,
así al sentir los golpes no los iba a sentir,
aunque mirasen mi cara,
apenas soñarían a la mujer,
abandonada en su cuerpo acuoso,
puras visiones del Desierto
y del camino con la boca seca,
más allá de estas lágrimas
que me van probando,
los Migras también quieren su raja:
"tiene el mismo sabor
del agua bendita",
les escuché decirme,
también me gritaron que era un Sueño,
aunque estaba despierto,
la floración de sus pieles en la mía
era algo demasiado real,
como para poder ser declarada
Cosa de este Mundo.

EL SALVADOR

Claribel Alegría (1924)
Manlio Argueta (1935)
Alfonso Kijadurías (1940)
David Escobar Galindo (1943)
Ricardo Lindo Fuentes (1947)
Miguel Huezo Mixco (1954)
René Rodas (1962)
Otoniel Guevara (1967)
Jorge Galán (1973)
Roxana Méndez (1979)

CLARIBEL ALEGRÍA
(Estelí, Nicaragua, 1924)

Poeta y narradora. Su obra, que abarca poesía, narrativa y testimonio, ha sido tra-
ducida a más de una docena de idiomas. Autora de Anillo de silencio *(1948, recopi-*
lado por Juan Ramón Jiménez y prologado por José Vasconcelos), Vigilias *(1953),* No
me agarran viva. La mujer salvadoreña en la lucha *(1983),* Para romper el silencio.
Resistencia y lucha en las cárceles salvadoreñas *(1984),* Pueblo de Dios y de Man-
dinga *(1985),* Luisa en el país de la realidad *(1987),* Saudade *(1999) y* Esto soy
(2004). Su novela Cenizas de Izalco *(1964) fue finalista del Premio Biblioteca Breve*
de Seix Barral, Premio Casa de Las Américas (1978) y Premio Internacional Neustadt
de Literatura (2006).

ARS POÉTICA

Yo,
poeta de oficio,
condenada tantas veces
a ser cuervo
jamás me cambiaría
por la Venus de Milo:
mientras reina en el Louvre
y se muere de tedio
y junta polvo
yo descubro el sol
todos los días
y entre valles
volcanes

y despojos de guerra
avizoro la tierra prometida.

CARTA AL TIEMPO

Estimado señor:
Esta carta la escribo en mi cumpleaños.
Recibí su regalo. No me gusta.
Siempre y siempre lo mismo.
Cuando niña, impaciente lo esperaba;
me vestía de fiesta
y salía a la calle a pregonarlo.
No sea usted tenaz.
Todavía lo veo
jugando ajedrez con el abuelo.
Al principio eran sueltas sus visitas;
se volvieron muy pronto cotidianas
y la voz del abuelo
fue perdiendo su brillo.
Y usted insistía
y no respetaba la humildad
de su carácter dulce
y sus zapatos.
Después me cortejaba.
Era yo adolescente
y usted con ese rostro que no cambia.
Amigo de mi padre
para ganarme a mí.
Pobrecito el abuelo.
En su lecho de muerte
estaba usted presente,
esperando el final.
Un aire insospechado
flotaba entre los muebles

Parecían más blancas las paredes.
Y había alguien más,
usted le hacía señas.
Él le cerró los ojos al abuelo
y se detuvo un rato a contemplarme
Le prohíbo que vuelva.
Cada vez que lo veo
me recorre las vértebras el frío.
No me persiga más,
se lo suplico.
Hace años que amo a otro
y ya no me interesan sus ofrendas.
¿Por qué me espera siempre en las vitrinas,
en la boca del sueño,
bajo el cielo indeciso del domingo?
Sabe a cuarto cerrado su saludo.
Lo he visto con los niños.
Reconocí su traje:
el mismo tweed de entonces
cuando era yo estudiante
y usted amigo de mi padre.
Su ridículo traje de entretiempo.
No vuelva,
le repito.
No se detenga más en mi jardín.
Se asustarán los niños
y las hojas se caen:
las he visto.
¿De qué sirve todo esto?
Se va a reír un rato
con esa risa eterna
y seguirá saliéndome al encuentro.
Los niños,
mi rostro,
las hojas,
todo extraviado en sus pupilas.

Ganará sin remedio.
Al comenzar mi carta lo sabía.

AUSENCIA

Hola
dije mirando tu retrato
y se pasmó el saludo
entre mis labios.
Otra vez la punzada,
el saber que es inútil;
el calcinado clima
de tu ausencia.

BARAJANDO RECUERDOS

Barajando recuerdos
me encontré con el tuyo.
No dolía.
Lo saqué de su estuche,
sacudí sus raíces
en el viento,
lo puse a contraluz:
Era un cristal pulido
reflejando peces de colores,
una flor sin espinas
que no ardía.
Lo arrojé contra el muro
y sonó la sirena de mi alarma.
¿Quién apagó su lumbre?
¿Quién le quitó su filo
a mi recuerdo-lanza
que yo amaba?

CARTA A UN DESTERRADO

Mi querido Odiseo:
Ya no es posible más
esposo mío
que el tiempo pase y vuele
y no te cuente yo
de mi vida en Ítaca.
Hace ya muchos años
que te fuiste
tu ausencia nos pesó
a tu hijo
y a mí.
Empezaron a cercarme
pretendientes
eran tantos
tan tenaces sus requiebros
que apiadándose un dios
de mi congoja
me aconsejó tejer
una tela sutil
interminable
que te sirviera a ti
como sudario.
Si llegaba a concluirla
tendría yo sin mora
que elegir un esposo.
Me cautivó la idea
que al levantarse el sol
me ponía a tejer
y destejía por la noche.
Así pasé tres años
pero ahora, Odiseo,
mi corazón suspira por un joven
tan bello como tú cuando eras mozo

tan hábil con el arco
y con la lanza.
Nuestra casa está en ruinas
y necesito un hombre
que la sepa regir
Telémaco es un niño todavía
y tu padre un anciano
preferible, Odiseo,
que no vuelvas
los hombres son más débiles
no soportan la afrenta.
De mi amor hacia ti
no queda ni un rescoldo
Telémaco está bien
ni siquiera pregunta por su padre
es mejor para ti
que te demos por muerto.
Sé por los forasteros
de Calipso
y de Circe
aprovecha Odiseo
si eliges a Calipso
recuperarás la juventud
si es Circe la elegida
serás entre sus chanchos
el supremo.
Espero que esta carta
no te ofenda
no invoques a los dioses
será en vano
recuerda a Menelao
con Helena
por esa guerra loca
han perdido la vida
nuestros mejores hombres

y estás tú donde estás.
No vuelvas, Odiseo,
te suplico.

Tu discreta Penélope

MANLIO ARGUETA
(San Miguel, 1935)

Con Canto a Huistalucxitl *ganó los Juegos Florales de San Miguel (1956). Primer Premio de los Juegos Florales de Usulután, con* Canto vegetal a la ciudad de Usulután. *Autor de* En el costado de la luz *(1968), donde reúne* Del amor y la llama *(1959),* El hijo pródigo *(1959),* El viajero *(1963) y, obviamente,* En el costado de la luz *(1966). Con esta recopilación ganó el Premio Rubén Darío. También es autor de* Caperucita en la Zona Roja *(1977, Premio Casa de las Américas del mismo año),* De aquí en adelante *(1970),* El valle de Las Hamacas *(1970, Premio Centroamericano de Novela del Consejo Superior Universitario Centroamericano en 1967),* Las bellas armas reales *(1979),* Un día en la vida *(1981),* La guerra florida *(1982) y* Cuscatlán donde bate la Mar del sur *(1986).*

SOBRE UN RAMO DE ROSAS QUE TE OFRECÍ

De un retrato que sir Edmund me pidió de Antonia

¿Somos una serie de frases desencasilladas?
Postrarse ante la realidad patas arriba
Donde sólo nosotros nos paramos sobre la cabeza.
¿Qué hacemos —decí—, qué hacemos mientras esos muchachos
se pegan de balazos en el corazón? ¿Qué hacés vos
para tener conciencia de la felicidad?
¿La felicidad es una botella de aguardiente casero?
¿Mamá viviendo conmigo y mis hermanos en una casa de putas?
¿Dar vueltas alrededor de un jardín zoológico?
¿Recabar datos en la computadora bestial?

¿Qué hago cuando discutimos
sobre los animales inteligentes que somos,
escribiendo poemas robados a otros más inteligentes
pero quizás un poco menos inmortales por eso de la alimentación base?
¡Somos una serie de frases desencasilladas!
¿Nunca habrá tiempo suficiente para contener en esta copa
de teatro lírico a la humanidad?
No hay duda, Antonia, en esta lucha deben parecerse los buenos y los malos.
Y nosotros que hemos ido como colgajo de ropa sucia
De la mano de algunos quizá más poderosos,
Llevando ese complejo más cabrón que todas las desesperaciones:
La inferioridad como luminosa tragedia.
Conclusión sobre la vida:
Una cesta donde resplandece el pellejo de los muertos.
Esa palabra tuya
Revelando al mundo lo desconocido.
¿Tenemos derecho a considerar estas cosas sencillas?
¿Esa terrible paranoia, esa locura, de aprender
a cantar a los seis años para salvar la vida?
¿Esta bolsa de huesos y carne?
Su contenido algo inmaterial, intangible: alma-tonta-para-eternizar-al-hombre.
¿Los ojos tuyos como dos hemisferios?
¿Los ojos de la otra son como los de una paloma en vinagre?
Antonia, no nos perdamos en esa oscuridad de los trilobites
Pero te lanzas al ruedo, como si fueras una muchacha idealista
Después de ser
Hermoso árbol sembrado en el centro del patio.

¿Iniciamos el viaje por la vía rápida del envejecimiento?
¿Todo queda reducido a una fenomenología de la razón impura?
Vivir en el menor grado.
Morir en la calle cualquier día de éstos
Es una verdad en la puerta de mi casa.
¿Y los muertos esos fantasmas desconocidos viviendo detrás de los espejos?
Luego nos vamos a bañar dos y tres veces al mismo río,
                    Antes de tu locura.

Cuando cantabas dentro del baño y reducías todo
A una manera de fingir, recogiendo tus huesos de loba.
Las cuatro paredes y el caño del agua como palo venéreo
O una clepsidra donde se resume tu angustia.
Tu conciencia limpia. El vaso donde bebemos vino
A nadie le hace daño
Salvo a mí que no entiendes esta manera de hablar.
Todo marcha torcido en este tiempo
¿Existen asnos más inteligentes que estos poemas dedicados a vos?
A vos metiendo el cuerpo
Desesperadamente en una sábana.
Una serie de sensaciones para la mujer más importante de la casa.

CÁRCEL

¿Dónde estarán los otros? Dijeron que vendrían
pero nadie aparece. Nuestros ojos amarran
los últimos recuerdos pero nadie aparece.
Escribimos un nombre (las paredes son grises):
aquí estuvieron hombres como fieras en selva,
aquí se amaron otros como nunca se amaron.

¿Cuándo vendrán los otros para hablar,
para mirar a alguien, para sonreír
con las personas? A veces digo
que estoy triste y recuerdo las voces que recuerdo.

¿Dónde estarán los otros? Dijeron que vendrían.
Salgo a buscar a mis amigos
y me encuentran cercado por los muros.

POST-CARD

Mi país, tierra de lagos, montañas y volcanes.
        Pero no vengas a él
        mejor quedas en casa.
Nada de mi país te gustará. Los lirios no flotan sobre el agua.
Las muchachas no se parecen a las muchachas de calendarios.
El hotel de montaña se cuela como una regadera.
Y el sol ¡ah, el sol! Si te descuidas te comemos en fritanga.
Los niños y los perros orinan en las puertas de las casas.
Los mendigos roban el pan de los hoteles:
        puedes morirte de hambre,
        puedes morirte de cólera,
        nunca de muerte muerte.

Luego los francotiradores, las bombas en los automóviles,
        los puentes dinamitados.
Cierra la puerta a las tres de la tarde.
Con dinero no salgas a la calle, no te pongas reloj:
puede salirte un ladrón
y timarte con el premio de la lotería.
¡Ah, y cuida de decir que mi país es una mierda,
te amarraríamos a un poste de la esquina y te violaríamos,
después te sacaríamos las tripas de una cuchillada!
Cuida que no te coja un cambio de gobierno,
¡válgame Dios! Mejor quedas en casa.
Pero mi país es tierra de lagos, montañas y volcanes.
Si sales dos kilómetros fuera de la ciudad
te encontrarás con tigres y culebras,
con avispas ahorcadoras, escorpiones, arañas.
Es preferible estar en la ciudad
        y respirar el humo de los autobuses.
Escuchar el claxon de los automóviles
o el pregón de los vendedores ambulantes.

Mi país, tierra de lagos, montañas y volcanes.
Pero no vengas a él si deseas conservar la vida.
     Puede morderte una culebra.
     Puede comerte un tigre.
Mejor quedas en casa y no gastas en hotel ni en avión.
Te sacaríamos los ojos y te los comeríamos.
O una bomba, una bala perdida, una flor con dinamita.
Y tus huesos comidos por las hormigas…
Y tus huesos comidos…
Y tus huesos… y tus… y…

NADIE TOCA LA PUERTA

Como un ángel en llamas localizo el sonido
de tu casa en el cerro. Cuando acudes a abrirme
solamente la calle, un silencio que huye.

Miras el aire de oro mecido por la noche
que se acerca y golpea tu ventana de miedo.

Como un fantasma entonces te abraza mi fantasma.
Mis pisadas se asombran de tu sueño despierto
y penetro a tu lecho como un ángel desnudo.

LOS ZOPILOTES

Vuela sobre los basureros.
Se posa sobre los animales muertos.
Se alimenta de carroñas, inmundicias
de toda clase: caballos, perros
y seres que no tienen sepultura.

Es del tamaño de una gallina. Color negro.
Excepto, algunos casos, cabeza roja o blanca.
El cuello es rugoso y detestable.
Pico grande y afilado como navaja.
Comienza por devorar los ojos,
luego va descarnando a la víctima
hasta dejar los huesos pálidos.

Se le ve volar encima de los volcanes,
planeando. Volando en círculos.
Busca muertos en el monte y las calles.

Su nombre científico es Coragys atratus.
Cuando tiene la cabeza blanca o colorada
recibe el nombre de quebrantahuesos,
o rey de los zopilotes o tencute,
y científicamente: Caracara cheriwey.
Es el águila negra de las canciones
mejicanas, para diferenciarla
de las verdaderas águilas.

Pero la característica fundamental
del zopilote es que se come los muertos
del otro mundo. A diferencia
del águila majestuosa, hermana
de nuestro gavilán pollero, ave rapaz,
elástica, fulgurante,
que se alimenta de seres vivos.
Bella y terrible, a la vez.
El águila es hermosa,
el zopilote come mierda.

ALFONSO KIJADURÍAS
(Quezaltepeque, 1940)

Poeta y narrador. Premio Nacional de Cultura de El Salvador (2009). Algunas de sus obras en poesía son Poemas *(1967),* Los estados sobrenaturales y otros poemas *(1971),* Reunión *(1992),* Obscuro *(1997),* Gotas sobre una hoja de loto *(1997),* La esfera imaginaria *(1997),* Es cara musa *(1997) y* Toda razón dispersa *(1998). Este último libro abarca los años 1967 a 1993 e incluye* De este tiempo *(1994) y* Alteración del orden *(1996). Reside en Vancouver, Canadá.*

SECRETO

Que el amor es la muerte
          bien lo sabes,
porque a solas te lo he dicho
             muchas veces.
Por eso no lo digas a nadie,
no sea que al decirlo
        se cumplan mis palabras.

MALA HIERBA

Familia,
        quién sino yo el extranjero. Oveja negra del rebaño.
Mala hierba. ¿Negado cuántas veces?
Aunque afile mi lengua no existe la palabra que te absuelva o me absuelva.

Ninguno, sin embargo, podrá darte el aliento con que froto tu lámpara.
Familia,
    Yo te saqué los ojos. Desde entonces extraño, extranjero,
me miras de reojo y no me reconoces.
De indiferencia y envidia está envuelto tu odio. De mala fe y rencor.
De allí los dones de mi cólera, de mi desvío o desamor.

LA CITA

    ¿Dónde será?
    ¿En la casa aquella vieja y solariega o en la cantina
    donde llegan a liar sus negocios
                        los vendedores de ganado?
    ¿O en un hotel
    donde los viejos conspiran contra el tiempo
                        hablando del pasado?
    ¿O será en la librería
                        mientras ojeas un cuerpo hermoso?
    ¿O quizás en la calle
    mientras aguardas el taxi que te devuelva a casa?
    ¿O en una esquina oscura iluminada por el brillo del cuchillo?
    ¿Quién sabe?
    Como la seda o el oscuro terciopelo son los pasos de la muerte.

LETRAS DE ORO

En su discurso la ironía fue algo más que la mueca del disgusto,
una actitud de orgullosa paciencia ante la hostilidad de un mundo hueco.
Su testamento fue tan pobre, tan ordinariamente pobre
que las palabras tomaron el sabor, sabor amargo de monedas falsas.
De allí su fama, su osadía, la daga peligrosa de su lengua.

Tanto vagabundaje. Tantos amores. A su paso las fieras salían
                                                                    a su encuentro,
pues amó como nadie, eso consta en su archivo, sus papeles,
                                                                    sus camisas rasgadas,
la mesa en que apuntó la suma de sus deudas.
Pobre y enjuto al final de su vida, mientras moría pensaba y repensaba
su única obsesión: cambiar la vida. Vencer la muerte.

EL MENDIGO

Mendigo, entre los mendigos,
                    [eso fui a mis treinta años de edad.
Y entre mi tribu fui despreciado y humillado.
¿No te avergüenza pedir tanto?
                    Me gritaban golpeándome furiosos.
Yo no pedía nada, solamente unas gotas del vino
                                        de la inmortalidad.

CONJURO

Si quieres vencer al demonio
                    [que no te deja de día ni de noche
Escoge un día sábado y enciende un buen tabaco.
Fúmalo bajo el árbol primero que te encuentres.
Repite luego estas palabras con certeza:
Querida soledad sólo en ti creo
                    No me traiciones, te amo.

HIMNO

No amo a mi patria. Nunca la he amado.
           Lo que he amado ha sido mi propio desengaño
que evidencia el engaño de aquellos que la aman.
Si yo amara a mi patria (y es un decir que es mía),
                              ya la hubiera vendido,
                                        violado,
                         corrompido.
Por eso no la amo. Porque es mejor no amarla,
               como la aman aquellos que la aman
mientras ajustan la soga en su cuello.

IMPULSO

Retirado, solitario, ocupado en trabajos
                         sin esperanza,
vivo así, sin perder de vista a mi gente.
Nada tengo en común con ella. Nada en común
                         conmigo mismo.
Tranquilo en mi rincón vivo contento
                    con poder respirar.
A veces siento el impulso de meterlos a todos
                    en el mismo baúl
y apretarlos bien, hasta la consumación.

OPCIONES

Melville eligió la ballena
                    para inundarla de blancura,
Blake, al tigre que infundió a su zarpazo
                    la intrepidez del trueno,

Poe, al cuervo y su negra elegía,
Flaubert, al loro, esa despampanante prosa
de colores.
Y vos, poeta viejo y jorobado,
al verde escarabajo
que habita las entrañas de las momias egipcias.

NO DEJAR HUELLA

Todas las bibliotecas se disputarán tus obras,
En todas partes celebrarán homenajes a tu nombre.
En lugares privilegiados se alzarán monumentos
que honrarán tu memoria.
Se habrá así hecho justicia a tus noches y días
de soledad y angustia.
Mejor hubiera sido no ser nadie,
o en el mejor de los casos
haber ganado la suprema perfección que exige
no dejar huella.

DAVID ESCOBAR GALINDO
(Santa Ana, 1943)

Poeta, narrador y ensayista. Su obra incluye los poemarios Vigilia memorable *(1971),* Cornamusa *(1975),* El libro de Lilian *(1976),* Sonetos penitenciales *(1980),* El venado y el colibrí *(1996),* Discurso secreto *(1975),* Canciones para el álbum de Perséfone *(1982) y* Cantos a la noche *(1990). También ha escrito la novela* Una grieta en el agua *(1972). Premio Fullbright de Centroamérica y el Caribe, y ganador de los Juegos Florales de Poesía en Quetzaltenango, Guatemala, en 1980, 1981 y 1983.*

YO NO SOY

Yo no soy Pedro,
Juan,
ni Segismundo.

Yo no soy pura sangre,
ni mestizo,
ni natural del valle o de la estepa.

Mi pensamiento es un pequeño mundo.
Un mundo de orfandad de pura cepa.

Vine de no sé dónde,
un día en que unas manos
se estrecharon a medias.

Y tú —poesía, viento—
ni lo haces más atroz,
ni lo remedias.

Yo no soy Gran Collar,
ni estoy triste,
ni creo en la derrota.
Admiro el rostro inmenso del océano,
pero prefiero el brillo
de una gota.

Me gusta la verdad de los que esperan,
y el amor
hecho vida.

Y creo en el retorno de los tiempos,
en otra dimensión
desconocida.

Recuerdo vagamente algunos signos,
algún destello de mitología,
alguna forma gris de echar la suerte.

Y no le tengo miedo a lo que venga:
ni al ojo solapado de la vida,
ni al párpado sincero de la muerte.

yo no soy la bandera,
ni el perdón,
ni el cayado.

No soy el que descubre,
ni el que salva
o reclama ser salvado.

Yo no soy Pedro,
Juan,
ni Segismundo.

Yo soy un soplo de aire.
Un sonido que pasa.
El sonido fugaz de un milagro profundo.

pues soy más que la carne misteriosa
en que alguien —una vez—
me trajo al mundo.

LA PALABRA ES UN PÉTALO

La palabra es un pétalo
que el viento desprendió de la magnolia.
En el árbol, la flor
sigue estando completa,
porque la herida es invisible.
El pétalo que vuela solitario
al volar se convierte en otros pétalos,
y así en la levedad del cielo abierto
se dispersan magnolias incontables.
Y la magnolia original asume
la pasión de la víctima.

DUELO CEREMONIAL POR LA VIOLENCIA
(Fragmento)

III

Húndete en la ceniza, perra de hielo,
Que te trague la noche, que te corrompa
La oscuridad; nosotros, hombres de lágrimas,
Maldecimos tu paso por nuestras horas.

Más que las sombras francas, como las minas
De un campo abandonado, furia alevosa;
La luz no te conoce, por eso estamos
Doblemente ofendidos de lo que escombras.

Por la sangre en el viento, no entre las venas,
Donde nazcas, violencia, maldita seas.

Caminamos desnudos hacia el destino,
Nos juntamos en valles de ardiente idioma
Y si la estrella olvida su edad sin mancha,
Si el fuego se abalanza con sed inhóspita,
Si el rencor enarbola ciegas repúblicas,
Cómo hablarán los días de justas formas.

¡Ah! silencio infranqueable de los violentos,
nunca seremos altos si nos dominas,
nunca seremos dignos del aire inmune,
nunca seremos ojos llenos de vida,
sino que en lava inmunda vegetaremos,
entre un sol de gusanos que se descuelgan,
mientras la sangre brota de mil espejos,
oscureciendo el agua con sangre muerta.

Por la sangre en el agua, no entre las venas,
Donde nazcas, violencia, maldita seas.

No, no intentes doblarnos sobre otro polvo,
No sacudas las hojas de nuestras puertas,
Te lanzamos, hirviente, todo lo vivo,
Todo lo humano y puro que nos preserva.

No, no confundiéramos savia y vinagre;
Los ojos se te pudran, te ahogue el humo,
Las ciudades se cierren igual que flores
Inviolables al solo recuerdo tuyo.

Roja peste, violencia, nada ni nadie
Será habitante claro donde tú reines;
Desdichada agonía del hombre falso,
Húndete en la ceniza, sorda serpiente.

Las espaldas, los pechos te den la espalda;
Cierren tu paso frentes, ojos, ideas.
Es tiempo de sonidos que instalen música.
No, no asomes tu río de manos negras.

Por la sangre en el polvo, no entre las venas,
Donde nazcas, violencia, maldita seas.

Ah, si el violento asume la ley del aire,
Si aprieta en hierro impuro vidas y haciendas,
Si desala sus pozos de hambre sin dueño,
Si desenfunda el cáncer de su inconsciencia.

Por el mundo, qué huida de espesos pájaros,
Qué castillo de savias que se derrumban,
En el río revuelto, redes sin nombre,
Y en la tierra apagada fieras que triunfan.

¡Pero no! Estamos hechos de sangre viva,
y de huesos más hondos que el desatino;
no hay vigilias que rompan alma de humanos,
ni cinceles, ni látigos, ni colmillos.

Húndete en la ceniza, perra de hielo,
Que te trague la noche que te procrea;
Por la sangre en el viento, no en su recinto,
Dondequiera que nazcas, ah dondequiera,
Sin descanso de estirpes, años y mares,
Sin descanso, violencia, maldita seas.

RICARDO LINDO FUENTES
(San Salvador, 1947)

Narrador y poeta. Hijo del escritor Hugo Lindo, diplomático de carrera, desde muy pequeño viajó por todo el mundo. Estudió filosofía y publicidad en Madrid, terminando su formación superior en París, con estudios de psicología en la Sorbona. De regreso en El Salvador, comenzó la parte más fecunda de su labor, vinculado a los ámbitos creativos literarios y pictóricos. Entre sus títulos destacan Rara avis in terra *(1972),* El señor de la casa del tiempo *(1988),* Lo que dice el río Lempa *(1990),* El esplendor de la aldea de arcilla *(1991) y* Amado amigo, atardece *(2010).*

CARTA A MI HERMANA MATILDE

Libro de los corazones rojos que mancha una estrella,
libro de los corazones que mancha la luna naciente,
y libro de los plátanos amarillos,
y de las naranjas redondas, doradas y amarillas,
mi libro es el libro del ropavejero que va por el mundo,
de las costas de Francia a las costas de España
y a los bosques azules donde alzaron los mayas su mirada.
El ropavejero sabe de todo un poco,
y de todo sabe muy poco.
Contiene versos de estación este libro mío,
que duran un poco y después se olvidan.
Contiene también vinos que de muchas partes vienen
y contiene una fuente con un pez que se tragó un anillo,
y no era un anillo de un mago ni de una princesa.
Era simplemente un pequeño anillo

Que alguien dejó caer al agua por descuido.
Y no es mío este libro mío ni es un libro para todos.
Siendo de muchos, es un libro más tuyo que de nadie.
Es un libro para ti, que te pusiste una túnica celeste
y sonreíste con suavidad sobre los muchos y malignos pensamientos
de un hombre que llora en el silencio de la noche.

Y yo escribí un libro hecho con abundantes lágrimas
sobre los muros de piedra del manicomio
y en las paredes blancas de cal de las tumbas.
Mi canto era terrible y angustioso.
Era el canto del horror de cuando todo es perfecto
y se ha cumplido la ley de las puras y terribles estrellas
en las montañas de la locura.
Mi canto era el helado canto que ninguno leyó
y no lo fue ni lo será por nadie, ni siquiera por mí,
porque yo lo destruí,
como un padre cauteloso expulsa al hijo extraño
que tiene los ojos como espadas
y vomita lagartijas cuando habla.

Ya no hablaré de la casa ni del viejo padre
que se marchó dormido, sin saber adónde iba,
y nosotros tampoco lo sabemos.
Sólo sabemos que había sufrido mucho,
que le dolían esos pobres pulmones suyos,
que quería marcharse
y está bien que haya sido así,
y sin embargo siento que es terrible y es triste,
como es triste, en la noche,
el canto ululante de la lechuza.

Era hermosa la piedra del conocimiento,
pero es más hermosa la vida.
Tiene jardines súbitos y fragantes
y crece el musgo sobre la herida de la piedra,

y tiene cobres de músicos que tocan el trombón
y tambores de cuero de venado,
que tocan los tamborileros,
y flautas que otros músicos tocan,
y tiene vinos y tiene labios que se rozan,
y cuerpos que arden como pábilos,
y es bueno vivir sobre la tierra
y gozar un momento,
y después pasar.

Pienso en los peces de las profundidades.
Pienso que están vestidos de muy tristes escamas
y se mecen como sonámbulos en la oscuridad.
Usan lenguajes extraños, como los de los sueños
y no tienen, entre ellos,
nombres.
Si uno se va, ninguno lo recuerda.
Si uno nuevo viene,
entra en el guardarropa y se pone su traje de escamas
y a nadie le extraña,
y ninguno le hace preguntas.

Ríos inmemoriales en la noche negra
trazaron rutas de canciones.
A veces una llamó a mi puerta
y se depositó en mis papeles.

Cantos de las estrellas en la noche negra
no son cantos del que canta al sur del tiempo.
Cantos de jardines y palacios y fuentes,
no son como estos rudos cantos míos,
pero, aunque fueran para tus manos,
no mejor pude hacerlos.

El manantial de las lágrimas deja a veces un rescoldo de sabiduría.
Ése fue tu caso.

El manantial de las lágrimas deja, a veces, canciones.
Ése fue mi caso.

Yo leí con amor nobles cantos de antaño,
fuertes como las rocas y altivos como el mar.
Sus palabras magníficas que como oro brillaban
no eran para mí.
Palabras sencillas que el pobre conoce
caben en mi poema.

Como no soy grande ni poderoso,
no escribí un vasto canto con lujosas oraciones,
con un aliento épico digno de Shakespeare o de Homero,
que recordarán las edades.
Me limité a escribir estos cantos,
sencillos como utensilios de cocina,
que van del pescado a la sal
y de las aceitunas al perejil.
Aunque no sea grande ni importante mi canto,
tendrá al menos a tus ojos el mérito
de haber sido escrito para ti.

Quiero para mi canción la gracia de tu mirada,
porque está llena de amable conocimiento,
de ese conocimiento que no está en los libros
ni se aprende en ninguna escuela.
De ese conocimiento que brilla en las cosas tranquilas,
que comprende y, con frecuencia,
calla,
y está habitado por una voz delgada
que dice: "Yo sé, yo sé".

Vana fue la mirada de la fuente
en la vieja plaza.
Solos ante la fuente de piedra
vimos crecer y desaparecer el día.

Palabras hechas de lluvia y sal,
hijas son del viento.
Palabras dichas a tiempo,
con la humildad de las cosas simples,
son como lluvia sobre las siembras,
como la hojita del laurel encima del pescado.

Yo no creo que los hombres felices escriban versos
y, si los hacen, no creo que sean buenos.
Los versos no se hacen gentilmente,
con cortesía,
sino de una forma lastimosa y oscura,
como el rayo de luz al fondo del túnel.
Algún día la gente dice de alguien que murió:
"Era un gran poeta, fue un hombre ilustre",
como si la flor ennobleciera
la tierra amarga.

Conocí gente importante y famosa,
pero no me siento en deuda con ella.
Me siento en deuda con gente sencilla,
que no es importante y famosa.

Quiero poner plátanos amarillos en este poema,
como se ponen en un plato de cerámica,
contrastándolos con frutos de un rojo bermellón
y con otros de color azul.

Todos juntos navegan en el plato,
como un navío en medio de la noche,
iluminado por faroles
sencillos y prudentes,
revelando a los ojos
la perfección de las cosas pequeñas,
hijas de la tierra.

Dicen que los fantasmas azules pintan palabras azules,
pero yo pienso en fantasmas que hablan con el color de la herrumbre
aunque tengan una corbata azul.
En alguna taberna beben un vino espeso
y cuentan hechos tristes y quejumbrosos,
como cadenas que se arrastran o goznes que chirrían,
o puertas que se cierran de golpe
sin que haya viento ni nadie que las toque.
Así contaban historias los abuelos,
a las puertas del templo,
hace ya mucho tiempo.

Dicen que los olmecas estuvieron en esta tierra
y dejaron grabada sobre la piedra
la hazaña de los jugadores de pelota.
Creo que esa pelota era el sol,
gran globo luminoso palpitando sobre las siembras.
Creo que los jugadores siguen jugando
y que nunca van a terminar de jugar.

(Piedra de las Victorias, en Chalchuapa)

Dios instaló en la noche las lujosas estrellas
y adornó el planeta con largos ríos,
que son azules y verdes,
y cobran al crepúsculo
un oro azul.
Pero no quiero hablar de las maravillosas estrellas
sino de tus ojos castaños, que tienen su gran bondad,
y de tus cabellos que no son azules ni verdes,
sino, como tus ojos, castaños.

Recuerdo aquella hora de los niños girando.
Los santos,
en sus marcos de caoba labrada,
movían barcos con el pensamiento.
Crece el silencio ahora.

Hasta el fondo del alma
crujen hojas marchitas.
Pasa el tiempo.

Yo no creo que la tierra sea sencilla y buena
ni que sean sencillas y buenas las cosas de la tierra,
pero, contemplándola,
creo que se puede gozar
como se goza una manzana,
sin pensar que ha nacido del estiércol.

Los humanos pasan y las nubes también,
los barcos pasan y se van los humanos.
Amado Nervo decía algo así.
Pero yo arrojo mi caña de pescar
y están inmóviles las nubes sobre el río que pasa,
y no pienso en nada.

Oscuras son las cosas del pasado
y a veces más oscuras las del presente.
Dicen que el futuro será mejor.

Creo en las cosas importantes como son tus discretas palabras
y el humo que sale de la candela.
Creo en los largos ríos y las blancas nubes
y en medio de los días y las noches deslizo mi canto
a las cosas que, siendo importantes,
aparentan carecer de importancia.

Alabanzas de pago son mis alabanzas
como en los palacios antiguos la sal y las especias.
Quieren pagar unos ojos asombrados
o una sonrisa que recibí
sin saber por qué.

¿Apagaré en el silencio de la hierba azul y gris
esta memoria que me roe?

Quemé el inmenso palacio y descendí a los valles
donde las madres amamantan a sus hijos
a las puertas de las casas de barro.

Cometí el sacrilegio de vivir
y el aún más terrible pecado de no haberlo hecho.
Como el hombre feliz no tenía camisa,
regalé la mía,
para ver si así me volvía feliz.

En las tinieblas de la noche hay lagos oscuros
donde croan las ranas y danzan las sirenas
y se elevan las piedras de un tiempo de hace tiempos.
La madrugada llega y deshace los lagos
y pasa un autobús donde se van los mitos.

En el silencio oscuro hay lagos azules
que cantan un canto de espadas y de ríos
que se hicieron de sangre por hechos espantosos.
Cuando el tiempo se va,
la gente olvida por qué se hizo la canción,
pero no olvida la canción,
aunque ya esté seca la sangre
con que fue hecha.

Todas las cosas envejecen y mueren.
Todas tienen su principio y su fin.
Cuando los señores que deciden en lo alto
digan: "Estas canciones vivieron y duraron,
pero ya se ha agotado su virtud.
Inspiraremos cantos nuevos a los poetas nuevos,
sobre cosas de hoy, con palabras de hoy",
los cantores del futuro elevarán luminosos cantos
con palabras que ya no entenderíamos.
Sólo algún joven erudito de erizados cabellos
y ojos desencajados

dirá: "En tales años vivió un poeta
que se llamaba así y asá,
y escribió de estas cosas y de otras…"
y cerrará piadosamente las polvosas páginas
como una mariposa que un alfiler ha detenido para siempre.

Y aquí termino de escribir este libro
que habló de sí mismo y de cosas que te conciernen,
de las aguas donde la vida lentamente germina,
de tus cabellos castaños y la dulzura de tu mirada.
Son los cantos del ropavejero que pasó por aquí
y observó el interior de la casa por la ventana iluminada.
Alguien regresa, alguien se va.
Dítelo, poco importa.

MIGUEL HUEZO MIXCO
(San Salvador, 1954)

Poeta y ensayista. Autor de los libros de poemas Comarcas *(2002),* El ángel y las fieras *(1997),* Memoria del cazador furtivo *(1995),* Pájaro y volcán *(1989),* Tres pájaros de un tiro *(1988) y* El pozo del tirador *(1988). También ha publicado dos libros de ensayos y una biografía. Premio Centroamericano de Literatura Rogelio Sinán (1999).*

SANTA BÁRBARA

Viniendo de Playas de Tecate miramos a California
escupiendo
ceniza / polvo
como un borracho

Era Santa Bárbara en llamas
echada sobre un catre de piedras
entre movedizas ondas de vapor

El humo cubría el sol en Running Springs
Oye huele a resina hierba flores y pájaros quemados
dijo mi broder tapándose con la manga

Fue como mirar a Cindy Crawford entristecida
su rostro manchado de hollín
emanando un suspiro lujurioso absolutamente cinematográfico

Veníamos de Tecate a California
y nos quedamos mirando la escena
de esas almas en ascuas abriendo latas de cervezas
palacios caprichosos desplomándose entre el fuego
y el agua manando de la panza de los helicópteros

Todo aquello era un presagio pero no alcancé a descifrarlo

Al atardecer llegó un Lexus color perla repleto de porcelana
conducido por una pájara como salida de un set de la MGM

Exhalaba un perfume que apenas alcanzamos a aspirar
entre el tufo amargo de los vientos de Santa Ana (California)

CIUDAD TECÚN UMÁN

Entre las casas pobres las ventanas enrejadas
los chupaderos y la música a reventar
viene Pablo Menchú borracho
subiendo por el barrio Xibalbá

Pues nada patojo
Qué te pasa conmigo
Dame un quetzal

Por un quetzal
pájaro bobo te puedes morir
Chíngate cabrón Ciégate
Cambiarías tu nahual por un cigarrillo

El parte de la policía dice que vienes a mudar de piel
Que te tumbas sobre los durmientes del ferrocarril
Que saltas a uno y otro lado del río meando en el agua
Sabandija
Que moras entre la hojarasca y las piedras

RÍO SUCHIATE

Un día más del nuevo milenio
El Infierno por lo visto sigue como siempre
Multitud de gente urgida por cruzar el río
Abatidos
Exhalando suspiros
Las aves chillan entre la bruma

Allí miré a alguien que conocía:
"Aletheia"
le dije
"extiéndeme la visa para saltar al sendero de tu sueño
y empujarte a la llama líquida
en esta sopa de tallos"

"Aletheia" exclamé
"aquí la realidad primera se estira y encoge como gimnasta"

Y sobre aquel espejo de agua
relumbraba con hórrida belleza
blanco como un analgésico
el sol de los condenados

LA GRAN GUERRA

A María

Fui a la gran guerra con mi corazón
alerta
Hendí la niebla con mis uñas negras
Alguna vez perdí también el sueño

Pensé nunca alcanzaré la otra orilla
moriré
Mi corazón sangrante
sabrá que es la hora final del hígado y el linfa
Se preparan hogueras inmensas
puedo verlo

Pero miráme aquí comiendo otra vez
la corteza agria y dulce de la vida
que a veces no sé si morder
o escupir

Ocurre que me nace una suerte de olvido
dónde sujetarme pregunto
dónde recostarme susurro
a dónde mirar
ando a tientas

Es el viento
obsceno y hermoso con una cólera inaudita
y entonces
vuelvo a la gran guerra

Me ocurre en los atardeceres
El cielo
y los tejados de Santa Elena
los stops de los automóviles
los semáforos del bulevar
la cabeza de los fósforos
todo se vuelve rojo
como un año de gruñidos

Me creerías si te dijera
en la gran guerra llevé mi casa a cuestas
la sostuve con mis dedos
escarbé mi madriguera

con garras fuertes y curvadas
fumaba con la lumbre del cigarro
escondida debajo del sombrero

En enero la niebla
En marzo las conspiraciones
En junio mi desesperación
En agosto los desechos
En octubre la sed
En diciembre yo mismo
los doce meses
buscando un hombre que no conozco
Tiene mis manos
y pensamientos parecidos

Las granadas se colgaban de árboles
tan gruesos como siete personas
y los hacían trizas

El acre tufo de la pólvora esparcido
Las sombras de las aspas
despeinando el monte
Pero no te cansaré otra vez con esa historia

Fui a la gran guerra con el corazón
acelerado
Un colibrí libando la flor diría un poeta antiguo
Recuerdo los versos de un viejo libro sufí
pero ahora tengo una idea distinta
del valle de la privación y la muerte

El rayo de sol que cae sobre mi hombro como una mota de polvo
alimenta mi memoria
Tienes la sonrisa de la aurora tras el cristal del camino

Las batallas no hablan con la fuerza del amor
Un muerto no es un cuerpo fulgurante

sino un material
tieso machacado contra la tierra
No hay idioma capaz de interpretarlo
No hay pez en la luna que soporte ese frío

Por eso cuando te digan
cuando comiences a contar mis faltas
los lunares
el vello hirsuto de mis orejas
la muela como un huésped ingrato
y creas que te traiciona mi respiración
que el hombre está agontado su morada vacía
ni lengua
ni lágrimas
ni puños
deja que meta mis dedos entre tu pelo

En fila india como enloquecidos elefantes

Desplegados como hambrientos lobos en el bosque

Escucha conmigo la voz del cerro herido por el trueno
La pandereta del agua lluvia
sumergiéndose entre el lodo

En el borde de ese río
pensé una
pensé otra vcz
con estos pesados fierros jamás voy a alcanzar la orilla

Un molino de huesos
Un agujero abierto
Un pozo de agua salobre
Un odio rítmico y sonoro

RENÉ RODAS
(San Salvador, 1962)

Ha publicado cinco libros de poesía y uno de cuentos. Como periodista, ha trabajado en diarios, estaciones de radio y televisión. Entre sus obras se cuentan: Civilus I Imperator *(1989),* Diario de invierno *(1995),* La balada de Lisa Island *(2005) y* El libro de la penumbra *(2010).*

PROTOCOLOS DE PAZ

Los grandes enunciados de la paz, los grandes establecimientos garantes de la tranquilidad pública:

La sultana, la sábila, la zebrina péndula y los columpios a una rama sombreada y olorosa a mango, las crayolas y la limonada con hielo.

El taleguillo de canicas para el juego del treintaiuno, del toquicuarta con el bordo libre —la rodilla deshilada y marrón de apoyarla en la tierra.

El juite labrado a moneda o con un güishte, la disposición de las chibolas como magníficos gallos de pelea: zarcas, ágatas, cristalinas, de mármol.

Balines de acero como carros de guerra lentos y destructivos. El orondo chibolón —pavo del corral, que no pelea, pero luce.

Los libros donde viven el Gato con Botas y su marqués de Carabás, Tom Swayer, el Corsario Negro, islas que guardan tesoros fabulosos y el Cipitío, que además vive en tu barrio y no va a la escuela.

Los trompos de Izalco —cedro rojo torneado que zumba en el círculo de tierra o en la palma de la mano, peonza que saca sangre al menor descuido y tiene derecho a no creer en la justicia.

Las criadas consentidoras y tímidas que conocen cuentos de miedo en los que alguien fuma un puro sin tirar el carrizo de ceniza, o donde un cura no tiene cabeza, y es de noche en los cafetales.

Las garantías de paz continental y los acuerdos limítrofes suscritos con las naciones vecinas ante:

Las abuelas y sus medicamentos perentorios, inquietantes, que saben a regla inviolable, a veredicto.

El aceite de hígado de bacalao que sabe a Dios, a confesión, a penitencia, a perdón. Las cinco gotas de violeta de genciana que embetunan de semana santa encías, lengua, dientes.

El olor purificador del agua florida y el almidón crujiente de los amplios delantales blancos.

El terminante olor de la ruda, el del ciprés, y las floristerías que huelen a misa de cuerpo presente, plañideras, cargadores, entierro.

La iglesia amarilla y marrón y sus agujas de madera y lámina troquelada.

La araucaria del parque. Las tejas gordas de lluvia. Y el sol vestido de celajes a las cinco y cuarenta de la tarde de un veinticuatro de octubre.

El chilate con nuégados de la merienda, la quesadilla y los cachos rellenos de leche.

La visita nocturna al trapiche con que se establece el comienzo de la civilización mecánica:

Los peroles del caldo y su grueso vapor, los moldes de madera, el batido con canela y los ojos esclavos y borrachos de la yunta de bueyes, que nunca podrás recordar sin vergüenza.

El aroma perverso de los melones, de los nísperos y de la ropa de la colada —y la hermana que crecía y olía a zacate tierno, a pan recién horneado.

Piñuelas, icacos, buscaniguas y petardos de diciembre. Y una mañana de octubre nació el primer nieto de madre, y la familia se extendió un certificado de dicha permanente.

Largas sesiones de desguace de lanchones verdes que transportaban, en un mar de ramas, algodones rezumantes de azúcar.

Y había que empalagarse con ellos para encontrar y tirar un árbol rosado y diminuto que dormía entre las dos valvas.

Y así hubiera al siguiente día semillas de paterna a las que rociar con limón y sal en el gusto de la casa.

El protocolo y la firma de convenios para la distribución de parcelas enajenadas por el fisco para asegurar la paz agraria:

Arrayanes y jocotes en sazón, sólidos, ácidos, ásperos al gusto como a la mejilla la caricia azul de la mejilla paterna.

Los arriates del patio donde establecer dominio bajo las nochebuenas:

Callecitas de tierra trazadas con dos pulgadas de regla. Puentes armados con el palito de las paletas. Piletas. Pastizales de musgo y bosques de cola de quetzal.

Carritos a escala y una granja con caballos de relincho plástico, tractores, vaquitas contentas dueñas de cinco molinos de viento, minuciosas gallinas del tamaño de un dedal —y siempre deseaste que una de ellas pusiera un huevo.

Los pasillos del mercado viejo, hechos de una ceniza densa y añosa como el bálsamo y de voces para hechizar el antojo y el bolsillo de los marchantes.

Los portales, sus farmacias, prendas de la paz:

Retortas, morteros, básculas diminutas, enormes frascos de porcelana marcados con viñetas misteriosas —frascos solemnes y serios como un obispo recién afeitado.

Las cajas registradoras del tamaño de un carromato de feria, que suenan como el estropicio de una orquesta que cae al río.

La talabartería con un caballo disecado en la entrada (y el hermoso ojo del animal te miraba), el hombre de la moto oscura que tenía *side-car*, las piñaterías, las tiendas de ultramarinos, los bazares de los turcos: La Perla Oriental, el Almacén de Jerchi, Casa Hasbún, La Nueva, La Moderna, la esquina de Zablah.

El carpintero contratado para montar divisiones de madera en la vieja casa y para enseñarte que no todo el mundo te ama.

Los barquillos, las empiñadas, las garrapiñadas, el alboroto y el mango twist, la jícama, las galletas flipper.

El eterno perro echado de tu volcán, esfinge aguacatera poblada de talapos, cafetales, pinares, orquídeas y perotes, que protegía tu mundo.

La ración diaria de papaya o de guineo majoncho para el zenzontle andariego que endulzaba con su voz de imitador el tráfago doméstico.

El aroma del bálsamo, de las tortillas recién retiradas del comal, de la yerbabuena y los plátanos horneados en su cáscara.

La perra enana y malhumorada que odiaba a los niños de la calle y que fuera fiel a madre siempre tras sus pasos, siempre echada a sus pies. Y a esos pies moriría, al calor de su dueña.

La furgoneta blanca que traía la leche embotellada y espesa, y la nata se comía con sal sobre una rebanada de pan rústico.

El cohetón apabullante y la matraca de ecos inquisitoriales de semana santa, cuando el hijo del sacristán, diminuto y musungo, golpeaba una cadena contra un platón de peltre y salmodiaba la tarde entera:

> Jesús está preso en esta cárcel de penas
> y no tiene más consuelo
> que el ruido de las cadenas.

En el agobio del Jueves Santo.

Y tú sólo tenías ganas de desatar al hombre de la túnica morada y la corona de espinas y de correr a esconderlo, pues sabías que al día siguiente iban a matarlo.

Las fotografías del bombazo donde los cortadores de café se retrataban en diciembre ante la cámara de fuelle, el alma enmarcada en una franela gris y los sentidos crispados por la inminencia del fogonazo.

El carretón de lámina azul municipal que transportaba las reses cuarteadas del rastro a las mesas del mercado:

Un carretón tirado por un burro vallejiano —perdonen la tristeza— al que ganas sobraban de abrazar con todas sus garrapatas y pedirle perdón por tanta crueldad y darle una zanahoria.

Aquella cosa viva, palpitante que de un modo misterioso y palpable habitaba cada rincón fresco, cada avenida del pueblo, cada esquina envuelta en la niebla con sus balcones de fierro forjado y sus persianas de madera.

Un misterio escondido en los pétalos de las flores, en la sombra cadenciosa de las palmeras, entre las alas de los pájaros que se llamaban a guardar en los grandes laureles de las aceras y de los aparcaderos de autobuses, y todos sabíamos que eran las cinco en punto de la tarde.

Un misterio que llevaba paz y paz traía cada día, como un mercader sagrado que desplegaba sobre una meseta damasquinada los encantos de mi niñez.

Y embajadores sagrados y enviados plenipotenciarios de paz eran los mercaderes itinerantes, idénticos a su bulto en barro.

Aquél traía un altero de cobijas de colores vivos atado a la espalda. Éstos, tombillas de mimbre o de palma, aparejos para las bestias, cántaros de barro o de latón.

(La música rumorosa al llenarse el porroncillo o al verterse en un cuenco era la felicidad del agua.)

Comales. Sartenes. Tiestos para cultivar tomillo, orégano, mejorana. Jarrones. Fuentes y azucareras. Ollas. Tazones. Cubiletes.

Cosas que la paz fue dejando a nuestra puerta como al descuido, madre hacendosa, sabedora de lo que su hijo ha de precisar un paso más allá y le dispone los recados.

Y había aceite en los ejes del mundo, y había tiernas llamas en las veladoras de cada casa. Y una muchacha por las tardes solía cantar.

OTONIEL GUEVARA
(Quezaltepeque, 1967)

Poeta. Organizador del Encuentro Internacional de Poetas "El turno del ofendido". Su poesía ha sido traducida a ocho idiomas, publicada en veinte títulos individuales y decenas de revistas, periódicos, antologías, muestras colectivas y medios electrónicos de América y Europa. Ha representado culturalmente a El Salvador en dieciséis países y ha obtenido más de veinte premios literarios.

HOMENAJE

en vos
me acumulo
escancio mis bosques
destrozo el abrigo de la seriedad

en tus senos encuentro la muerte
encuentro la calma
por ellos
pierdo el empleo y pierdo la cordura
retorno a la infancia fatigada de sol

y si hubo alguien que concibió esta maravilla
yo le convido con todas mis ventanas
y le dedico las flores de mi secreto cementerio

y si hubo alguien que te pensó y te dibujó y te deletreó para mí
yo le deseo buen viaje

mis labios siguen llenándose de heridas pero beso tus omóplatos

con los perrunos dientes despedazo la rabia del mundo
y rasgo sobre la tierra una senda de sílabas rebeldes

en vos yo me amo y el beso que te frutezco
me lo doy en la frente que suda
en el brazo que acuna y se desperdiga por toda tu piel salobre y vaporosa

todos los ruidos de la guerra jamás apagarán el voluptuoso susurro del amor
con que me he creado
en vos

Para Beatriz Cortez, humildemente

SUCEDIÓ

Apareció de pronto, de repente,
con una caja de herramientas raras.
Destornilló los besos de los jóvenes,
con enérgico amor sustrajo a los transeúntes
piernas, manos, bitácoras.
Desenroscó caderas, pajaritos.
Metió en un saco grande la mañana.
Usando una escalera sin apoyo
descolgó el sol y lo arrugó junto a la luna
que nadie supo cuándo fue extirpada.
Borró sin expresión los corazones.
Con ágil desaliño volteó casas.
Secó el sudor de su pequeña frente
y auxiliado por una enorme aguja
recolectó emociones y caminos.
Era un niño: severo pero tierno.
Todos mostraron ante su cruel oficio
rabiosa indefensión, pulcro silencio.

De su misión nadie dudó un instante.
No hubo protestas. Nada. No. Ninguna.
Ángel o Ilusión cumplió lo suyo.
Extrajo, despintó, desmontó el mundo.
Pero a pesar de su implacable juego
yo no le permití saquear mis arcas.
Él fingió comprender y dejó intacta
la tibia habitación de las palabras.

POHEMA

De berdad nunca importó tu mala ortografía

Si supieras cuánta compañía me hacen tus palabras
Aunque estén detenidas, aunque digan
cada bez menos cosas

Cuánta ternura cosechan
aunque no biba ni una sola "v"
en ellas
haunque hayan haches que huyendo de la horca
se hayan hincrustado a la horilla de un hadjetibo

Lo himportante es que no te detubiste
a pensar en los herrores
y eso no les quitó el rostro ni el llanto ni el fuego
                a tus palabras

AMOR

Tanto te cubrió mi abrazo
que mi sombra cicatrizó tu piel

Tanto tuve que dejarte
que tu piel se convirtió en mi sombra

SAL

Tomo la sal entre mis dedos y siento enjambres de hombres remontar parajes
      asesinos
atravesar océanos de infinitas incertidumbres

La sal
con toda su blancura
no pronuncia la sangre vertida tras su aroma de mar
nunca invoca la paz
            muy al contrario
se devela mortaja sobre el cabello de las santas mujeres

La sal es cruel

La mujer de Lot lo sabe
en lo que aún le queda de corazón

HIMNO DE AMOR

Yo escribo el poema contra todos:
porque todos vacacionan en la playa,
porque todos sobreviven con un sueldo,
porque todos *han matado lo que amaban,*

porque todos sucumbieron ante el precio,
porque todos ignoraron La Poesía,
porque todos consultaron a su médico,
porque todos se abrazaban en la iglesia,
porque todos frivolizan el misterio,
porque todos cantan ebrios en los bares,
porque todos se reciclan en el miedo,
porque todos amnistiaron al tirano,
porque todos han votado contra el sueño,
porque todos crucifican la decencia,
porque todos tienen dedos en las manos,
porque todos mortifican la inocencia,
porque todos son muy serios muy muy serios
porque todos todos todos
están muertos.

Para mi entrañable hermano Imreh Andras,
con quien compartimos el mismo idioma

DE CREER

A Mixtli Alejandra,
Gabriela Mazatli
y Selvamaría Mallinalli

Doblo mi rodilla y beso tu frente
¿es acaso tu frente mi cielo
mi ultratumba
la razón de mis desvelos?

No importa cuánto seás mi hija
yo creo en vos
creo en tus diálogos con las paredes

creo en tus velocípedas aventuras a través de la risa
creo fervientemente en tus mentiras

porque yo nunca tuve un beso en la frente
                              creo en todo

NIÑOS

Abrieron un hoyo al mar
y afligidos
esperaron la noche
para taparlo con estrellas.

NUNCA TUVE UNA CASA

Quiero una casa

donde no escuchen tus gritos los vecinos
tus gritos de placer
            inocultables

donde siempre caiga el agua
del cielo
            y de la regadera

Quiero un hogar con patio
donde juegue la infancia
su más torrente abecedario

donde el sol no me recuerde
los cadáveres incesantes de mis doce años

donde no haya que colocar semáforos
              bajo las puertas
donde quepa el amor que nos lazamos
              y los hijos

donde La Muerte finalmente llegue
y se sienta
              como en su propia casa

JORGE GALÁN
(San Salvador, 1973)

Poeta y narrador. Premio Adonáis (2006) por Breve historia del alba; *Premio del Tren Antonio Machado (2010) con* Los trenes en la niebla; *en 2010, accésit del Premio de Poesía Jaime Gil de Biedma por* El estanque colmado; *en el año 2000 fue reconocido por el Consejo Nacional para la Cultura y las Artes como Gran Maestre de Poesía Nacional de El Salvador, después de obtener tres premios nacionales de poesía en 1996, 1998 y 1999, y Premio Villa de Cox 2010. También es autor de* El día intermi- nable *(2004),* Tarde de martes *(2004) y* La habitación *(2007).*

LA ADIVINANZA

Mi capa es la tiniebla pero mi sombra es luz.
Se halla en mi mano una moneda dispuesta a la limosna
pero mi voz es lo terrible, cuando así lo desea.
Si dijera esto a un niño le preguntaría ¿Quién soy?
Y sería sólo una adivinanza y no un enigma y una proclamación.
Mi espalda es el invierno que oscurece a los árboles
pero mi rostro es la blancura de la nieve más fría.
Si hundo mi pie en el fango es tan sólo en la hierba que aparece una huella.
Veo, escalones abajo, los incipientes actos de los magos,
y escucho, por encima de mí, las palabras de Dios
en la lengua monumental de sus profetas.
Veo a los ángeles en un palacio interminable
jugando como ínfimos infantes en interminables jardines
y escucho la confesión del viento en los antiguos árboles
y la profecía del mundo en la boca del mar

y revelo la edad de las estrellas a los hombres
y el corazón del hombre a la desolación de los abismos.
El beso de Dios arde en mi frente.
Soy hijo y no puedo ser otra cosa más que hijo.
Los trigales se inclinan a mi paso
y el rey pide consejo y ejecuta conforme lo que digo.
Mi mano es pesada como el hacha de piedra.
Para mis ojos no hay distancia ni tiempo
ni lugar ni cortina ni pared ni secreto.
Sobre mi cabeza los gorriones y las ramas altísimas
y las antiguas torres y el universo mismo.
Bajo mis pies el mundo
y bajo el mundo, los nombres de los muertos.
Si le hablara a los niños, podría preguntarles, fingiendo ser astuto,
¿Saben los nombres de los muertos?
Mi capa es la tiniebla pero mi sombra es luz
y al revelar aquello que en mí se ha revelado me vuelvo yo el misterio.
Mi destino es la hora más postrera del hombre:
La claridad penúltima…
El último silencio.

RACE HORSE

Para Roxana Elena

Y mira tú, muchacha, de quién viniste a enamorarte,
a quién viniste a amar para toda la vida,
a quién decidiste no olvidar:
es un caballo de carreras, ese muchacho es un caballo de carreras
y corre siempre junto a la barda colmada por espinos
y sus músculos inflamados siempre a punto de reventarse.
¿Quién lo conduce?
Sus estribos son ríos a los cuales muerde para intentar romper.
Sus ojos ven un horizonte de fuego al que no puede dejar de dirigirse.

Sus cascos son de un cristal incorruptible que aniquila a la piedra.
Su crin es el viento azotado por el relámpago.
Una tormenta tiene donde debió tener un breve corazón,
una tormenta a la cual teme incluso el invierno mismo.
Su imaginación es la misma que la de la montaña
y la del grito que corta el silencio de la montaña desolada.
No es de fiar.
¿Quién confiaría su alma a una tormenta?
¿Quién brindaría su piel al cuchillo de fuego
o su voz al silencio de la flauta quebrada por el odio?
Y mira tú, muchacha dulce, te abriste como un cofre
lleno de perlas que parecían brotar de la luz misma
y él ni siquiera pudo notarlo, él es un caballo de carreras
y no le importa ni la ciudad ni el camino que lleva a la ciudad
ni las joyas ni un cuello lleno de joyas ni un cofre lleno de joyas,
sólo le importa el bosque y el campo abierto y la playa interminable
pero sobre todo la pista, esa pista de grama, arena y piedra,
y mira tú de quién viniste a enamorarte
a quién quisiste guardar en ti como un corazón nuevo
a quién quisiste abrazar hasta perder los brazos
a quién quisiste mirar hasta cerrar tanto los ojos
que no consigues ya mirar la dicha.
Mira tú, muchacha linda, a quién quisiste amar,
a un obstinado caballo de carreras cuya pista es el mundo.

EL GRAN FRÍO

Justo a la orilla del verano ha venido el gran frío.
Sobre las hojas hay escarcha.
Se dice que la helada ha provocado algunos muertos:
al igual que el camino que se perdió al anochecer,
fueron encontrados al alba.
Se hallaban uno sobre otro,
de la misma forma que, bajo el suelo más nuevo,

puede hallarse una civilización sobre otra civilización,
un vestigio antiguo sobre otro más antiguo,
como si el pasado y la nada sólo pudiesen descansar
sobre el pasado y la nada.
Y pese a tanta mortandad, no hubo una sola lágrima.
¿Quién podría llorar por quienes mucho antes
ya eran rostros sin gestos,
cuerpos abandonados por sus almas, sombras diseminadas
a través de una acera y otra acera, pestilencias
desde donde emanaba esa otra niebla más profunda que todas?
Intentaron salvarse pero se dice que no supieron cómo.
Las hojas del periódico no son un edredón y ningún puente
ha servido jamás como un hogar.
Confiaron su vida a la fogata insignificante, pero nadie
debería confiar su vida al fuego.
Y pese a todo esto, una mano invisible
ha guiado a las palomas a un resguardo.
El hombre hace mucho ha olvidado sus instintos
como el lobo que nació y creció en la ciudad y se olvida del bosque
aun cuando la rama y la hierba y el fruto del castaño
fueron su propia sangre en el principio.
Nos hemos olvidado de todo lo que fuimos. El pasado se aleja.
Su horizonte camina tras nosotros
como el ruido cansado de una sombra:
pisadas que no escucho, canto que no comprendo como canto,
hoja seca que no distingo del resto de hojas secas.

LOS TRENES EN LA NIEBLA

Los trenes salían de la niebla. Me dejaban atrás. Yo era su pasado
más inmediato. Entonces vivía al final o al inicio de lo que llamábamos
    horizonte
y veía subir y bajar a tantos que aprendí a saber quiénes no iban a volver más.
No puedo decir que se los veía en los ojos ni que algo les cubría

pero aprendí a distinguirlos como se distinguen los vivos de los muertos,
cuando el frío hace que no nos queden dudas.
Sé que nací un noviembre en una época donde aún existían las cartas de amor.
Ese día era otoño en alguna parte, pero acá era invierno con lluvias.
Yo sé que a nadie interesan estas cosas, pero ese año,
el último día de diciembre, a medianoche, mi madre y la familia
de mi madre esperaron en el patio trasero, sentados a la mesa,
la caída del tiempo de los hombres. Pero nada pasó, les habían mentido,
las escrituras no cumplieron su promesa, ni una figura
emergió de las nubes ni se escuchó campana alguna ni trompeta.
Decepcionados, caminaron a través de una línea de tren hacia la oscuridad.
Sus rostros eran la tristeza, poco les quedaba, alguien, nunca
se dijo quién, dio fuego a la iglesia y ésta ardió hasta el amanecer,
se consumió hasta volverse una breve memoria y no se le volvió a levantar
y yo crecí como una pupila que se acostumbra a la sombra.
Era un chico cuando escuché el primer silbato
y hacía mucho que no era más un hombre cuando vino a mí el último
y era tan semejante al primero que podría creer que era el mismo.
Y entre el primero y el último, un instante, un aliento del mundo.
Una vez vi un hombre que venía de la nieve, era oscuro
como aquello que la luna no puede afectar con su magia en el fondo del mar.
Fue él quien me habló de los enormes hielos que se paseaban
sobre la superficie de las aguas como ciudades muertas sobre una pupila,
hielos como planetas en el desierto de lo inconmensurable.
Puedo decir que sus manos eran frías y gruesas y lo mismo podría
decir sobre sus ojos y quizá sobre su alma: he probado la carne del lobo
y del zorro y del hombre, me aseguró. El Ártico es una selva blanca,
la vida ahí no es un cuento que alguien narra en un bar, ahí el filo brumoso
de un cuchillo, ese brillo, hace la diferencia entre el ahora y el después.
Un día, una mujer vino del mar. Entonces del mar no sabía más que historias
de asombrados viajeros, desconocía la lengua de las palmeras
o el crujido de la madera de los muelles, pero ella me cubrió por completo,
su rostro era una ola sobre la arena gruesa y gris, bajo su mano suave
como una nube, mi mano se hundió como un albatros
que cae después de mil días de viaje para morir bajo las aguas,
entre las serpientes y los extraños tiburones,

y todo yo me sumergí y ella me aseguró que sus palabras, tan suaves
en mi oído, eran como el canto de las ballenas y no debía temer,
que la tormenta nunca temió del mar, y no temí y por tres meses
un aliento salado me recorrió todo mi cuerpo,
y cuando, llegado otra vez el tiempo de las lluvias, ella no miró atrás
su espalda adquirió la forma de una raya y yo la vi perderse hacia el sur
    tempestuoso
sin atreverme a nada, sin saltar hacia ese acantilado que se abría ante mí
como un cielo distinto, sin emitir un leve susurro emocionado.
Y todo pasó y las estaciones del mundo cambiaron una y otra vez y otra y otra.
Marzo tenía olor a mandarinas y diciembre a manzanas frescas.
Envejecí una tarde cuando el temblor de una mano me impidió repartir unas
    cartas.
Una noche alguien me preguntó mi nombre y lo había usado tan poco
que no le recordé, entonces, luego de vender el último billete del día,
salí y bebí y volví a beber y bebí tanto y luego dormí tanto que al despertar
nada era ya lo mismo dentro mí. Todo había quedado atrás hacía demasiado
    tiempo:
la madre y la familia de la madre se habían detenido en alguna parte
que yo no conocía. Una sola taza había en la alacena,
una sola cama, una sola silla, un cepillo de dientes
en el baño de una casa de madera sin pintar, visitada por los mosquitos
y las voces de unos que ya no estaban ahí pero que insistían, llegada la noche,
en conversar sobre tiempos antiguos donde existí sin existir. Hacía tanto
que para alguien que ni si siquiera sospechaba yo también era sólo una figura
que cada madrugada salía de la niebla. Y lo sabía todo, lo había comprendido.
Jamás había tomado el tren hacia las montañas ni hacia el mar
ni hacia ningún país vecino ni hacia ninguna parte.
Esa mañana no quise volver más y ya no volví más a ningún sitio.
Desde entonces ya no recuerdo ni sé mucho, y no poseo más que una única
    certeza:
que, como yo, todos aquellos trenes también salían de la niebla.

ROXANA MÉNDEZ
(San Salvador, 1979)

Licenciada en idioma inglés con especialización en traducción. Ha publicado Mnemosine *(2008) y* Memoria *(2004), y ha sido incluida en diversas antologías, como la centroamericana* La herida en el sol *(2007). En 2003 la Secretaría de Cultura de El Salvador le dio el título de Gran Maestre de Poesía Nacional tras haber recibido cuatro premios de poesía en los años 1996, 2000, 2001 y 2003. Premio Nacional de Poesía de la Fundación María Escalón de Núñez y Radio Clásica en 1998.*

EL COFRE

Los árboles presienten la llegada del invierno.
Lo que cae, el viento, las hojas,
mi mirada llena de ciudades lejanas,
se vuelve una huella bajo mis pasos
pero más breve que mis pasos.
Mis pies son otro invierno.
Los pájaros, escondidos entre las ramas
como antiguas cartas de amor en un cofre
que alguien que no debía ha descubierto,
anuncian sin saberlo
la íntima llegada de la noche.
Escalones de piedra natural
conducen a un estanque
donde una luz inmóvil se refleja.
Unos pasos después,
bajo un puente de madera,

un niño respira lentamente arrullado por el viento frío
que baja de los pinos junto al leve murmullo
de los primeros astros.
Abre los ojos…
desaparezco.

MEMORIA

Todo es presente ahora: mis ojos desatados
pueden ver la penumbra del cielo en este instante,
y en ese cielo inmenso, frío, extraño, distante,
vuelan aves de siempre sobre sueños pasados.
Otras calles retornan y es presente en mis labios
que besan las siluetas de los que ya han partido:
los niños de otras tardes y el viento conmovido
que trae de la iglesia su aroma de incensarios,
y las beatas señoras musitando oraciones
y el abuelo en el patio cantándonos canciones
y las lentas campanas de las cinco doblando.
Las calles imprecisas retornan al silencio
y ese cielo de ahora que sufro y que presencio
comprendo que es de un día que existió no sé cuándo.

PRIMERA ESCENA PARA UN DÍA TERRIBLE

He visto la mañana
como una anciana dama
con un vestido blanco.

Sobre las sienes lacias
una diadema oscura,
en la frente limpísima

el tatuaje de un beso
que jamás fue de amor,

sobre los labios fríos
varias palabras necias
en desorden, oscuras
como aquello que intentan
decir sin pronunciar.

Tiene unas manos flácidas
y en ellas lleva flores
que parecen flotar.

De un sepulcro calcáreo
la he visto levantarse.
Sus pies son el desierto.

Recreada en sus pupilas,
la primitiva noche,
la nada, el frío, el viento,
el lento y largo día
de la desolación.

Yo lo he mirado todo,
sus ojos en mis ojos
son aquello sin límites.
Su terrible silencio
ya se ha vuelto mi voz.

MUJER EN SU OFICINA

Estoy en una sala oscura.
En el salón de a lado
hay unos cuantos huéspedes.

No los he visto, tampoco los escucho,
no sé qué rostros tienen ni a qué suenan sus voces,
pero los siento a todos, yo sé que están ahí.
Veo hacia alguna esquina, el café aún no hierve
y sin ningún motivo
de pronto tengo miedo de mis indecisiones.
Mi vida ha transcurrido a lado de un teléfono
como a la espera de algo
que jamás ha llegado.
He llenado mis manos de un alpiste salobre
que no han gustado nunca de comer las palomas.
La noche me recibe con las palpitaciones
que nadie más escucha,
ese sonido lento similar al sonido que padece una fuente
que se pierde en la lluvia cercada por relámpagos.
De repente alguien entra, le pregunto su nombre
y lo escribo y se aleja,
de pronto alguien más entra, alguien más sale o entra,
es igual, nada cambia:
en estos rostros fríos veo todos los rostros
pero siempre es el mismo.
En medio de la noche, llega hasta mí un aroma
como de flores blancas
—quiero creerlas blancas—.
¿Por qué yo no podría permitirme soñar?
Sólo un poco más tarde salgo a la noche, entro
en la calle vacía.
Los faroles desprenden su lenta luz lechosa
que tibia se refleja
sobre la superficie de las aceras húmedas.
La observo como alguien lleno de amor observa
el rubio atardecer, y me quedo perdida,
colmada de horizonte, extraviada en mis ojos,
entonces alguien habla, me llama por mi nombre
y otra vez tengo miedo de mis indecisiones.
Sería diferente

si lo que espero ahora lo hubiera esperado antes,
ese sueño en que vierto mi corazón más tibio.
Pero todo es muy tarde.
Para todo lo hermoso se hace siempre tan tarde.

MEMORIA Y DISTANCIA

La casa de los abuelos
tiene las paredes blancas,
altas paredes antiguas,
antiguas paredes altas.
En los árboles del patio
se da el mango y la campana,
abajo, una fuente llora,
viejas canciones de agua…

Vuelvo al ayer y respiro
calor de tejas soleadas
y escucho el mar en la calle
y las gaviotas del alba…
Vuelvo al ayer y me encuentro
besando sombras sagradas…

La casa es casi la misma,
su olor, sus puertas, su patio,
su luna al anochecer
y al amanecer sus pájaros.
Pero es distinto el silencio
porque no es silencio humano,
es la callada noticia
de la soledad de un ámbito…

Ya los seres han partido:
de ayer sólo queda el viento

y en el viento algún latido
y en el latido un recuerdo
y en el recuerdo mi infancia,
la vida con los abuelos,
su risa, sus voces blancas,
sus corazones inmensos,
y sus cabellos hermosos
blancos de harinas y sueños,
y sus manos en mis manos
y sus besos en mis besos
y mi hermana en la ventana
o correteando o durmiendo,
y mi madre cocinando
el pan en el horno viejo.
Y el bullicio de la gente
y las campanas del pueblo,
y todo aquello que fue
que hoy sólo existe en mis sueños.

¡Qué inmensa la soledad
y más inmenso el silencio!

Cuánto soy en este instante,
cuánta memoria y distancia…
Una sombría dulzura
ha envuelto toda la casa…

De pronto, cae la lluvia,
y se humedece mi alma…

HONDURAS

Pompeyo del Valle (1928)
Óscar Acosta (1933)
Rigoberto Paredes (1948)
Juan Ramón Saravia (1951)
José González (1953)
María Eugenia Ramos (1959)
Rebeca Becerra Lanza (1969)
Fabricio Estrada (1974)
Mayra Oyuela (1982)
Gustavo Campos (1984)

POMPEYO DEL VALLE
(Tegucigalpa, 1928)

Poeta y periodista. Ganó la Presea El Monje de Oro (1972), el Premio Ramón Amaya Amador y el Premio de Poesía de los cuatrocientos años de fundación de Tegucigalpa (1978), el Premio de Narrativa de la Universidad Nacional Autónoma de Honduras (1980), el Premio Nacional de Literatura Ramón Rosa (1981), el Premio Hoja de Laurel de Oro (1989) y el Premio de Literatura José Trinidad Reyes (1996). En poesía ha publicado La ruta fulgurante *(1956),* Antología mínima *(1958),* El fugitivo *(1963),* Cifra y rumbo de abril *(1964),* Nostalgia y belleza del amor *(1970),* Monólogo de un condenado a muerte *(1978),* Ciudad con dragones *(1980),* Poemas escogidos *(1988),* Duración de lo eterno *(1989),* El encantado vino del otoño *(2002) y* Piano de cola en el mar *(2006). En 1991 se publicó* Pompeyo del Valle. (Antología).

MEMORIA DE ESTA LUZ

Amor de siempre, amor, amor de nunca.
F. García Lorca

Allí estarás, situada en los rompientes,
memoria de esta luz, cielo de ahora.
Allí estarás oculta en donde estuvo
tu llama musical, quebrada rosa.

Allí estarás, amiga, contra el cielo,
contra el cristal del grito y de la ola;
allí estarás inmóvil contra el tiempo
donde nace el amor y se destroza.

163

Allí estarás muriendo y sin morirte,
como esperando lo que no se nombra;
fija en el aire —cárcel de tu ausencia—
donde naufraga la sirena y llora.

Porque por ti mi sangre, compañera,
de melodías se hizo labradora,
soltó sus pájaros sobre las espigas
y fue la reina de las amapolas.

Estás en mí y pasas tan distante,
mujer de sed, cristal de mi locura,
estás en mí y, sin embargo, llevas
los ojos casi fuera de los días
y el corazón pintado por la fuga.

Amor de siempre, amor, amor de nunca.

HONDURAS

Sobre esta Honduras de fusil y caza,
de asfixiado color y amarga vena,
se oye gemir el mapa de la pena
que en murallas de sal se despedaza.

Bajo esta Honduras de metal y maza,
de enterrado perfil —laurel y arena—
como un tumulto de cuchillos suena
la atormentada sangre de la raza.

Pero otra Honduras de potente aurora,
decidida y total y vengadora
alza la frente perseguida y bella.

Porque una noble juventud se agita
bajo su cielo y en su voz gravita
el porvenir, fundado en una estrella.

EL PÁJARO

Como un pájaro
sobre una colina
como la sombra de un pájaro
sobre la sombra de una colina
descendió la caricia
del hombre
sobre el dulcísimo regalo
de la mujer —temblorosa— en el lecho.

La mano, el pájaro, extendió su plumaje
invisible, abrió y cerró sus alas.
El mar meció las barcas de la noche.
El hombre y la mujer se quedaron dormidos.

HORA PASADA

Pasó
la hora
en que el cielo se expandía
como un sonido verde.

El agua susurra
con reflejos amarillos
sobre las piedras del ocaso.

Un pájaro se dobla
como las puntas de un pañuelo.

Y la noche comienza a subir
igual que una torre
anunciando el silencio infinito.

ESTUDIO DE MI MADRE

Mi madre tenía la piel blanca y los ojos
castaños. Su vida fue corta y nada fácil.
Le gustaba vivir y soñar en cosas imposibles.
A veces se ponía una flor en los cabellos
y cantaba. La espuma del jabón corría en tanto
—olorosa, inocente— por sus manos.

Mi madre tenía los dedos finos, tiernos
y hábiles.

De sus manos salían flores, frutos y pájaros
de hilo.

Amaba la belleza y vivió poco.
El sol brillaba sobre su frente de muchacha.

LOS SÁTIROS

Los sátiros realmente
no disfrutan la dulce
verdad de las manzanas.
Simplemente destruyen
la belleza que tocan.

Los sátiros son crueles y tristemente
sucios.
Los sátiros no aman.
No conocen la luz que viene desde abajo,
la música que asciende desde el musgo enjoyado.
Los sátiros son sordos y ferozmente ciegos.

6

La soledad se propone vencerte.
Penetra en tu habitación
sin llamar a la puerta
y se queda mirándote con los ojos
vacíos, inexistentes.
Pretende humillarte,
hacerte bajar la cabeza.
Te dice que el tiempo
es como la garra de un pájaro
maldito,
como la cola de un felino monstruoso.

Pero tú te rebelas,
levantas tu frente altanera.
Te equivocas —respondes—:
el tiempo es como un rizo
brillante,
como un anillo en un dedo blanquísimo,
como la orla dorada en la púrpura
de la victoria,
como el arco bajo el cual pasan los héroes.
Tu corazón, en tanto, ajeno a estas palabras,
se tambalea como el hombre que se pasó de copas.

9

La muerte acecha
desde todos los rincones.
Es como dos ojos helados
que penetran en ti, pobre harina
que gime y que nunca llegará
a ser hogaza.
La muerte está en todas partes
acechando sin fin
y cambiando de rostro sin tregua.

Tú la has visto también
y era cual un río
que llegaba a tus pies
como un manso animal acezante y profundo.

OCTAVIO PAZ ESCRIBE
Y CON RAZÓN

Octavio Paz escribe y con razón
que el pecado mortal del poeta
es transformarse en su propia sirena
poner el oído demasiado en sí mismo.
          Conviene en consecuencia
construir con gesto humilde
una vía hacia la duda
desconfiar
de las voces que oscuramente susurran
debajo de la almohada.
Lo inteligente
es abrir el corazón y las ventanas
mientras el viento y la noche discurren.

Es torpe no interesarse
por lo que sucede allá afuera
La poesía puede andar por ahí
paseándose desnuda.

ÓSCAR ACOSTA
(Tegucigalpa, 1933)

*Poeta. Director de la Academia Hondureña de la Lengua, Premio Rubén Darío (1960),
Premio de Ensayo Rafael Heliodoro Valle (1960), Premio de los Juegos Florales Centro-
americanos de Quetzaltenango (1961), Premio Nacional de Literatura Ramón Rosa
(1979) y Medalla Presidencial del Centenario de Pablo Neruda (2004). Autor de* Res-
ponso poético del cuerpo presente de José Trinidad Reyes *(1955),* Poesía menor *(1957),*
Tiempo detenido *(1962),* Poesía. Selección 1952-1965 *(1965),* Mi país *(1971),* Poesía.
Selección 1952-1971 *(1976) y* Poesía reunida 1950-2000 *(2009). Ha preparado, entre
otros, la* Antología de la nueva poesía hondureña *(en coautoría con Roberto Sosa,
1967),* Poesía hondureña de hoy. Antología *(1971) y* Elogio de Tegucigalpa *(1978).*

LA BATALLA

Insistente es el mar para tocar tu cuerpo,
que atrapa la sosegada luz y a ti la ciñe,
sobre tu inviolada y suavísima piel he sentido el rumor
del transparente fluir que en ella el océano inicia.
Y entonces, ¿cómo cercar con mis oscuras manos
la invasión húmeda del poderoso cuerpo movedizo
y hacer resbalar a un abismo sus translúcidos miembros,
a un universo hundido que prohíbe el regreso?
Esta sorda batalla que entablo contra el mar
es un íntimo desarraigo por las cosas del mundo.

LOS AMANTES

Los amantes se tienden en el lecho
y suavemente van ocultando las palabras y los besos.
Están desnudos como niños desvalidos
y en sus sentidos se concentra el mundo.
No hay luz y sombra para sus ojos apagados
y la vida no tiene para ellos forma alguna.
La cabellera de la mujer puede ser una rosa
extenuada o un río de agua astuta.
El fuego es solamente un golpe oscuro.
Los amantes están tendidos en el lecho.

LA PRESENCIA EN LAS COSAS

Tienen algo de ti los vestidos que llevas, los botones
que protegen tu pecho de las miradas ávidas del mundo
o los zapatos que te conducen sobre la nieve y el sueño.
Algo de ti me llega al observar un color, aspirar un aroma
que deja alguien, una mujer o una niña, al pasar
por el viento y continuar su travesía entre las calles que conozco.
En los sucesos triviales, en los objetos humildísimos,
lo he repetido tantas veces, aquí o en otra parte,
me acerco a ti, a tu pequeño corazón, a las cosas que guardas,
y no podría, aunque algún día lo intentara, escapar
de esta atracción que gira y que me invade.

EL BALANDRO

Tu voz forma olas de música,
nieblas inesperadas,
gratos rocíos.

De tus labios surge un sonido
dulcísimo, un lenguaje
secreto.

Hablas y de tu boca
cae una miel quebradiza,
una marea invisible.

Nunca enmudezcas
que en este balandro sin rumbo
tu voz me guía como a un náufrago.

MI PAÍS

Mi país está hecho de niños ciegos,
de mujeres olorosas a ropa,
de sujetos violentos,
de ancianos
de bruces sobre el olvido.

Escribo sobre la piel de la patria
arrugada como un lienzo
o como una túnica endurecida.

Y quiero que lo que diga
no sea sólo amor acumulado,
verdes ramos sobre los hombros
de marmóreos héroes,
música de tambores
de hojalata.

Un hombre de pie
puede tocar sin miedo
a los reptiles

PAÍS DE SORDOS

En mi país las campanas pronuncian
transparentes palabras,
elegías, canciones, himnos
y su lengua metálica
llega hasta los cuarteles.

Las voces de las campanas
son un trueno impetuoso
que golpea el pecho de los incrédulos,
de los desocupados ciudadanos,
de los abates.

Estas campanas hace siglos
están llamando al hombre
para que despierte,
deje la angustia al lado de su lecho
y se levante airoso.

Más de un siglo tienen las campanas
de hablar en este país de sordos.

LOS NIÑOS

Los niños asustados
miran las brillantes carabinas,
oyen blasfemar al sargento iracundo
y jefe de la columna armada
que busca al enemigo imaginario
en pobres chozas frías.

Jugando con semillas,
con escarabajos muertos,

con duras piedras rarísimas,
los niños de este pueblo
crecen miedosos
bajo la sombra de los plátanos.

EXPEDIENTE NEGRO

En mi país
los dueños del poder
duermen con una lista negra
bajo su intranquila almohada.

En ese cuaderno están los nombres
de los sujetos peligrosos,
de los individuos rebeldes,
de los jóvenes con dignidad
y de las mujeres orgullosas
y claras.

Se pone el dedo sobre un nombre
y llegan los gendarmes,
capturan al estudiante altivo,
golpean al tipógrafo,
intimidan al viejo sastre
y todos van a dar
con sus apaleados huesos
a la cárcel.

Después parientes y notarios
piden la libertad del detenido,
los periódicos hablan de derechos
humanos y el carcelero
se aburre más que un pájaro.

Mañana es otro día
y el expediente negro
reposará bajo la almohada poderosa
como en afilado cuchillo.

PARQUE ZOOLÓGICO

En mi país los papagayos
llegan a dignatarios del Estado
y el cauteloso jaguar está sentado
con una empolvada peluca blanca
impartiendo justicia
y firmando cartas de libertad
con su rencorosa zarpa.

Los efusivos simios
cantan y tocan la guitarra
y sirven al amo con alegría
cumpliendo las órdenes
que imparte el más astuto de los antropoides.

El plantígrado en cambio
se hace orador sagrado,
parlamentario, dueño de tierras de labranza,
prestamista y camina despacio
contando sus pesados pasos.

Y la gritería es insoportable
en este parque de fieras
cercado con alambre de púas.

RIGOBERTO PAREDES
(Trinidad, 1948)

Estudió letras en la Pontificia Universidad Javeriana de Bogotá. Es Premio Itzam Ná de Literatura (1984), Premio Nacional de Literatura Ramón Rosa (2006), y fue finalista del Premio Casa de las Américas, del Premio EDUCA *y del Premio Plural. Autor de los libros de poemas* En el lugar de los hechos *(1974),* Las cosas por su nombre *(1978),* Materia prima *(1985),* Fuego lento. Antología personal *(1989),* La estación perdida *(2001) y* Obra & gracia *(2005). También es autor de* Panorama crítico de la literatura hispanoamericana *(1971),* Poesía contemporánea de Centroamérica *(con Roberto Armijo, 1983) y* Literatura hondureña (estudios críticos) *(1987).*

ULTIMÁTUM

señoras y señores
tienen cuatro segundos
para quitarme este dinosaurio
que ustedes han atado
a mis cojones

MEMORIAL

uno
vuelve
al lugar donde dejó su vida
cuando todo tenía la misma edad del alba

deja caer sus pasos
sobre pasos que ya no resisten
mira el reloj del pueblo
y están las mismas horas que urgieron nuestra infancia
alguien nos besa dulce una mejilla
y en la otra sentimos los golpes del olvido
uno vuelve
y no hay madre que diga te esperábamos siempre
ni padre que nos cobre a regaños la ausencia
en manso oleaje el tiempo nos devuelve al origen
esta-aquella la casa
la criatura llorando por bocado
y el patio con abuelos esperando la muerte a todas horas
uno vuelve y no hay perro que alegre su cola por nosotros
no hay quien diga siquiera es duro este lugar por qué volviste
sólo antiguas preguntas y lo mismo terrible
la iglesia y sus mendigos
el espanto y sus jueces
el silencio y su estirpe faltándole el respeto a las estatuas
(el mundo apenas nuestro qué jodida)

la rabia no es igual crece sin tregua
esta fiera en acecho
y por dentro nos dice no es posible el perdón a estas alturas

NOTICIAS DE CARONTE

Cierto oleaje los trae hasta mi barca
como si hubieran muerto: sus pechos en reposo,
las miradas sin fondo,
tendidos como un tronco en el mar de su sangre.
El odio lució en ellos la ciega pedrería
de su fuerza. Vean:
brazos hendidos, cabezas devastadas a rudos manotazos,

vísceras entreabiertas, la ternura hecha trizas
al borde de unos labios. Todo
cuanto es posible
para tumbar al fuego bajo tierra.
Pero vivos están
los que en vida lucharon sin temor a la muerte.
Nada tienen que ver con esta orilla
del reino de tinieblas.
Juntan valor, historia, navegantes
y me ordenan que deje los remos a su mando.
Preparan el regreso.

ARS ERÓTICA

como un mar bocabajo
o como una batalla decisiva
es el amor
sencillamente
como dos cuerpos juntos
bienheridos
por el tibio relámpago del alba

como un río que viene de regreso
o como una ciudad en primavera
es el amor
sencillamente
una mujer y un hombre
como mar o batalla o río o primavera

MONTE DE VENUS

Tierra fértil
bañada por la miel
de un lago legendario

buena
para el cultivo
del gusto / del tacto / del olfato

rica
en secretos yacimientos
de donde ciertos héroes
extraen el metal de su armadura

(campo de juego y de retozo)

orilla del oleaje
que estalla
bajo sábanas

éste es el monte
lugar a donde todos los caminos llevan

MEMORIA DEL SOLO

¿En qué ajeno paraíso abandonaron
mi humeante corazón, quemado vivo,
las mujeres que amé?
¿Bajo qué cielo raso se desnudan
y muestran victoriosas el reino que perdí?
Yo, en cambio, nada guardo: ni dicha ni rencor.
Una a una me dieron la gloria merecida
y derrotado fui con sus mejores armas.

El amor es la única batalla
que se libra en igualdad de condiciones.
Yo no pude escudarme, devolver las palabras
con la misma osadía, y los más leves golpes
me alcanzaron de lleno a la altura del pecho.
Dado ahora a morir en cama extraña
(orgulloso de mí, en paz conmigo)
cierta gloria atesoro, ciertos nombres
como el viejo guerrero que alivia sus heridas.

ESTACIÓN PERDIDA II

Cuanto amé
doy a cambo de la estación perdida.
Con paciente avaricia yo he guardado
dones, heridas, dichas, infortunios,
vanas prendas que el tiempo ha vuelto bellas.
Ahí están,
bajo palabra puestas
ante el límpido augur de la memoria.
El mundo en torno ha sido monótono, aparente,
sólo un confuso limbo de lejanas presencias,
una noria atascada, un áspero cansancio.
Pero amé,
colmando fui de amor pechos y labios
y nada más que cuanto amé me queda.
Mas la vida vendrá
cuando en mí resplandezca la estación perdida.

JUAN RAMÓN SARAVIA
(Petoa, 1951)

Estudió economía en la Universidad Nacional Autónoma de Honduras. Ha dirigido varios talleres literarios. Fue finalista de los premios Plural de México, Casa de las Américas de Cuba, y Rubén Darío de Nicaragua. Premio de Estudios Históricos Rey Juan Carlos I (2005). En poesía ha publicado Pasajes bíblicos (de ida y vuelta) *(1985),* Puntos cardinales *(1988),* Sólo para una mujer *(1991),* Alta es la noche *(1992),* Entre todas las mujeres *(1996),* El tiempo que me sobre *(2000),* De cabo a rabo *(2001) y* Sol poniente *(2002).*

DE CÓMO TERMINÓ EL PRIMER COLOQUIO
SOBRE BOTÁNICA

... pero
al morder la primera
decidieron
comerse toda la cosecha del edén
y guardar
      cuidadosamente
            las semillas
para no extraviarlas
en los ajetreos del exilio

DE CÓMO ALGUNAS CURACIONES RESULTAN
PEOR QUE LA ENFERMEDAD MISMA

como un castigo a la idolatría de la riqueza
moisés echó al fuego al becerro de oro
lo pulverizó
lo disolvió en agua
y lo dio a beber a todo su pueblo
a partir de entonces
ningún profeta pudo explicar
por qué
        cuando menos se esperaba
la gente caía en éxtasis
repitiendo
en un idioma hasta entonces desconocido
OH WALL STREET
OH WALL STREET
OH WALL STREET

DE CÓMO LAS PIEDRAS, EL BAMBÚ Y OTROS SUPUESTOS DESPERDICIOS
HAN DEMOSTRADO SER EXCELENTE MATERIAL DIDÁCTICO
PARA LA CÁTEDRA DE HISTORIA

y aconteció que el gigante se creyó invencible
y dijo en su corazón
que su destino manifiesto era humillar y sojuzgar a los débiles
hasta que
      un día
un pastor de cabras
civil enclenque
        casi anónimo
le aplastó la creencia y la frente
con una piedra
       tan rústica
          como hay millones

MENSAJE A OTTO RENÉ DESDE EL SITIO EN QUE SU MÉDULA TOCÓ LAS RAÍCES DE LA HOGUERA

digo tu nombre en el plexo de tu abeja de fría cáscara
aquí / entre aves de harina enferma
  y sombras de voz hirsuta
tú ya conoces de todo esto
  sabes del veneno equilátero
   de las orejas felposas en las paredes
ya ves cómo tiene que andar uno por aquí
  cómo hay que guardar la sombra de los pájaros mudos
  cómo hay que burlar el abismo en cada calle
    tantear el ala subterránea de los gatos
   y el beso del cuervo
los chacales guardan fosas en la memoria
   beben cifras exactas en la caligrafía de su vuelo
pero no se ha quebrado la tormenta / hermano
   no se ha doblado el agua
// tu médula germina en la raíz de los cuchumatanes //
dijiste
  vámonos patria a caminar
y en cualquier hilo de estas calles movedizas
   suenan las puntas de tu sangre

LOA LATINOAMERICANA AL PRIMER CENTENARIO DE LA ESTATUA DE LA LIBERTAD

1885/guatemala
 un acorazado
 160 marines sacándote la lengua
1898/puerto rico
   tres bombarderos gigantes
   1700 marines mostrándote el trasero
1899/cuba

tres fragatas
seis batallones pringándote las cejas
1903/honduras
      una corbeta
      160 marines arañándote los empeines
/panamá
        dos destructores
        530 marines invitándote a retozar detrás de la puerta
1906/cuba
    cuatro acorazados
    900 marines buscándote cosquillas por los suburbios
1907/honduras
              dos cruceros artillados
              340 marines dibujando las hernias de tu ombligo
1909/nicaragua
    la flota knox
    600 marines buceando en tus bombachos
1912/cuba
      cinco destructores
          mil marines levantándote las enaguas
      /nicaragua
          dos fragatas
          800 marines tironeándote la saya
1915/haití
    un destructor y tres cruceros
    910 marines pisándote los callos/hablándote a calzón quitado
1916/república dominicana
    tres bombarderos
                              1500 marines blandiéndote el dedo medio
1917/cuba
      cuatro barcos cañoneros
      1200 marines llamándote a jugar a la gallina ciega
1924/honduras
        tres corbetas
        520 marines decorándote la punta del espinazo
1926/nicaragua

cinco fragatas blindadas
2 000 marines haciendo monigotes de tu código
cantando la pájara pinta
1930/república dominicana
cuatro corbetas
900 marines sonándose en tus faldones
1934/cuba
seis fragatas blindadas
1 800 marines haciéndote muecas/en pelota
1954/guatemala
cuatro bombarderos
600 marines pintándote bigotes de morsa
1961/cuba
once aviones seis fragatas un crucero
1400 conserjes queriendo silbarte a la víbora de la mar
1965/república dominicana
quince barcos
40 000 marines dando pellizcos de monja
en tu frondosa retaguardia
1903/grenada
diecinueve helicópteros huey
ocho aviones once barcazas
3 500 marines orinándose en tu antorcha

querida estatua de la libertad
a veces me pregunto si a tus cien años de intemperie
no has sentido ciertos pasos oscuros por el agua
porque/aquí entre nos
pareciera que los muchachos empiezan a tener la ligera sospecha
de que sólo eres un inmenso cagadero de alcatraces

EPICURO CIERRA LOS OJOS
AL PASAR FRENTE AL ESPEJO

diógenes el cínico / el puritano griego
quemó todo el aceite de su lámpara
a mediodía en punto
acabó con lumbagos y jamás encontró a quien buscaba
entonces
abjuró para siempre de su filosofía
cultivó ideas menos raras
cambió de casa
de amigos
de costumbres
y a partir de aquel día se autonombró epicuro

JOSÉ GONZÁLEZ
(La Lima, Cortés, 1953)

Creador de la Promotora Digital de Archivos Literarios de Honduras. Autor del Diccionario de literatos hondureños. *Premio Plural de México en 1984, finalista del Premio Latinoamericano Ko Eyú 1987, Premio Centroamericano de Poesía 1991, Premio Nacional de Literatura 2008. Autor de los poemarios* Poemas del cariato *(1984),* Las órdenes superiores *(1985),* La poesía me habla *(2008),* Animal de memoria *(2008) y* Reino animal *(2009).*

CADILLAC RANCH,
SEGUNDA PARTE

I

A mí me hubiera gustado haber manejado uno de esos Cadillac.
El blanco, por ejemplo.
Gregory Corso tenía uno.
"Fantasma" se llamaba.
En él escribía versos y hacía cabalgatas
al sur de las praderas.
Qué lástima que tuvo que venderlo
unos meses después
por culpa de una borrachera en la frontera.

II
Driving miss Daisy

La señora Daisy tuvo uno del 55.
En él viajaba
tarde y noche
y cuentan sus viejas amistades
que hasta dormía en él.
Le gustaba subir y bajar
las empinadas
y bien podadas colinas de su pueblo
y visitar las tristes iglesias luteranas.
Lo vendió en el 62 en una subasta
a favor de los negros de Alabama.

III

El *Pink Cadillac* de Clint Eastwood
corrió millas y millas
hasta que quedó derrumbado
en una acera de Hollywood,
con el motor sangrante
y unas bielas retorcidas en la memoria.

IV

No se puede confundir un Cadillac
con un T. Rex,
pero ambos en su tiempo
fueron dueños y señores de sus mundos.

V

El sueño de mi padre fue tener uno.
Pero tuvo que conformarse
con un Chevrolet del 56
en el que daba, siempre que podía,
la vuelta al mundo en soledad.

VI

Elvis Presley nunca tuvo un Cadillac.
Qué raro.
Pero tuvo un Mustang, un Oldsmobile,
un Ford celeste, un Serrano gris,
         un Pontiac del 50, un La Salle Benjamín,
un Terranova y una guitarra cromada
en el asiento de atrás,
pero nunca tuvo un Cadillac.

Algo verdaderamente malo
tuvo que haberle pasado a su memoria.

VII

James Dean no murió en un Cadillac,
pero ese día,
en todas las carreteras y autopistas del mundo,
apagaron sus motores
y se negaron a rodar por un instante.

VIII

Las funerarias de Alabama
tenían unos Cadillac largos y brillantes
donde conducían a los negros
que se morían de viejos o de tifus.
Después
eran lavados, aceitados,
y el perfume de los muertos
        desaparecía para siempre de sus loderas.

IX

En la Gran Ruta Blanca
había un aparcadero,
tan grande como el Kremlin.
Cuando por fin cerró,
los Cadillac que quedaron
fueron devorados por el frío
        y las ratas del desierto
        encontraron bellas madrigueras.

X

En mi cama,
a unos centímetros de mi soñadora cabeza,
se levanta la gran puerta blanca
de un Cadillac 56 en picada.

MARÍA EUGENIA RAMOS
(Tegucigalpa, 1959)

Poeta, narradora, ensayista y editora. Estudió letras y periodismo en la Universidad Nacional Autónoma de Honduras. Su poesía figura en la antología bilingüe francés-español de Claude Couffon, Poésie hondurienne du XXᵉ siècle *(1997). Primer Premio del Certamen Literario Independencia Nacional (1978). En poesía ha publicado* Porque ningún sol es el último *(1989).*

AUSENCIA

Alguien se fue
y dejó todos los cuadernos
abiertos en la página 21,
servidos el café,
los frijoles
en la mesa,
caliente
la cama sin hacer,
el perro
esperando su comida,
una cita de amor
puesta a secar en la ventana
y en los vacíos del ropero
el olor de los sueños.

BASE U. S. ARMY

Nadie conoce el volcán
pero todos saben de su existencia.

Allí donde la neblina es más densa
y una angustia de hierro
oprime los pulmones,
los omnipotentes señores de la tierra
multiplican los alambres de púas
para que ningún pájaro osado
pueda traspasar esta vergüenza.

UNA LARGA PLAYA

... la larga playa de la espera...
GIOCONDA BELLI

Hermanos, de ustedes
yo no conozco nombres,
ni la forma de andar,
ni los amores
grandes o pequeños.

Sólo esta muerte,
esta estrella incendiada
que me arde desde lejos,
esta ola de sangre
que me empuja
contra los arrecifes
de tiempo y agua.

Estoy aquí,
obligada a guardar la verdad

avariciosamente
para mí sola,
aunque ustedes me enseñaron
que es necesaria para todos
como el pan
y la luz de los domingos.

Siempre nos han vendido las promesas.
Al fin hemos aprendido
que la felicidad tiene su plazo.
Con la sangre de ustedes
hemos pagado la primera cuota.

HORA DE AHORA

Ahora que crecimos de repente
y los niños necesitan pantalón largo
y las niñas, represas
en el brotar de miel
que les endulza la mirada,
salimos por el mundo
a buscar lo que esperábamos,
dejando atrás la piel de las mentiras,
desnudos como el agua,
porque pasó la hora del silencio
y es hora de asegurar
un puesto en el combate.

ELEGÍA

No mueras,
te amo tanto.
CÉSAR VALLEJO

Aunque sea igual que siempre
y quisiéramos decirle a un ser humano
"hermano, te amo tanto"
cuando ya no puede escucharnos;
aunque la impotencia nos convierta
en árboles vacíos
igual que si un rayo nos tocara,
quién sabe cuánto tiempo
andaremos buscando,
regando los rincones
como si esperáramos
que germinen semillas,
hasta que un día
nos deslumbre la certeza
de que ellos están vivos
y nosotros somos los muertos.

AMNISTÍA

Este parque es hermoso,
pero las hojas de los árboles
se mueren
como las palabras y los besos
del pasado.

El castillo de los cuentos de hadas
se muestra como es:
una cuartería laberíntica
donde da miedo entrar de noche.

Los responsables del frío
construyeron el ventanal del odio
y ahora yacen en sus tumbas.

Sólo nosotros
no descansaremos nunca en paz.

MEMORIA

Nosotros,
la nueva generación,
los que llevamos en las manos
el espejo más limpio
y la flor más exacta,
estamos hoy ante las rejas
del recelo,
mudos
para no repetir palabras hechas,
sordos
por no escuchar los aullidos del lobo.

Nos hemos quedado
como huérfanos,
con un vacío tan enorme
que no pueden llenarlo
ni las lágrimas.

Apenas ahora estamos entendiendo
que el camino de ida
puede ser en realidad el de regreso.

REBECA BECERRA LANZA
(Tegucigalpa, 1969)

Poeta y ensayista. Se graduó en letras en la Universidad Nacional Autónoma de Honduras. En 1994, con Piedra y luna, *recibió el Premio Único Centroamericano de Poesía Hugo Lindo. Ha sido incluida en* Antología hondureña de poesía escrita por mujeres, Honduras: mujer y poesía, Poetry by Contemporary Honduras Women *(2002),* La hora siguiente: poesía emergente de Honduras *(1988-2004),* Memoria/Antología. Jornadas para las mujeres *(2005),* Memoria/Antología del I Festival de Poesía de Granada, Nicaragua *(2006), y* CD Versofónica, 20-Poetas frecuencias *(2005).*

I

Amanece y salgo
la ciudad contempla la ciudad
con ojos sin dueño ni camino.
Los ríos ya no existen
y el silencio aprisiona nuestra existencia.

Soy un náufrago
detrás de mí queda una onda leve de lamentos
mientras atravieso calles y esquinas
donde el despojo de los cuerpos no tiene medida.

Escucho… palabras interminables hacia la locura
que me dejan en los oídos
un lento sonido de muerte.

Tegucigalpa: cada vez pesa más tu figura
y tu nombre se vuelve débil como mi alma.

Por eso tengo una cara para cada día
para cada hora que nos marca este tiempo de tirones funerarios
tiempo del deseo que transita con fuerza y sin destino.

Tegucigalpa: no es fácil tener el mismo rostro
cada día aumenta como la arena el sufrimiento
y disminuye el amor hacia la sombra.

IV

Voy a buscar el camino de regreso a casa
no a la casa de hoy
ésa ya no existe
sino aquella
la de la infancia
Hoy es un tiempo infinitamente triste
y las cosas se pierden en sus horas
Hoy es un tiempo infinitamente triste
tiene cara de un leopardo
y el andar de un camello
Quiero regresar a mi tiempo
pero cuál es el camino
se me perdió
se me perdió todo
el viejo árbol
el sendero de la felicidad
se me perdió el día
se me perdió la noche
se me perdió la vida en este camino
cuánto zapato para llegar a esta muerte
cuánta ropa
cuánto cumpleaños

lo que uno más ama se va quedando atrás
en los tacones
en la espalda
en los ojos que nos persiguen
Hacia dónde van jorobados mis pasos
mis pasos secos
no se camina sino para ser
para atragantarse de luz
uno
dos
tres
cuatro pasos
Cada vez más adelante o más adentro
hacia arriba hacia lo que llamamos vida
hacia donde sólo el camino puede llevarnos callados
y sumisos
en vela nuestro propio cuerpo.

Soñé que estaba en un sitio,
el punto exacto de una existencia que se debilitaba;
el tiempo no pasaba a ningún otro instante.

—Cuatro paredes detenidas por sus propias sombras—

La luz se iba marchando con los días,
desvariando bajo la lluvia.

Todo era pequeño,
estiraba mis piernas y tocaba las paredes con los pies,
estiraba mis manos y tocaba un techo.

No sé qué sucedía afuera,
si era de noche o el sol de la tarde
extendía sus débiles brazos,

sobre los techos de las casas,
donde los primeros gatos anunciaban
un terrorífico insomnio.

QUIERO morir como un hombre
me dijiste,
mientras la muerte como un faro alumbraba tu camino
y asaltaba tus palabras en el aire.

Entraba la noche en tus ojos
—lodo de cementerio—
A mí se me derretían los dientes
con el ácido de las lágrimas que me tragaba.

Afuera era el mundo: un canasto de naranjas,
un puñado de sal en una diminuta mano que crecía,
un sexo de fuego que explotaba en unos labios.

Afuera era el mundo.

Los hombres sólo mueren como vos,
te respondí:
limpios y ligeros,
como espigas de trigo que se clavan en los besos,
pero el viento se llevó tu viento.

VI QUE te estabas yendo diminuto sobre el aire,
como un colibrí desesperado por las horas;
y poco a poco me dejabas inundada del secreto de tus alas,
convertidas en silencio las palabras en mi boca.

Vi que flotabas cada vez que reías,
tus dientes eran soles que explotaban.

Ya no quedaba fuerza que te atara;
todo era transparente, todo lo atravesabas,
todo lo inundabas, todo lo contenías.

Naufragabas en el centro de las cosas,
te llenabas de agua, de fuego, de silencio, de tierra
de aromas;
—todo el mundo contenido en los zenotes de tus ojos—

Cuando te acostamos no cabías en la tierra
brotaban las raíces, el agua,
te salías por las sombras de las hojas,
en una flor de fuego silbaba tu lengua.

Yo te espero en la penumbra de mi memoria;
con las horas que se escapan de la tierra,
con la sombra de la luna.

En la noche me despierto con tu boca en mi boca
y pronuncio tu nombre,
mi nombre.

Quién de los dos ha muerto,
si lo que nos espera a ambos
no tiene respuestas ni preguntas.

Yo te espero todavía
para platicar contigo de la muerte;
y reírnos juntos de esa pordiosera
que se roba los hombres para sus huesos.

FABRICIO ESTRADA
(Sabanagrande, 1974)

Ha publicado Sextos de lluvia *(1998),* Poemas contra el miedo *(2001),* Solares *(2004),* Imposible un ángel *(2005) y* Poemas de onda corta *(2009). Su poesía se ha incluido en varias antologías, como* Cien años de poesía política en Honduras *(2003),* Las rutas del viento. Antología luso-española *(2005),* La herida en el sol. Poesía centroameri-cana contemporánea *(2008),* Sandino, orgullo de América. Antología latinoamericana *y* Cuerpo plural. Antología de la poesía hispanoamericana contemporánea *(2010).*

EL ESPEJO

Por ahora, el grito,
la contundente arista de la piedra,
el visceral odio y las plañideras formas de la ira.

Después —ya lo sabemos—
el lavatorio de manos,
la contrición,
levantar los vidrios y formar de nuevo
el indolente espejo de la fábula.

NO SON PALABRAS

No son palabras las que me faltan,
son palabras las que me ahogan

y se vuelven silencios rebullendo bajo la piel
con fragor de mares partidos,
y se hacen gigantes en los huesos
y crecen
y uno va creciendo con ellas
hasta no aguantar los dientes,
las fronteras de las puertas,
el espacio sideral de las calles.

No son palabras las que no pronuncio,
son tormentas que aniquilan,
incendios,
mil ejércitos que braman bajo el cielo,
mis palabras
las que nunca faltan
y me ahogan cuando las vuelvo silencio.

AMERICAN SCHOOL GEOGRAPHY LESSON

Honduras limita al norte
con las aguas para el buceo,
las arenas para la orgía
y los delfines para la foto.
Bajando un poco la nariz
se llega al blanquísimo alucine de Telamar,
al roce fáunico de La Ceiba en carnaval...
más abajo es falsedad, sensiblería,
montañas de flor de muerto,
gente que llora si no caen peces del cielo.

Al sur, limítate a Coyolito
con las grandes casas de papi y mami
brillando como una dentadura perfecta
en la angosta boca del golfo.

Lo demás es polvo, río pistas
donde lentas se atropellan las piedras.

Al occidente, Honduras limita
hasta donde te lleva el tour;
la población duerme mientras los mochileros
hablan con jeroglíficas lenguas
y pascan borregos y ebrios
descubriendo antigüedades.
El altiplano es barato
pero difícil de llegar a él.
La Esperanza es fría y Lempira,
bien, gracias.

Al oriente, Honduras es El Paraíso
y el Wans Coco —dicen—
un largo abalorio de tumbas
que llega cansado a escupirle al mar.
Olancho es un departamento grande y gordo
de tanto comer bosques y avionetas extraviadas,
talas de vidas y cinchoneros silenciados...

¿La Mosquitia?
De ella nos divide
una recta herida de guillotina,
nombres poco entendibles

(*a ver, repitan: Wan-puu-siiir-pe*)

y la cuenca vacía de Caratasca.

¿No se han fijado que desde el mapa
—Gracias a Dios—
parece la calavera de un dinosaurio
en actitud de huida?

Jonduras es un país turrístico.

CANCIÓN DE EXILIO PARA UN RECIÉN NACIDO

Y es peor todavía:

uno defiende un sueño,
a una tierra que apenas existe en el deseo.

Por eso las piedras son indefendibles
y el inmediato yermo
no es la tierra fértil que buscamos.
Nada parece más cercano
que la extrema presunción de la memoria,
hilos que desde nuestras manos
pretenden devolver vida
a lo que en sustancia
siempre será fugacidad e intermitencia.

Y sin embargo, pequeño,
hoy te hago parte de la nostalgia,
así, dormido,
mientras en sueños fundás la patria
que aún no he podido fundarte.

II

Pero no he querido para vos, hijo mío,
un destino injurioso de ayes y bemoles,
este sarmiento que trenzo
cada mañana en mis manos.

Has de saber
que mis juegos tienen perdedores
y que lastimo de vez en cuando
como un desconocido que grita a otro
y lo humilla

y se complace con verlo solo, aterido
golpeando en los rincones.
Tenés que saber que trato, que intento,
que hago lo posible por llegar limpio a vos
y recibir de tus medias palabras
esa verdad que en las noches
hablará con claridad en mis sueños.

Es probable que no me entendás,
balbuceo y lloro
con un espino plantado en mi lengua.

Sólo dejame crecer un poco más
para poder explicártelo.

PRIMER Y ÚLTIMO CANTO PARA YAMAHATA

A Víctor Ney

Perdido una mañana, el fotógrafo, en una enmarañada
y terrible ciudad, llega por fin a una colina desde donde
ve aniquilada, por el resplandor de ayer, a Nagasaki,
que ahora se le presenta adelante, interceptándole el paso.
    Atemorizado su ánimo, de pronto se le aparece
la sombra de Virgilio, que le infunde aliento y promete
sacarle de allí, no sin antes hacerle atravesar el reino
de los muertos, primero el infierno y después el infierno,
hasta que finalmente, en el distante año de 1966, Beatriz
(bello nombre de la muerte) le conduce al paraíso.
    Echa a andar entonces, cámara en mano y tras Virgilio,
va él, Yotsuke Yamahata.

No sé cuánto debo ver
para convencer a todos de este horror.

¡Cuán penoso es referir lo horrible!
¡Cuánto peso para una memoria tan sola!
Nagasaki me contempla con sus ojos calcinados,
me distingue de entre las ruinas,
repite en sus palabras el estallido silencioso
en el cielo de ayer.
Estoy en pie, sobre la colina donde cayó el sol;
un perro me ha seguido, olfateando mi vida,
pero no tengo agua ni milagros
y dejo entonces que se arrime a mi sombra.
Pregunto a quien encuentro acerca de la luz:
¿Cómo fue el brillo de la última sorpresa?
¿Cuál de todas las muertes fue el destello primero?

"¡Pero ay, Yotsuke! ¿Pero es que no lo sabes?
Fueron los ciegos quienes lo vieron,
fueron los sordos quienes escucharon,
una sola palabra fue dicha
y la ceniza pronto se hizo canto."

Y tú nada me contestas, Virgilio,
tú miras hacia abajo
hacia el brazo que se aferra a la idea de un niño,
señalas siluetas en las paredes,
caminas como el humo que se disipa
revelando los espectros.

¡Ay cuánto pavor resumirá mi nombre!
¡Cuántos pedazos imposibles de agrupar!
Cuántos muertos posando esta muerte maldita
que se repite y prolonga en cada disparo de mi flash.

Tan lejos de lo que vi
está lo que digo…

MAYRA OYUELA
(Tegucigalpa, 1982)

Poeta y gestora cultural. Autora de los poemarios Escribiéndole una casa al barco *(2006) y* Puertos de arribo *(2009). Su poesía ha sido incluida en diversas antologías nacionales, centroamericanas y sudamericanas, como* Versofónica, 20 poetas, 20 frecuencias *(proyecto de audio, 2006),* 2017. Nueva poesía contemporánea *(2009) y* 4M3R1C4. Novísima poesía latinoamericana *(2010).*

PROHIBIDO OLVIDAR

A Lucy

Después de cruzar ciertos agujeros
atravesé la nostalgia
como se atraviesa un suspiro
en medio de cualquier semáforo.
Mis zapatos tienen clavículas,
bocas que se atragantan de pasos.

Primigenia me apresuro,
por primera vez en los labios
del hombre que jamás besé.
La nostalgia está cosida a mano
como ese delantal que guarda en su ropero mi madre.
En silencio comienzo una oración
con la frase "prohibido olvidar".
La noche es un telón que humedece,
un abrazo más por ofrecer,

uno persuasivo de adioses que no son definitivos.
Concluyo:
que los besos son para los que aman
sin promesas ni esperanzas.

TRANVIARIA

Llevo al mundo como pendientes en mis orejas,
rozo con mis pestañas a los desconocidos,
beso manos de transeúntes
(*hormigueo en los labios*).
Que alguien me aborde,
soy el metro que esta ciudad jamás conoció,
atrevidos en mí todos los años,
en mí el transcurrir,
en mí la palabra ventrílocua de cada estación,
en mí la espina y el diente que muerde la rosa de lo oculto.
Mis muertos no son sombras raídas en la luz.

Que alguien me aborde,
sé cuál es el principio y el final de este cuento.
Que alguien suba y se detenga en mí,
mis ojos son túneles que dan a cualquier lugar,
mis manos paredes para reposar en lo oscuro,
mis brazos sillones para que vengan a hacer el amor.
Roto ya todo lo íntimo en mí,
he de saberte andar, mundo,
con los puños cerrados en señal de auxilio y no de defensa
cerrados para llevar en ellos el resto de aire
que no supo caber en mis pulmones.
En la imperfección está lo bello.
No necesito ser el poeta sino el poema,
la belleza está por encima de la lógica de cualquier poeta.
Necesito andarte despacio, camino,

no me detengo en el asombro de saber llegar mundo:
En tus barrios, tatuadas están las paredes de calcárea sumisión,
en tus barrios fue donde aprendí a defender el descenso.
Soy el metro que esta ciudad jamás conoció;
en mí los volantes con fotos de desaparecidos,
en mí túmulos de palabras que alguien no supo barrer bajo la alfombra,
en mí el transcurrir.
Que nadie venga a preguntar por qué no te describo, esperanza,
yo hablo de eso otro bello, que no está en lo bello.
Abórdenme predicadores de la tarde,
zanates, pirueteros, estudiantes: no olviden el punzón
y escriban en la oquedad de mis vagones
teléfonos para citas de amor,
DJ, bartenders y todos con título de extranjerismo en su profesión,
suban carniceros del San Isidro, conserjes y putas,
albañiles vengan a devolver la sonrisa
a las princesas de los domingos.
Mujeres: describan con su carmín la caricia que no les tocó,
suban, fresitas de las High School, madres solteras, suicidas,
docentes, vengan a traficar perfumes traídos del Canal de Panamá.

Vengan a abordarme, en mí el transcurrir, todos los años,
el suspenso del que anda a tu lado, a pesar de su humanidad.

Sé quién soy,
basta una palmada en el hombro
y retorno a mis pies nauseabundos de sueños,
basta una palmada en el hombro
y retorno a mí

al anonimato,
a la flatulencia, a la humana que soy.
¡Abórdenme!!!!!!
soy el metro que esta ciudad jamás conoció,
vengan y calcen mis pies
ya que nunca podrán calzar mis zapatos.

BENDITA

Bien pudiste ser Helena,
liderar naufragios, enloquecer hombres
hasta hundirlos en la cama de algas de tu vientre.
Bendita eres entre todas las mujeres.
Bendita la zarza que te quema el vestido,
bendito el nylon que coses en las sombras,
bendito el grano que pesaste
mientras se te hizo tarde para jugar.
¿Y si trasladamos la sal de tus pies por otros continentes?
Otra sería la luz que engordara tu ventana.
¿Y si por apellido te hubiesen dado quizás el Dietrich?
Cantarías como loca a la cordillera,
a la sal que amoldas como flor de invierno
blanca como la nieve que nunca viste.
Vos que nunca supiste de Rubens y sus mujeres,
vos que ignoras una torre de Pisa,
un bello sari en Estambul,
un beso de pasión en una sala de cine.
Pero qué bien comprendés el silencio
y qué bien sobrevivís a la historia
y aunque nadie conozca tu nombre
sabes más de la soledad que un monje del Tíbet.
Mujer repítete:
Non omnis moriar, non omnis moriar.
Nunca morirás del todo.
¡Nunca!,
porque la zarza que hace arder tu vestido
también hará arder
la sal del mar que sostiene tu corazón.

GUSTAVO CAMPOS
(San Pedro Sula, 1984)

Poeta. Estudió letras con especialidad en literatura. Autor de los poemarios Habitaciones sordas *(2005),* Desde el hospicio *(2008),* Bajo el árbol de Madeleine *(2010), y de la novela* Los inacabados *(2010). Premio Hibueras 2006. Compilador de* Entre el parnaso y la maison. Muestra de la nueva narrativa sampedrana *(2011).*

A MÍ ME DIJERON

a mí me dijeron que podía hacerlo
que sería grande
que escribiría verdaderos versos
versos de calidad innegable
versos arrancados del ser humano
y que saldría volando
que podía hacerlo
y me iniciaron
alcé vuelo y tropecé en las ramas
el sol me devolvió de una vida ensoñada
me usaron
se rieron
y decidí convertirme en un pequeñodios cobrasalarios
y me dijeron que podía hacerlo
que sería un gran obrero
pero que debía esforzarme
que olvidara a Baudelaire y lo que pensaba Bataille
que todo lo que se piensa es en balde

y no es nada
sólo sueños
hacé las de Rimbaud
y tampoco pude enraizar mis pies al ras del suelo
y decidí escribir y abandonar las frases ornadas
y el espejo de esas frases
me aburrieron los versos familiares
y esa tendencia tonta de integrarse a un canon
y pensé
a la poesía ya no le hace falta reinventarla
sus máscaras han sido agotadas
y abandoné los grandes edificios
y las sombras y pensé en Girondo
unos ingenuos vieron la poesía como puta
e hicieron chillar las frases
el poeta debe abandonarse
inventar su historia
dejar las brumas, gallos, ríos y laderas descansando
para el tratado de flora y fauna
no hacerse el mártir
ni hacerse el erudito geólogo y teólogo
no hablar de mares ni de cosas diversas
no hablar de flores y aquello que se le parezca
dejar de torcerle el cuello al cisne al cuervo al gallo
y a la amada dejarla plena por fin sexuada
nada de versos románticos ni de llantos y alboradas
la poesía si es así es accesoria, innecesaria
es nada cuando sólo está hecha de palabras
es nada cuando sólo es un tratado de gramática
es nada incluso cuando te la dan deshilachada
el desencanto es también tendencia herrumbrada
hablar de patrias y de amor a la patria
no hay que fingir tampoco ser el papa
la poesía sólo sacia por segundos
de un libro de poemas sólo se recuerda un verso o una palabra
incurro en todos los defectos de esta fábrica mal remunerada

pero ya no importa
no tengo chamba
y celebro mi hambre
que vivan mis pequeñas alas de gigante
no le debo nada a nadie

DE TIGRES Y OTROS SIGNOS

> aparentemente no había cima que alcanzar
> H. MICHAUX

pero yo conozco un tigre que se resignó a rugir frente al mar
su gesto vencido de olas relamidas
desaparecía ante las piedras como el signo en la carencia
un hombre era el tigre y su ahogo el mar
he visto cómo cabalgan los hombres hechos de un trazo
los he visto en un vano intento subir la escalinata de sombras
y borrar egoístas su único rasgo
¿dónde está su fuerza, en la fatiga?
hombres que escalan el vacío se desarman
los he visto poner el pie sobre la oruga y transformarse
los he visto en la misma situación de un hombre que se masturba
    después del acto
sobre una hamaca o dentro de un cuadro abrazarse
crecerse
subir una colina hasta desintegrarse
el destino del hombre es desaparecer sin llegar a alzarse
en ambas direcciones divergirse
pero aparece un dedo dentro de la imagen
antes de disolverse aparece
le ha faltado el presente en su vida
no había llegado siquiera a conocerse
se ha fallado a sí mismo
a veces piensa que es hora de reponerse

hombres se retuercen en la imagen
dan señal desagradable
pero yo conozco un hombre azotado por el mar
ayer me acosté tarde, en medio de un torbellino
y ese hombre azotado ante el rugido imperecedero
se decía a sí mismo:
para estar enamorado
sé lo que es estar vacío

PAISAJES FRACTURADOS

> Las ideas producen pavor.
> A. ARTAUD

Me asignaron ser el último heredero de la peste y respiré en lo más hondo,
en lo más hondo
de un sol caído. Suspiré la brisa en la miseria y me llamaron monstruo.
Monstruo porque donde hubo rostros imaginé el mío.
Monstruo porque de mis suspiros cenizas recibieron.
Jamás me interesó hablar de pobres.
Siempre oscurecí los nombres y me enternecieron los locos.
Me eligieron yerro y pecado.
Fui capaz de corromper al hombre.
La corrupción del hombre borra la huella del fracaso.
Monstruo porque dejé la amapola en la piedra,
la piedra en la sombra, su sombra en la luz.
Fui mi umbral de ruina
y mis sobras la tierra
y mis lenguas la vida.
Monstruo al fin y al cabo porque ninguna estructura
pudo acreditarme; porque jamás supliqué a la sombra
no derramarse
en los párpados rojos
de un pueblo que sabía la hora exacta de su muerte.

No dejé a un pueblo mirar por mis ojos.

La esperanza castiga los sueños opresores.

Soñar es un obstáculo, no un principio.

Y destruí, porque ese era mi comienzo. Mi destino. Devolver la belleza
    a la belleza

despojándola de su silueta estilizada de pústulas y úlceras de mármol
    de carne saludable.

Y la escuché gritar. Después gemir. La violación es un acto de absoluta sinceridad.

El pensamiento es mi verdugo.

Grité un poema y nació la ciudad. Un valle de zorzales y ángeles zanates.

Me juzgaron despectivos…

…y me aislé.

Una variedad de voces fluyó y este acto fue su inicial argumento contra mí.

Hoy mis ojos sin vida miran sin regreso. Monstruo. ¿Para quién?

Monstruo sin mayor explicación.

El implacable verdugo degolló el sentido.

Ningún silencio pudo. Ningún grito. Ningún cuerno pudo asemejársele.

La conciencia es un destino inevitable.

¿Quién en este mundo soplará el cuerno de la catástrofe?

¿El hombre? Pero si él debe desaparecer sin llegar a alzarse.

Aparecer dentro de la imagen.

Debe volver en otros ecos.

Ha sido el pensamiento… He sido. Me obligaron…

La confesión es invención del hombre. Y ese camino debe ser borrado.

Una vida ajena es un viaje anticipado.

Algunos lo entendieron,

pero un hombre repitió las frases que debían olvidarse.

Las mismas de antaño. Y dijo, solemne, apocalíptico, angustiado, trágico:

Me asignaron ser el último heredero de la peste y respiré en lo más hondo,
en lo más hondo

de una orquídea, cuerno de luz y sangre… sol de un valle!

CARA AL NACIMIENTO

eso se llama
eso no se llama
excremento
debíamos morir contigo
nacer en ti
en un movimiento secreto
y saber que debíamos morir por más de un siglo
entre las llamas
y saber que murieron en una hora
escondidos entre el fatal guiño del destino
excremento
debíamos nacer en una hora
y algunos se quedaron por más de un siglo
en movimiento secreto
y en adelante los misterios
del nombramiento
y de la caída de los cuerpos
cara al nacimiento

PUENTE

hundirme hundirme deshacer mis rasgos
TOMÁS SEGOVIA

Al ver un águila ves una porción de genio.
W. BLAKE

cuando la tempestad no abre los sellos
y los brazos del sitio se mantienen cerrados
errar es el único sitio el río su único camino
que engaña a alguien ajeno ya ajeno
sumido en la oscuridad en las horas

un árbol de calamidad condena los ojos
alimenta las visiones y deshace los recuerdos
cuando se ha dicho amor
sólo para expulsarlo de las bocas
y dejarlo en soplo en palabras en lágrimas
a merced del tiempo de nada
esperando que caiga el árbol de una hoja
y roer la coherencia desde las garras del águila
muriendo a pesar de las voces
que surgen como el humo en la razón
y el relámpago es un puente que transita de noche
la indiferencia es como un rostro y el mañana las piedras de tropiezo
la raza de diálogo de monstruos
fijará sus ojos alegremente solos
como Artaud antes que él
la demencia roe con sus dientes de acrimonia la esperanza
al hombre mismo a la palabra
hay que escucharlo de la misma manera
como hay que ver un rayo
y en la espera se deshacen los propios rasgos como se borra una huella

RETRATO DE QUIEN ESPERA UN PÁJARO

> Seguid vuestro camino
> como yo sigo el mío.
> JACQUES PRÉVERT

Nunca me conmovió el dolor de un desconocido.
Egoístamente
hice mis retratos de hombre atribulado;
había algo bello en desanimarme,
en ignorar,
¿pero qué es el bien?
¿cuál el egoísmo?

Nunca me conmovió el dolor de un desconocido.
Vi sueños borrándose en las calles, como pavimento cubierto
de tendidos cuerpos fríos y
destruidas cajas.
Caminé sin inmutarme, borracho,
pensando en mis fracasos,
esperando que uno de ellos reclamara mis entrañas,
mi sangre,
y se fuera sonriendo, amargo, como yo,
a esperar un pájaro, una llaga,
un llanto.

NICARAGUA

ERNESTO CARDENAL (1925)
EDWIN YLLESCAS SALINAS (1941)
IVÁN URIARTE (1942)
LUIS ROCHA URTECHO (1942)
CARLOS PEREZALONSO (1943)
VIDALUZ MENESES (1944)
FANOR TÉLLEZ (1944)
JULIO CABRALES (1944)
ANA ILCE GÓMEZ (1945)
MICHÈLE NAJLIS (1946)
GIOCONDA BELLI (1948)
DAISY ZAMORA (1950)
JULIO VALLE-CASTILLO (1952)
BLANCA CASTELLÓN (1958)
ERICK AGUIRRE (1961)
CARLOS FONSECA GRIGSBY (1988)

ERNESTO CARDENAL
(Granada, 1925)

Es considerado una de las figuras literarias de mayor significado, después de Rubén Darío. Estudió en la Facultad de Filosofía y Letras de la UNAM *y en la Universidad de Columbia. Entre su variada y extensa obra poética destacan* Hora Cero *(1957),* Gethsemani Ky *(1960),* Epigramas *(1961),* Salmos *(1964),* Oración por Marilyn Monroe y otros poemas *(1965),* El estrecho dudoso *(1966),* Mayapán *(1968),* Homenaje a los indios americanos *(1969),* Canto nacional *(1972),* Cántico cósmico *(1989) y* Telescopio en la noche oscura *(1993). Entre otros galardones, en 1980 recibió el Premio de la Paz de los libreros alemanes y en 2009 el Premio Iberoamericano de Poesía Pablo Neruda. Ha sido propuesto al Premio Nobel de Literatura. En el Fondo de Cultura Económica ha publicado* Vida perdida. Memorias I *(2003),* Las ínsulas extrañas. Memorias II *(2003) y* La revolución perdida. Memorias III *(2003).*

ORACIÓN POR MARILYN MONROE

Señor
recibe a esta muchacha conocida en toda la tierra con el nombre de
    Marilyn Monroe
aunque ése no era su verdadero nombre
(pero Tú conoces su verdadero nombre, el de la huerfanita violada a
los 9 años
y la empleadita de tienda que a los 16 se había querido matar)
y que ahora se presenta ante Ti sin ningún maquillaje
sin su Agente de Prensa
sin fotógrafos y sin firmar autógrafos
sola como un astronauta frente a la noche espacial.

221

Ella soñó cuando niña que estaba desnuda en una iglesia
          (según cuenta el *Time*)
ante una multitud postrada, con las cabezas en el suelo
y tenía que caminar en puntillas para no pisar las cabezas.
Tú conoces nuestros sueños mejor que los psiquiatras.
Iglesia, casa, cueva, son la seguridad del seno materno
pero también algo más que eso…
Las cabezas son los admiradores, es claro
(la masa de cabezas en la oscuridad bajo el chorro de luz).
Pero el templo no son los estudios de la 20th Century-Fox.
El templo —de mármol y oro— es el templo de su cuerpo
en el que está el Hijo del Hombre con un látigo en la mano
expulsando a los mercaderes de la 20th Century-Fox
que hicieron de Tu casa de oración una cueva de ladrones.

Señor
en este mundo contaminado de pecados y radioactividad
Tú no culparás tan sólo a una empleadita de tienda.
Que como toda empleadita de tienda soñó ser estrella de cine.
Y su sueño fue realidad (pero como la realidad del tecnicolor).
Ella no hizo sino actuar según el script que le dimos.
—El de nuestras propias vidas—. Y era un script absurdo.
Perdónala Señor y perdónanos a nosotros
por nuestra 20th Century
por esta Colosal Super-Producción en la que todos hemos trabajado.
Ella tenía hambre de amor y le ofrecimos tranquilizantes.
Para la tristeza de no ser santos
                              se le recomendó el Psicoanálisis.
Recuerda Señor su creciente pavor a la cámara
y el odio al maquillaje —insistiendo en maquillarse en cada escena—
y cómo se fue haciendo mayor el horror
y mayor la impuntualidad a los estudios.

Como toda empleadita de tienda
soñó ser estrella de cine.
Y su vida fue irreal como un sueño que un psiquiatra interpreta y archiva.

Sus romances fueron un beso con los ojos cerrados
que cuando se abren los ojos
se descubre que fue bajo reflectores
                              y apagan los reflectores!
y desmontan las dos paredes del aposento (era un set cinematográfico)
mientras el Director se aleja con su libreta
                    porque la escena ya fue tomada.
O como un viaje en yate, un beso en Singapur, un baile en Río,
la recepción en la mansión del Duque y la Duquesa de Windsor
                vistos en la salita del apartamento miserable.

La película terminó sin el beso final.
La hallaron muerta en su cama con la mano en el teléfono.
Y los detectives no supieron a quién iba a llamar.
Fue
como alguien que ha marcado el número de la única voz amiga
y oye tan sólo la voz de un disco que le dice: WRONG NUMBER.
O como alguien que herido por los gángsters
alarga la mano a un teléfono desconectado.
Señor:
quienquiera que haya sido el que ella iba a llamar
y no llamó (y tal vez no era nadie
o era Alguien cuyo número no está en el Directorio de Los Ángeles)
                    ¡contesta Tú el teléfono!

TE DOY, Claudia, estos versos, porque tú eres su dueña.
Los he escrito sencillos para que tú los entiendas.
Son para ti solamente, pero si a ti no te interesan,
un día se divulgarán tal vez por toda Hispanoamérica...
Y si al amor que los dictó, tú también lo desprecias,
otras soñarán con este amor que no fue para ellas.
Y tal vez verás, Claudia, que estos poemas,
(escritos para conquistarte a ti) despiertan
en otras parejas enamoradas que los lean
los besos que en ti no despertó el poeta.

AL PERDERTE yo a ti tú y yo hemos perdido:
yo porque tú eras lo que yo más amaba
y tú porque yo era el que te amaba más.
Pero de nosotros dos tú pierdes más que yo:
porque yo podré amar a otras como te amaba a ti
pero a ti no te amarán como te amaba yo.

MUCHACHAS que algún día leáis emocionadas estos versos
y soñéis con un poeta:
sabed que yo los hice para una como vosotras
y que fue en vano.

ÉSTA será mi venganza:
Que un día llegue a tus manos el libro de un poeta famoso
y leas estas líneas que el autor escribió para ti
y tú no lo sepas.

DE PRONTO suena en la noche una sirena
de alarma, larga, larga,
el aullido lúgubre de la sirena
de incendio o de la ambulancia blanca de la muerte,
como el grito de la cegua en la noche,
que se acerca y se acerca sobre las calles
y las casas y sube, sube, y baja
y crece, crece, baja y se aleja
creciendo y bajando. No es incendio ni muerte:
                         Es Somoza que pasa.

EPITAFIO PARA LA TUMBA
DE ADOLFO BÁEZ BONE

Te mataron y no nos dijeron dónde enterraron tu cuerpo,
pero desde entonces todo el territorio nacional es tu sepulcro;
o más bien: en cada palmo del territorio nacional en que
no está tu cuerpo, tú resucitaste.

Creyeron que te mataban con una orden de ¡fuego!
Creyeron que te enterraban
y lo que hacían era enterrar una semilla.

SOMOZA DESVELIZA LA ESTATUA DE SOMOZA
EN EL ESTADIO SOMOZA

No es que yo crea que el pueblo me erigió esta estatua
porque yo sé mejor que vosotros que la ordené yo mismo.
Ni tampoco que pretenda pasar con ella a la posteridad
porque yo sé que el pueblo la derribará un día.
Ni que haya querido erigirme a mí mismo en vida
el monumento que muerto no me erigiréis vosotros:
sino que erigí esta estatua porque sé que la odiáis.

SALMO 1

Bienaventurado el hombre que no sigue las consignas del Partido
ni asiste a sus mítines
ni se sienta en la mesa con los gángsters
ni con los Generales en el Consejo de Guerra
Bienaventurado el hombre que no espía a su hermano
ni delata a su compañero de colegio
Bienaventurado el hombre que no lee los anuncios comerciales

ni escucha sus radios
ni cree en sus slogans

Será como un árbol plantado junto a una fuente

SALMO 5

Escucha mis palabras oh Señor
                                        Oye mis gemidos
Escucha mi protesta
porque no eres tú un Dios amigo de los dictadores
ni partidario de su política
ni te influencia la propaganda
ni estás en sociedad con el gángster

No existe sinceridad en sus discursos
ni en sus declaraciones de prensa

Hablan de paz en sus discursos
mientras aumentan su producción de guerra

Hablan de paz en las Conferencias de Paz
y en secreto se preparan para la guerra

                    Sus radios mentirosos rugen toda la noche

Sus escritorios están llenos de planes criminales
                                    y expedientes siniestros
Pero tú me salvarás de sus planes

Hablan con la boca de las ametralladoras
Sus lenguas relucientes
                son las bayonetas...
Castígalos oh Dios

malogra su política
confunde sus memorándums
impide sus programas
A la hora de la Sirena de Alarma
tú estarás conmigo
tú serás mi refugio el día de la Bomba

Al que no cree en la mentira de sus anuncios comerciales
ni en sus campañas publicitarias ni en sus campañas políticas
tú lo bendices
Lo rodeas con tu amor
como con tanques blindados

EDWIN YLLESCAS SALINAS
(Managua, 1941)

Poeta, narrador, ensayista y periodista. Estudió derecho en la Universidad Centro-americana, y administración de empresas en el INCAE *y en la Universidad Industrial de Barcelona. Fue uno de los fundadores de la Generación Traicionada en 1960. Autor de* Lecturas y otros poemas *(1966),* Algún lugar en la memoria *(1996),* La vela de los sueños *(1998),* Teoría del ángel *(1998),* Tierna mía *(2008), así como de las recopilaciones* La herida en el sol, Antología de poesía centroamericana 1957-2007 *(2007) y* Los hijos del minotauro. Antología de poesía contemporánea nicaragüense, 1950-2008 *(2008).*

PATIO VACÍO

Al caminar por una calle cuando una mujer desconocida
cruza por mi mente
al doblar una esquina y sin haber esquina no sé a dónde voy
en esos raros habituales días de mi sombra
con poca insistencia pienso en las ciudades que me habitan
Distingo una sonrisa procaz, unos rostros desconocidos
en su corazón una rubia tristona pregunta por una dirección
van y vienen las direcciones en la cabeza de la rubia
sólo ella desconoce la dirección de su corazón
En la multitud hoy he visto esos rostros
la reverberación después del aguacero
un barco de papel varado en la corriente de una calle
apagadas las cantinas escucho una voz
una música de traje blanco cruza por mi cabeza
el oído no la mira

en mi rostro de mujer abatida cuál ciudad me habita
por cuál ciudad de mis años aún vislumbro esa imagen
Al caminar por la ciudad alguien camina junto a mí
ignoro en cuál patio vacío alguien escribe estas líneas.

HÁBLAME DE LA NOCHE

Háblame de la noche sobre los techos de mi vida
es lo único que me interesa
incluso olvida la noche, y si tiene estrellas olvida las malditas estrellas
no me vengas con el simple detestable cielo azul;
háblame de mi cuerpo cargado de humedades
por cuál esquina desembocan los olores de mi axila
qué fue del estafador perfecto
por dónde caminan los pasos del afilador
quién preñó a la Leyla mi bailarina del mambo;
háblame de los ladrones del Oriental
hay una mujer que vende sopa en una esquina
qué pasó con la renca alcohólica esquizofrénica
cuéntame de la rubia —su esposo y su amante;
háblame de mi mugriento Malecón háblame de la pequeña ramera
me fascinan los muchachos que se orinan contra mis paredes
háblame de las jóvenes de las adolescentes y viejonas que fornican
en los carros a la orilla de los montes y carreteras
gozosa despernancada histérica yo fui una de ellas;
háblame de los moteles en la carretera de los moteles en los barrios
alegre y descocada mi vida se alimentó de sus olores
no me recuerdes no me menciones los horribles prestigiosos nombres
no me dicen nada
de tus ideas no pongas una sola porquería en mi cabeza
sólo hablando del inmediato procaz puedes hablar de mí
anoréxica, mínima, leve no entiendo el universo
ni las galaxias ni las constelaciones colgadas en una esfera
me dan lo mismo me suenan a puetilla universal.

LA EXTRANJERA

Me buscarán por los bares de la noche
recorrerán mi sueño
en los hoteles preguntarán mi nombre
junto a la hoguera en la pesadilla de la ilusión
una sola fibra de mi cuerpo nadie la encontrará
una paliducha lucirá su traje negro
entrecano en la sonrisa un hombre creerá reconocerme
junto al vano de la mentira
en un tiempo que no existe ni deja de existir
una mujer me mostrará su rodilla raspada
un grupo de juerguistas inventará mi pasado
en el patio de una cantina creerán invocar mi memoria
creerán tocar la puerta de mi casa
al fondo del corredor nadie reconocerá su llamado
una espalda mayate perdió su tren
mi casa ya no es su puerta
del mundo que me habita nada volverán a saber
yo la ciudad extranjera guardaré silencio.

CERDO Y UNICORNIO

Cuando nos conocimos yo estaba borracho
me caía de la cabeza a los pies
subía por las paredes por la ilusión
por donde sólo el loco rematado sabe distinguir
de todos modos te dije
—mi vida está asolada por un mitológico ser
cuyo laberinto yace en mi alma—
después reímos, cantamos y bailamos hasta el amanecer
por años mi cerdo en mi alma se volvió manso Lobo de Gubbia
ángel de pezuña dormía en tu cuna
dichoso se hartaba de tu cuerpo

voraz por naturaleza hocicaba el Laberinto Universal;
olvidado de su horqueta intentaba los buenos modales
abandonó la costumbre de roncar sobre el pecho ajeno
comenzó a soñar con la vieja ilusión de la mujer troyana
y donde estaba el hocico se puso el unicornio
para escribir esta página inadvertida.

LA NEGRA TOMASA

Cuando pienso en vos vuelvo a ver para atrás
como si fuera ahora mismo veo los lugares
donde sin complicación religiosa o política
borrachos, reíamos y bailábamos hasta el amanecer
descoyuntados de pie a cabeza tocábamos la caseta del broder
y el brodercito en la discoteca otra vez, de nuevo
nos ponía la Sopita de Caracol
la Negra Tomasa, la Güera Salomé, el Agüita de Coco;
en la hora alejada del madrigal y el embeleso
fuimos burbujas de amor
y si tus manos coparon el charral del cuerpo
fue el moño de pelo quien siempre ganó la batalla
del ángel pálido sobre el Mirador Tiscapa;
ahora esas cumbias antillanas o colombianas
tus hombros, los pasos de la danza sólo bailan en mi memoria
y me pregunto qué aprendimos en la noche
y veo que no hay nada que aprender
basta repasar lo propio al cuerpo;
en los sentidos estaba el aprendizaje
son lo que fueron y vividos no tienen moraleja
y si la tuvieran nadie volvería a vivir esa noche breve
iluminando el corazón del hombre;
cuando pienso en vos, vuelvo a ver para atrás
y miro cómo mueven las caderas
la Güera Salomé, la Negra Tomasa y vos.

SI LA BESTIA QUISIERA

Tocaría guitarra, acordeón, piano, oboe
       hablaría inglés, italiano francés, latín, griego
       aprendería literatura hispanoamericana, inglesa, francesa
Iría al teatro, a la ópera, a la zarzuela
       por una calle buscaría libros viejos;
       me sentaría en una plaza de Palermo a ver a las sicilianas
Recorrería las orillas del Tíber
       por el Sena y el Rin buscaría una trapecista ahogada
       entraría a la perfumería francesa a oler el perfume de mujer
En la Cibeles estaría el agua de la fuente en los ojos
       vería a las palomas en una banca del Central Park.
Acompañado por una linda rubia me tomaría un café
       en Madrid, París, Nueva York, o Buenos Aires.

Ya ven, pude serlo, pero la fiera… vivo en Managua
       aprendí a beber, a fumar a holgar…
Amé tantas mujeres que no quisieron amarme;
       dilapidé mi vino con conocidos del momento.
Y lo peor: me metí a escribir tonterías personales.

Por lo visto y lo vivido (en las manos del ángel) tales dones
       no estaban reservados para mí. Sus planes no me incluían.

No entiendo al ángel; entonces, cuáles dones son los míos.
Si tan poco me dio por qué muerde tanto a mi escasa nada.

VIEJO COFRE BAJO LA CAMA

Pasó, todo lo que fluye pasó por mi mano
Me quedé en el principio
       retengo un parque repleto de sombras
       me retumban las tardes de patines

giran / giran las vuelta del carrusel
Ya estoy viejo, mis rodillas arden a resbaladero

Los patines se perdieron y aún escucho su chirrido
El invierno se comió la patineta hasta las ruedas
Vivo un mar de chibolas y soldaditos de plomo
Cada noche muerto de sueño guardo mi cajón de juguetes
            lo meto debajo de la cama con el primer perro de mi vida
Se cuelan en mi bulto
            donde debía estar el lápiz, los cuadernos, los crayones
            aparecen los soldaditos, el monito de cuerda
            el camioncito de volquete, la jirafa de baterías

Perdí el bulto, los juguetes se quebraron
            se perdieron, quién sabe adónde fueron a parar
            quizás estén jugando en la mano de otro muchacho
Sin saberlo cada día tengo menos juguetes y más años

Si olvidara esas cosas cómo volver a la infancia
            al muchacho sin oficio ni beneficio
Cómo a cada instante recibiría el mordisco del ángel.

IVÁN URIARTE
(Jinotega, 1942)

*Poeta, narrador y crítico literario. Doctor en derecho por la Universidad Centroameri-
cana y en literatura por la Universidad de Pittsburgh. Premio Nacional de Poesía
Rubén Darío 1999, con* Los bordes profundos. *También es autor de* Pleno día *(2000),*
Cuando pasan las suburban *(2001),* Escatología *(2005),* Imágenes para Dalí *(2007),*
así como del libro de cuentos La primera vez que el señor llegó al pueblo *(1996).*

BUSINESS ANTHROPOLOGY

*A Cairo Amador, amador de la cultura
y el humanismo y siempre oportuno amigo.*

Nuevo sin paquete alguno, reluciente
recién emplasticados sus asientos luce en la marquesina
rotante
de la pantalla de TV
el carro de los bobos,
la estafa semanal de un tal Mario Kreutzberger
judío chileno de origen alemán
mejor conocido bajo el mote de Don Francisco.

Al oír semejante nombre uno pensaría que quizá se trata de una versión televisiva
del Don Juan de Castaneda
el enigmático chamán que conduce
al curioso antropólogo por los milenarios mundos del peyote
de la mezcalina y de la marihuana.

234

Mundos distantes y oscuros, mundos míticos
donde los colores del soñador son los verdaderos colores del cielo
y donde el humo del ahumador comunica con los dioses.

Los rescoldos idealizados, para decirlo de alguna manera,
de lo que Jean Marie Gabriel Le Clézio llamó
Le rêve mexicain.

Pero no. Se trata simplemente de un largo anzuelo con obvia carnada
                                    melodramática y sentimental
mezcla de juegos típicos de Disneylandia
una Disneylandia de estudios televisivos baratos
donde las burlas y las tomaderas de pelo son las únicas muestras
de la cultura muriente del show business internacional
donde El Puma, Julio Iglesias o cualquier otro ranchero sin ley ni monte alguno
son exhibidos con micrófonos de oro como auténticos becerros
a los que se les inmola religiosamente tardes enteras cada fin de semana
oficiándolo todo el nada par Don Francisco
animador masivo digno émulo de Walter Mercado
(puestos en una balanza no creo que ninguno de los dos salga perdiendo
     algo más
que su signo zodiacal con motel oculto).

Esta nueva antropología no tiene objetivo preciso alguno
Es el mero *fucking commercial business* por medio del cual
se trafican las desdichas de miles de hispanoparlantes ansiosos de buscar
     en el vacío su
                                    propia cultura
Nuevo sueño hispanoamericano, utopía desesperante para los que no
                                    tienen alternativa cultural alguna
salvo este puré de idioteces (con Chacal incluido) que les pasan para su pobre
     beneplácito
                                    todos los santos sábados del mundo.

Sueño americano que se expresa y traduce en la brillantez reluciente
     del supuesto auto

nuevo que con fingida atiplada
maricona voz se promociona como la
culminación apoteósica del programa.

Quizá un ejemplar del carretón de madera de Alonso Palomino
(héroe sin par de la novela de Carlos Alemán Ocampo)
o un video clip de los rebanes de Otto de la Rocha
se acercaría a la inútil búsqueda de tantos afanadores
que sueltan su lampazo para tragarse esa porquería
colada sabatina
creyendo, en efecto, que todos los sábados de su vida habrá un auto nuevo
     que los espera
sin sospechar que ese esplendor que reluce, rota y rota de bobo en bobo
pero siempre de color distinto.

¡Nueva puñeta de paquete Don Francisco!

ROQUE DALTON ENTRA AL TERCER MILENIO

Me conmueve el humor vitriólicamente vítreo de la poesía de Roque Dalton
las diatribas esperpénticas contra sí mismo
la luz de sus abismos
la esperanza imposible de una revolución siempre posible
su fe en el verdadero comunismo
del cual ni Cristo se libró
perdiendo la partida en el Gólgota dos a uno.
Chico "originalmente bueno" según la oligarquía salvadoreña
que en contubernio con el imperialismo le fabricaron un amplio lecho
     de Procusto.

Descendiente de ingleses *malgré lui*
bien educado por los espiritualmente pulcros hijos de San Ignacio
para finalmente "cagarla" haciéndose comunista
siendo finalmente crucificado por nosotros como vil agente de la CIA.

Roque: fuente de agua viva en lucha para lograr el palimpsesto
    donde el pueblo logre
                                     escribir de nuevo su historia
y mezquino padrastro tu muerte. Oscuro Gólgota que se pobló inmediatamente
                                           de calaveras.

Y los que con marcado cuchumbo se jugaron tu manto
gozan de buena estrella sembrando a costa de tu sangre redentora
    la demoniocracia
que el imperialismo siempre predicaba desde la delirante masacre del 32
para disipar así de una vez todo guanaco vestigio de guerrillas
y convertirlas en florecientes partidos políticos
bajo la égida de los Villalobos y asociados.

Todo esto ha sucedido después de tu pasión y muerte.
Te crucificaron por amar y querer redimir a todos los marginados
    de esa horrenda
                                       Pulgarcilandia
te condenaron a muerte cuando una mañana te prendieron al momento
    de hacer tus
                                      ejercicios matinales.

Pilatos Villalobos dirigió el juicio sumario donde rehusaste güevonamente
    a defenderte.
Como Morazán dirigiste tu propia crucifixión indicándoles a grandes voces
    cuándo podían
                                 parar la cruz y fijarla sobre
                                 el montículo elegido.
No hubo Dolorosa al pie de esa cruz
ni Magdalena empapando de lágrimas tus huesudos tafistes.
Y ellos, los del Sanedrín (los descendientes de los "viejus" de mierda de
                               Martínez y Mansferrer)
ahora se pasean victoriosos en la vieja Albión con una repleta bolsa de libras
    esterlinas
                         hablando de paz y bienestar social
                         para todos los salvadoreños.

No hubo José de Arimetea que en Blanca Sábana te llevaran al sepulcro
   de piedra y

                    te cubrieran de olorantes para no
                    sentir la atroz tufalera de tu sangre
                    estupefacta.
Claro, no resucitaste, sino que te quedaste crucificado bajo tierra, sonriente
   de haber

                    conquistado
por fin el iluminado oscuro paraíso de solidaridad de tus muertos del 32
ahora más tuyos que de nadie.

Se acabó el comunismo en El Salvador y consecuentemente la pobreza
   y la miseria se

                    multiplican por los Moll y centros de
                    compras gigantescos con aires acon-
                    dicionados hasta en los parqueos.
Centro América entra campante a la globalización negociando la metida de
   dedo del

                    CAFTA en el año Dos mil Súper Cero.
¿Callaremos ahora Roque, cirróticamente?
Las revoluciones no se hacen con un abrelatas
ni llevando una camiseta con la imagen del Che sobre el pecho mesiánicamente.
   Estallan y

                    se catapultan como lava de volcán
                    sin dar lugar a nada.
Quizá después que metan a la última momia del comunismo en su sarcófago
empezará a temblar la tierra
y aprovechando 3 días de tinieblas
entonces Roque podremos empezar de nuevo.

DE REMOTOS PEÑASCOS

1

De remotos peñascos me ha venido la palabra
para esclarecer opaca luz de días solidarios
en soterrado suelo. Mis hermanos árboles me muestran
sus raíces expandiéndose, ocultándose para sobrevivir
contra el comején de los ojos del Zoon Politikón
entre las cortezas que abren sus cojollos agrestes
al contaminado cielo, al boquete ozónico
que sacude la fauna antártica de antiguos días no vividos.

No funciona la palabra sin el sapo en el jardín renovándonos.
Ni tampoco la sierpe con su fulgurante reptar lleno de inocencia
porque sólo olvidada fauna redime al pretencioso mundo:
batracios, quelonios, arácnidos, artrópodos, nematelmintos…
sostienen un sólido mundo de supercarreteras y junglas de cementos
renovando mares, ríos y cielos.

2

—No desconfíes del perfume de las flores de pantano. Ya no hay suampos
 ni manglares sino desechos tóxicos que envenenan las especies
que han cohesionado el invisible magma terrestre.
—La noche se puebla de fantasmas que se multiplican sin que nadie pueda de-
 tenerlos. Son ya la nueva cadena biológica que desfasa a las otras, las anti-
 guas especies…

3

El regreso del Mamut es necesario.
El parque jurásico vegeta en la memoria.
Ese milenario ente con pedernófila hacha nos redime.

4

Cantemos, cantemos la flor-jaguar-tortuga-jirafa-rinoceronte-zorro-pisote-
tigrillo...
esperando al corpulento carpintero de 3 000 años para construirnos ¡la nueva
arca!

5

Una casa para la meditación, la sabiduría, la palabra enhiesta.
Un rostro para el amor. Un mismo cuerpo para todos.

EL PUENTE ÓRFICO

A Hart Crane, in memoriam

Los ojos rebotando
                    sobre
espumosa estela
de la lancha en alta mar
en el golfo de México.

Aquel 26 de abril de 1932
vio antes del lanzamiento de su cuerpo
las silentes aletas de los tiburones.
La vida
            moneda falsa
                        que arrastramos
incontENIblemente en el momento menos esperado
se desborda.
                El fusil en el guargüero
la sobredosis de pastillas a medianoche
el duelo en la estepa
                    bajo la interminable nevada

con el obtuso gañán
o el asumir la blanca pijama de seda
como definitiva elevación y entrega
es el giro de ese ojo mirando la bahía espumosa
la fantasmal final palabra

                              enhebrada
                              inútilmente
hasta la saciedad.
Nadie mide los centímetros
                              que cada día
nos separan de la parca
ignorando el peso del cuerpo que cae
al abisal abismo llevándose consigo
                              el secreto orgiástico
de la palabra nueva ya nunca dicha.

LUIS ROCHA URTECHO
(Panamá, 1942)

Escritor, poeta y periodista. Autor de Domus Áurea *(1968);* Ejercicios de composición *(1974);* Phocas, *por el que recibió el Premio Latinoamericano de Poesía (1983);* La vida consciente *(1996);* Dichoso el árbol *(1997);* Un solo haz de energía ecuménica *(1998), y* Pedro. Teniendo conocidos en el cielo *(2008). Su obra poética ha sido incorporada a las principales antologías del mundo, incluyendo la* Historia de la literatura universal *de Martín de Riquer y José María Valverde.*

MESA

Mesa de Dios o mar de poema
Está Dios de mesa e hiciera ojalá poemas a mares
En esta mesa que es también de poemar.

La mesa. La maravillosa y dócil
única mesa de mi pequeño hogar
en donde a duras penas ya, el amor alcanza
(aun cuando la casa fuera infinita),
es minúscula aunque mayor que mi tierno hijo
y de blanca y de sumisa madera como mi mujer.

La solitaria, vieja y fiel mesa
que nos ha vuelto a todos parte del muy telúrico
árbol sacramental y anónimo que la engendrara
como una gran hostia cuadrangular que todo lo abarca.

porque esta mágica mesa es bruja milagrosa mesa de
bañar al niño
llorar al niño
planchar
cocinar
comer
y lo más extraordinario es que es plena y planamente feliz
a pesar de sus múltiples e interminables oficios
y el más noble de todos ellos (y de cuantos pudiere haber)
aun cuando el menos frecuente
que es el que, sobre mesa de poemas,
en estos momentos sobre ella oficio:
como escribiendo sobre un alma cuadrada
poniendo alma sobre el alma de esta mesa
porque esta bondadosa mesa es así
y ahí se queda aguardando ser lo que siempre ha sido
sin percatarse de su infinita importancia de ser
Poema de Mesa
Mesa de Amor
Misa de Mesa
Mesa de Amar.

AUNQUE COMO HORDAS LLEGAN

Nadie canta, corre o pregunta en la casa
pues como hordas, plagas, inundaciones
llegan las enfermedades porque siempre
regresamos al buen polvo paciente que espera
y aparecen las penurias en larga fila de hormigas.
Aromas de ungüentos y pomadas fluyen de la cocina.
De tanto lavar, barrer, cocinar, zurcir o planchar
ya son sombras las manos que ahora acaricio
y otra es la riqueza y otra la pobreza después
pero hoy es un niño como un lánguido quinqué

parpadeante y lejano estremeciéndonos
de tos y llanto temblando
sin dejar dormir alma ni cuerpo
porque ésta es una casa plagada
de dragoncitos problemas y chayules gigantes
pero de alguna manera, al fuego de hogar, Dios proveerá
y si no provee, si es que no provee
éste seguirá siendo un hogar
un hogar en vela, en llama, feliz
un hogar jodido pero contento
un hogar más o menos pobre
pero nada menos que un hogar.

DOMUS ÁUREA

Ésta es la casa de oro.

Ésta es Domus Áurea o
la casa del amor o
la casa de los locos de amor.

Aquí hay un mar de amor,
amor a mares o un mar de amar.

Éste es un hogar o
un mar de fuego de amor.

Ésta es mi casa.

Éste tierno es mi hijo.

Aquella mujer es mi mujer.

Yo soy sólo el hombre.

Un hombre y lo demás es,
todo lo demás, ellos, amor.

Ésta es The Golden House
y yo soy el presidente.

Aquélla es la Primera Dama
y este niño el Primer Ministro o
el Primogénito Ministro.

Ésta es The Golden House
y el mundo gira alrededor
pero no hay siquiera un televisor
ni Time ni Life y
tampoco Pravda ni Itvetzia.

Sólo hay tiempo y vida para amar y
un niño
una mujer y
un hombre.

CARLOS PEREZALONSO
(León, 1943)

Poeta, narrador y crítico. Graduado como abogado en México. Autor de Nosotros tres
(*1960, publicado posteriormente como* Variaciones del estupor), El otro rostro *(1972),*
Vida, el sol *(1978),* Cegua de la noche *(1990),* Orígenes y exilios, 1992-1998 *(2001),*
Estancias y otras consignaciones *(2005) y* Ocaso en El Tránsito *(2009). También es
autor de los cuentos* El guerrillero y otras historias *(1978), por el cual recibió el Pre-
mio de Cuentos Mariano Fiallos.*

LAS HAMACAS

¡No quiten las hamacas! ¡No las toquen!
que quede la moldeada curvatura de la
espalda,
que permanezca el murmullo de la canción,
la tibieza del cuerpo ovillado,
la languidez del brazo que se asoma
de la mujer que sueña
conservemos su sueño.

Mantengamos el rumbo
que marcó el pequeño marinero en el viento;
para su memoria levantamos la proa,
que no la rasguen los restos del naufragio.
Compartamos el descanso de los fatigados espectros
que por las noches se mecen con las hamacas.
Respetemos al aire que las atraviesa

y al tiempo que se anida en su trama.
Recordemos cómo ateridos desde sus vientres
                                        escuchamos
el silbo ya apagado y lejano de las primeras
                                        sirenas.

Dejemos que la lluvia pudra las hamacas,
que las habilidosas manos de los días desaten
                                        sus nudos.
Una mañana encontraremos sus pieles de viejas
                                        serpientes
arrugadas junto a los postes que las sostuvieron:
que vuelva el viento al viento, el bejuco a la tierra,
la oquedad a la nada.
¡No las quiten!

POEMA VERGÜENZA PARA JULIO CABRALES

El hombre huraño, imperativo, que agitando el índice señala propiedad, domi-
nio, ubicación, "¡Míster, Míster!", y que finalmente asienta la poderosa palma
sobre la coraza del carro y dice: "¡Yo lo cuido!", el de la pupila nublada no me
reconoció. No recordó, psiquis abolida, aquellas veces cuando con Beltrán mi-
rábamos en la costa del lago las constelaciones que él se sabía de memoria; o
cuando por las tardes, en el campo de futbol —¡ineptos los tres!— chiflábamos
cualquier jugada, buena o mala, sólo por joder; y asediábamos —¡aptos los
tres!— a las bellas muchachas que aplaudían. No. No me reconoció. Ni recordó
los poemas de Paul Celan que tradujimos y tal vez ni se acuerda del otoño, su
mejor amigo en España, ni del salto de gato magistral de Nijinski detenido en el
tiempo en su poema, ni cuando nos bañamos desnudos —estupor de señoritas
y regocijo de señoras— en la piscina de la azotea del Hotel Balmoral, apenas
unas horas antes del terremoto del 72, cuando todo el hotel se derrumbó se-
pultando los regocijos y los estupores. No. No me reconoció, ni recordó cuando
lo visité en el manicomio, y ni él ni yo creíamos que estaba loco, y lo acompañé
en el paseo que daba por el jardín con la Virgen María tomada de su brazo. Es-

cribí entonces un poema que Carlos Martínez Rivas tituló, dictadura magisterial, "Saint Remy/Km. 5", en memoria de aquel otro que se cortó la oreja. No. No se acordó. "Míster, Míster", me dijo dolorosamente, mientras yo acomodaba el carro en el estacionamiento de EL NUEVO DIARIO, y una eficiente y acomedida secretaria salió en mi defensa, pensando que yo sí era Míster, y le dijo —ignorante de qué siglos de amor y de poesía desalojaba—: "¡No moleste al señor!"... Y no sé si me alegro, porque yo sí sabía quién era él a pesar de su rostro renegrido y tumefacto. Me lo dijo, desde el primer instante, el maldito y cantinero corazón que todo sabe. Su grueso índice con su uña negra me señaló, me señalará siempre la frente, me perseguirá toda la vida, "Míster, Míster"...

OCASO EN EL TRÁNSITO

El ocaso, que es único,
en espejos de tiempo se repite.
Aunque no hay nada sucesivo. Todo
ocurre a la vez. Mañana,
hoy y ayer.
En el herrumbroso pasado
se desgrana el amor.
En canciones
que llegan del fondo de una vieja cantina;
en la memoria de aquellos pecados ahora
secos como higos deshidratados.
Y ahí está de nuevo tu figura contra el cielo
amarillo de otro septiembre,
mirando ausente el mar
¡oh confiada de olas
y de cielos!
mirando el fantasma del adolescente insepulto,
mirando las cenizas en el viento
que no llegan a la espuma,
al eterno resoplido, y que en las rocas
húmedas se estampan para siempre.

¿QUE CÓMO ES NICARAGUA?

¿Que cómo es Nicaragua?
Nicaragua es
como el dibujo de un niño
con cerritos y lagunitas
y con pueblitos
y soldaditos y soldaditos
y soldaditos.

CADEJO

El Cadejo no es un cuento.
Nace del furor y el miedo.
Camina como trotando
en las veredas bajo la luna.
En tenebrosas noches nos acompaña
espíritu-animal,
ángel-perro
no es ni primo de Cancerbero.
El Cadejo es bueno,
y rima
"porque el Cadejo es medio pendejo"
A veces llora con pequeños aullidos
llamando a su Cadeja.

VIDALUZ MENESES
(Matagalpa, 1944)

Poeta y ensayista. Licenciada en humanidades con mención en bibliotecología. Decana de la Facultad de Humanidades de la Universidad Centroamericana (uca) (1992-1997). Autora de los poemarios Llama guardada *(1974),* El aire que me llama *(1982),* Llama en el aire. Antología poética 1974-1990 *(1991),* Todo es igual y distinto *(2004) y* Sonreír cuando los ojos están serios *(2006), así como del libro testimonial* La lucha es el más alto de los cantos *(2006).*

ÚLTIMA POSTAL A MI PADRE,
GENERAL MENESES

Debiste haber cumplido años hoy
y ya no estás, para tu bien.
Guardo tus palabras
y tu postrera ansiedad por mi destino,
porque la historia no te permitió
vislumbrar este momento,
mucho menos comprenderlo.
El juicio ya fue dado.

Te cuento, que conservo para mí sola
tu amor generoso.
Tu mano en la cuchara
dándole el último desayuno al nieto,
haciendo más ligera
la pesada atmósfera de la despedida.

Cada uno en su lado,
como dos caballeros antiguos y nobles
abrazándose, antes el duelo final,
fatal.

DUEÑA DEL CANTO

A mis hijas Karla y Vidaluz

Que yo recuerde, no tuve
esa vigorosa actitud de mi hija a los 18 años
mucho menos a los 14,
sino la confusa adolescencia
deambulando por las habitaciones,
incapaz de responder con eficiencia
a los insignificantes requerimientos
cotidianos de pasamanos:
     pasar la ropa,
     pasar las tijeras
     llevar el sombrero colgado
     detrás de la puerta.

Todos los objetos jugando al cero escondido
y yo, a la gallina ciega, palpando al mundo,
rodeada de aparente perfección,
calles delineadas, señales precisas.
altos, muchos altos:

     Por ahí no.
     A esa hora no
     ¡cuidado con la oscuridad!
     mucho menos si musitan a tu oído:
     "De desnuda que está brilla la estrella"

Las veredas derechas eran falsas
Las izquierdas prohibidas
Mi cuerpo, un enajenado territorio.
Mi voz, inaudible.
Mi nombre, diluido.

Cuánto camino hubo que recorrer
para llegar a ser lo que soy:
Mujer que mira orgullosa tercera generación
de su descendencia
y se reconoce mojón; punto de partida
puerto para zarpar con velas indoblegables.

Dueña y señora de su canto.

CARTA A MI MADRE

Te escribo hoy, cuando posiblemente
estés subiendo las persianas para ver a plenitud
el campo lindante con la casa vecina en Austin
que te aproxima a la visión
de la hacienda El Castillo de tu infancia.
Yo te recuerdo cuando la tenue luz de la tarde
apaga también mi corazón y te imagino alerta y vigilante
merodeando mi cabeza triste
inclinada sobre los límites del día,
recordándome el deber de ser felices
en la pequeña patria de los hijos multiplicados en nietos.
Aunque el país donde nacimos
sea una frágil balsa a punto de naufragar.
Te veo menguada en tus fuerzas físicas
pero siempre airosa, revelándote contra el tiempo
que fatalmente devasta antiguas primaveras.
Perdona estas lágrimas, madre, que me arrugan el rostro

y enrojecen mi piel que debe lucir esplendorosa
como la tuya, invicta belleza de la que tus hijas
somos acaso un pálido reflejo.

PALABRAS PARA EL ÚLTIMO ENCUENTRO

Desde el balcón de tu habitación
vi por primera vez el parque
tapizado de blanco
y quise dar fe de lo visto
bajando los tres pisos
para tomar de la capota de un auto
la escarcha que moldeé entre las manos
como un goce tardío de la infancia
disfrutado en mi otoño.
Nunca había visto la nieve
y fue el frío que la antecede
el que me trajo a esta ingrata
misión familiar de acompañarte.

Te encuentro atado a un lecho
del que ya no volverás a levantarte
y siento que no podré hacer gran cosa,
como cuando niños, y montados
en el martillo volador que subía, bajaba
y rotaba vertiginoso
en el parque de diversiones
apresé contra mi pecho a Meriulda y a vos
para que no se me fueran por el agujero negro
de la ventana donde aparecían
y desaparecían las luminarias,
el asfalto, la gente y las estrellas rutilantes
del cielo decembrino de Managua.

Son meses de batallar contra esa cosa mala
que se te enquistó en el pecho y la cabeza
y que vos y quienes te amamos
conjuramos todos los días
para que desaparezca,
para que se disuelva, para que no exista.

Pero supe que ya empezabas a contar tus días
y quisiste amenizarlos con la canciones
de Enrique Guzmán y "la novia de México"
de nuestros amores de adolescencia;
viendo a James Dean y su desasosiego
en Rebelde sin causa
o a Cantinflas que siempre nos hacía
reír con sus retahílas,
y así todo estaba bien;
hasta que llegaba el dolor y su punzada
nos sacaba del sueño de la vida
y dejábamos la risa, para aplicar el paliativo
que finalmente te dejaba dormido.

Un día de ésos fue miércoles de ceniza
y vos, agnóstico por elección,
de puro amor por tu hermana,
me aceptaste la cruz que te dibujé
en la frente, diciéndote:
          "Por tu reconversión y sanación",
mientras sonreías, pienso yo, con beatitud,
porque todo acto de amor nos aproxima
a ese mar infinito del que salimos
y al cual ineludiblemente vamos a retornar.

¿Qué día te irás?, me preguntaste dos veces
y yo te respondí, falta bastante,
y si me voy, regreso pronto,
sabiendo ambos que todo era incierto

porque tu vida se nos escurría como el tiempo,
aunque esto lo guardáramos como el mejor secreto
de nuestra historia común.

Y así llegó el día
en que te observé lejano y distante
de lo que te rodeaba,
la habitación cargada de recuerdos,
Elisa y los chicos captados magistralmente
por tu cámara mientras jugaban en la grama;
los retratos de la tía Teresa al carbón y al óleo
y la foto de Carolina, con su escrutadora
mirada a los seis años.

Algo me dijo que habías iniciado el viaje.

Llegó entonces la madrugada
con el asma premonitoria y tu prisa
al pedirme: ¡la fecha, la fecha!
que me esforcé en contestar con serenidad.
Después ya nada.
Vertí unas cuantas gotas de agua
que parecieron refrescar un poco tu garganta.

¡Hermanito... hermanitooo!
¿Por qué tenés el rostro tan frío
y las manos, y los pies?... te gritó mi corazón.
Y te froté, te di masajes, te puse calcetines,
revisé el aparato de calefacción,
te arropé mejor con la frazada,
Pero ya nada te volvió el calor.

Oré desde el fondo de mi alma
entregándote al Ser de todos los sueños,
y te despedí, asegurándote,
que yo siempre regresaría a donde estés

para volver a nuestros juegos infantiles
la casita en el patio bajo el árbol de mango
                en Ocotal;
el pequeño fogón de barro
y la mesa con los trastecitos
servida por tu hermana mayor
que de nuevo te llamaría
a vos, y a todos nuestros hermanos
a ese convivio definitivo
del que ya no nos volveremos a separar.

FANOR TÉLLEZ
(Masaya, 1944)

Poeta, jurisconsulto y catedrático. Autor de La vida hurtada *(1973),* Los bienes del peregrino *(1974),* El sitial de la vigilia *(1975),* El don afluente *(1977),* Edad diversa *(1993),* El pie sobre el camino *(1996),* Boca del vino *(1998),* Oficio de amarte *(1999)* y Días del hombre *(2001).*

EDAD DIVERSA

Profusa planta de encrespados cármenes
que prestan al poniente un tono triste
de país lejano, de país en oro, en lino
y muy antigua estampa de dioses olvidados.
¿Por qué designio ahora os volvéis arquitectura
de sonoras torres y bosque de columnas
donde camina su grandeza un rey loco?
¡Oh fuente de bronce y sangre de sacrificios
de becerros derramada sobre el arco del horizonte!
Os corona la escena de tensos leones arrastrándose
agonizantes, erizados de saetas,
leones dorados de colmillos perfectos
y arqueros hirsutos de aspecto imperial.
El extendido brazo de una efigie de poder
se cincela en línea de fuego y carne vagarosa
de nubes de visiones, para dejar arder
una llama violeta, fría y melancólica
entre las arpas del occidente

cuyos delicados esplendores apenas alcanzan la lejanía
donde la dormida testa de un extraño sacerdote
escudriña el tiempo entre las entrañas de la tarde.

VIDA EN LA TIERRA

Clepsidra no es rosa, pero rosa la contiene.
Esto quieren decir alternos el sol
y la noche para el caballero atento.
Para el varón que cuenta los días de su peregrinación.
¿Qué disputará entonces en la tierra?
Su posesión es leve pie sobre el camino.

VISIÓN

Fuerte columna de torsiones suaves
fuga sus ramas hacia un gesto que armoniza
direcciones diversas del azul
y del tiempo.
Apresura su elevada intención,
mostrarse en la distancia y en la cercanía
sobre una edad florida, en luz sagrada.
Un aire mental
es también un aire emocional
y sensitivo, que lo riza.
La sabiduría no es sólo su raigambre honda
sino su expansión aérea
y su altura, que sostiene al azul
y se interna en el color
cuya limpia claridad lo aureola.
Pero la oscuridad rugosa de su tronco
es cálida comprensión de una estructura

que lo contiene todo.
Es el lugar del descanso del caballero herido,
del reposo del enfermo,
del sueño del dormido.
Es la sana costumbre de lo eterno, ser la vida.

FUNERAL EN LA FAMILIA

Qué hace toda esta gente
dándome la mano, madre,
y por qué esa música acompasada
y hay hombres que hablan
y hemos caminado tanto,
hasta la noche casi,
oyendo voces
y por qué mi papá duerme tanto
y no ríe y baila como siempre,
sino que desaparece
y nos volvemos en bus
después de haber llorado
toda la tarde
y estamos todos tan tristes.

MISS BABIAN ATENDIENDO EN UN BAR
DE LA COSTA ATLÁNTICA

Miss Babian, en este bar costeño,
atiende a rudos negros
recién llegados,
que tienen sombreritos comprados
en la Quinta Avenida de Nueva York.

Es la reina de Saba,
sonriente y frágil
con cejas tupidas finas
y falda como bolsón
pero debajo está su carne tensa,
toda la piel nocturna
con la luna de los dientes
y las dulces lascivas estrellas de sus ojos
ardiendo al sonido de su corazón-tambor
de África.

Miss Babian camina
como que danzara
y una oscura cintura te mostrara
en prolongaciones de onda,
pulidos de luz vientre o caderas,
adentrándote al sueño elíptico
en eternal copulación.

DOMINGO

Cuándo que no esté Fray Modesto
a reponer el alimento de su curiosa pajarería
en el convento de San Francisco
si ya hasta son las nueve
en que, de antcojos, fresco de baño
y único habitante de mi mesa
veo subir la espuma dentro del sudado stein
y pasar a la feligresía bajo el campaneo católico.
Luego se agrupan oldsmobiles en la plaza
y entran por las naves algodoneros con sus esposas
para volver a salir, más tarde, en el cortejo
de dos jóvenes leoneses recién casados,
por la puerta mayor de Catedral

que yo quisiera aquella que incendió Dampier
y procurara para esta ciudad
Fray Benito de Valtodano, religioso benedictino,
Abad de San Claudio y Visitador de su Orden
siendo Obispo.

AMARSE NADA MÁS

Porque nos amamos hacemos lo que queremos,
podemos cruzar la cordillera de Amerrisque a pie
y a nado el lago Cocibolca,
salir bajo tormenta al llano
y bajo la mirada violenta del verano
conservarnos sanos,
porque nos amamos te escribo un poema hoy
y otro mañana
y tú apareces al amanecer
o al anochecer como Venus señalando a dónde debo de mirar,
confiado ya mismo borrando un gesto airado.
La discordia del mundo pongo en retroceso
y cualquier cosa se armoniza en tu sonrisa.
Mucho podemos: rellenar collados,
decirle al volcán que se abalance al agua,
pero todas esas cosas al final nos parecen
como pruebas de mago y maromas sin fin
preciso, por eso preferimos lograr lo que queremos
de modo más sencillo, amarnos nada más.
Eso nos parece bastante grande y suficiente.

AFTER THE MARDI GRASS

Las grandes filas a cada lado de la calle
alzando las manos para recibir los collares

que lanzan exóticas damas desde las carrozas.
La explosión de colores.
Luego las bandas de música,
        las bandas de guerra,
las palillonas marchando a pasos graciosísimos.
            Lindas, sonriendo…
Pero todo ha terminado
y sólo quedan grupos yéndose
o dispersos esperando autobuses o tranvías.
Sólo latas vacías de cerveza,
        botellas vacías de bourbon,
        vasos de cartón aplastados,
        bolsas de papel, servilletas
        en las cunetas
chivas, cuentas de baratijas
        y un tiempo gris-sucio espeso
                lento como un blues
y una depresión
        y los oídos sonando a grillos
y pies cansados
        para preguntar
dónde se toma el autobús que va a San Charles.

JULIO CABRALES
(Managua, 1944)

Publicó sus primeros poemas en 1961. Residió en España de 1962 a 1965, becado, donde colaboró en Papeles de Son Armadans *y* Cuadernos Americanos. *En 1966 se inscribió en Managua en la Facultad de Humanidades de la Universidad Centroamericana (*UCA*), pero una enfermedad mental le impidió concluir sus estudios y truncó su poesía. A pesar de eso, su obra juvenil es suficiente para colocarlo entre los principales poetas del país. En 1975 la Editorial Universitaria de León publicó su poemario* Ómnibus, *reeditado en 2010. Sobrevive solitario en la casa familiar, convertida en escombros. Ha sido incluido en diversas antologías y también es autor de las separatas* Sonata para enflorar su psiquis abolida *(1968) y* Esbozo de un joven *(1970).*

EL ESPECTRO DE LA ROSA

Fue en Madrid, en la Calle Altamirano
donde compré por una peseta
un sucio librito de bolsillo
que trataba sobre la vida de Nijinsky.
Vatzlav Nijinsky no tuvo estrella
pero nuestra imaginación hace sonar
las campanas del Kremlin
y cabecear las palomas de la plaza de San Marcos
en Venecia y hacerlas espantar en desordenado vuelo.
Es decir, todo hombre tiene su estrella
tal vez la de David o la de Cristo o la del Horóscopo.
Vatzlav desde pequeño bailó

—el retrato vivo de la época azul y rosa de Picasso—
bailaba junto con su madre
por dinero
ya Quevedo lo dijo,
ya nuestros indios lo sabían,
Pound en el canto XLV cristianamente
dijo "Bienaventurados los pobres de espíritu",
y así Vatzlav bailaba junto a su madre
por dinero.
A los 16 años entró a la Escuela Imperial de Danza
en San Petersburgo.
Era un potrillo alado,
sus muslos se curvaban sobre sus rodillas
como el cuello de los potros en el abrevadero.
EL CHINO le decían por sus ojos rasgados.
Rodeado de espejos que son los que nos descubren
nuestras virtudes y vicios del rostro y del cuerpo
y del ALMA!,
frente ellos bailaba
poniendo el pie de plano
y como catapulta
suspendiendo la frágil cintura de una mujer,
el pie inclinado y frenado el impulso
por los dedos
o como un gimnasta
y de salto en salto como un cervatillo
de la sala de estudio al escenario,
bajo los focos, sobre la música,
por las ovaciones, en el circo.
Los prismáticos como cangrejos
de señoras gordas olorosas
ataviadas de collares
y señoritas pálidas y doncellas bellísimas
se preguntaban "¿quién es, quién es?"
frunciendo la nariz o con los ojos luminosos.
Vatzlav hacía palidecer a las primas bailarinas,

es decir, bailaba muy bien,
era el sol.
En el "entrechat royal a dix"
entrecruzaba diez veces los pies
antes de tocar el suelo.
En las tertulias oía hablar por primera vez
de Monet Renoir Rodin Debussy Mallarmé
y allí estaba Diaghilev que era una fiera,
elegante el hijueputa
haciéndole dar importancia a sus palabras
disimuladamente
y formaba ruedas y a saber qué cosas decía,
total que hizo amistad con Nijinsky
y fue su maestro, protector y apoderado;
le fue moldeando el gusto a su gusto
(No sé hasta dónde el hombre por su temperamento escoge):
el olvido de las mujeres,
el olvido de los tragos,
el olvido de la sangre.
Nijinsky era una mina.
Y Vatzlav hacía y ejecutaba
con la fidelidad de un perro.
Iba y venía con él,
después de cada ensayo,
de cada viaje.
La monstruosa influencia del maestro.
El pobre no sabía:
esto es bueno, esto es malo,
estaba aún en el paraíso de la idiotez!
por eso vino Cristo Maestro de Maestros
(no sé hasta dónde lo fue Sócrates),
Vatzlav era en una palabra: ¡PENDEJO!
Y cuando en París se presentó
el 1 de mayo de 1909:
había llovido esa noche
y las luces del teatro Chatelet

rielaban en las calles nocturnas
y en las vitrinas se miraban
los programas y dibujos de Cocteau.
En París se decía que Serguei
tenía secuestrado a Vatzlav
—el pueblo y el chisme son una misma cosa—.
Serguei, es cierto, lo amaba por ambición.
Esa noche se interpretaba El Espectro de la Rosa,
la mejor composición de Fodín
inspirada en un poema de Gautier
(inspiración de inspiraciones etc.).
Je suis le spectre de la rose
que tu portais hier au bal
Soy el espectro de la rosa
que ayer llevaste al baile.
Y no había entonces más amor
que para su danza
y de un salto cruzaba el escenario
desapareciendo como un fantasma.
Y Cocteau hurgaba el camerino de Vatzlav
y éste le decía:
Je ne suis pas un sauter
Je suis un artiste
Yo no soy un acróbata
Soy un artista.
Pero era un esclavo,
es un oficio duro,
ya Cardenal lo decía
en su poema a Marilyn Monroe:
tras el telón hay más tragedia
que la que se representa.

Mientras unos van al bar,
mientras otros fuman y se cuentan chistes,
mientras aquéllos van a la mar un fin de semana
y ésos a cazar y otros a pescar

al cine al lupanar al NIGHT CLUB
o de mañanita un domingo a misa,
mientras unos están enamorados
y otros enamorados de sí mismos,
mientras el río,
mientras el mar,
mientras los astros,
mientras los automóviles!,
mientras la vida,
Vatzlav estaba allí, esclavo,
¡coño! Diaghilev allí
sin hacer nada por el pobre muchacho.
Las aves construyen sus nidos.
Los castores sus presas.
Las hormigas sus hoyos.
Maeterlinck! Thoreau! Walt Disney!
Más tarde Nijinsky fue a Suramérica
y esto le dolió a Diaghilev
y más le dolió cuando se casó
con Rómola
(una compañera del ballet)
entonces intervino la economía,
la economía es un mago
saca conejos de los sombreros
pero a la mejor mona se le cae el zapote
y Nijinsky no tenía escenario
pero tenía una mujer,
es decir, para mí una mujer lo es todo
si no pregúntenselo a Coronel.
Y cuando volvió Nijinsky
la argolla de Diaghilev le echó en cara:
"Por ahora vuestra creación será un hijo
El Espectro de la Rosa ha optado por ser padre.
Qué cosa más antipática es un alumbramiento".
Y Nijinsky:
"Vosotros habíais admirado siempre

la hermosa entrada del Espectro de la Rosa".
no sabían lo que decían,
no sabían que "el hijo es muerte, ¡Ay!"
Es muerte, digo —pasión de la esperanza—.
Serguei Diaghilev hizo como si lo ignorase
pero por dentro un fuego le consumía.
A Nijinsky la guerra europea lo sorprendió
en Hungría
como siempre la guerra nos sorprende
aunque la esperemos
siempre nos sorprenden los dientes
de la rata peluda de la guerra,
es decir, de la muerte.
Allí permaneció un tiempo
inventando, imaginando
como hacen los artistas,
una y otra forma:
la naturaleza, el viento, pájaros!
Un sistema de notación de la danza
como el de las partituras.
Y amando a Rómola como el primer hombre
y como el último,
compartiendo todo
como su fruto:
KYRA,
una niña.
Y cuando la suerte cambió
porque a veces los golpes de la suerte
son tan fuertes. Qué sé yo!
Y fue a Nueva York. Y cuando volvió
a Madrid
en el vestíbulo del hotel Ritz
Diaghilev lo abrazó apasionadamente:
Vatzlav, draga moi kak tui pajivayeski
le dijo.
Más tarde en Saint Moritz

se le acercaron círculos, colores redondos,
cada vez más intensos:
el negro con el amarillo,
el rojo con el blanco.
Palomas blancas cruzaban la noche.
Vientos extraños encendían fuegos en el bosque.
Lo negro danzaba en la sombra.
Lo rojo en la sangre.
Se le acercaron cuadros, colores cuadrados.
Escenas, chispazos, aletargamientos.
El alejamiento de una estrella en la noche.
Decía:
Como cuando se apaga el televisor.
Quiero mostrar a la vez la belleza
y el poder destructor del amor.
Y componía figuras:
Mariposas fantásticas con cabeza de él
dignas de Rorschach y los psicoanalistas,
extrañas arañas que evocaban a Diaghilev
ÉSE ES SERGUEI señalaba con el dedo
y bajaba al pequeño pueblo
con una gran cruz dorada en el pecho
y detenía
Y preguntaba al que encontraba
si había
celebrado el Santo Sacrificio de la Misa.
Lo mismo que Federico
Nietzsche
estaba celoso de Cristo.
Nijinsky estaba enfermo
y bailaba, seguía
bailando sobre dos pedazos
de terciopelo
que formaban una cruz
y extendía los brazos diciendo:
ahora os bailaré la guerra;

sus sufrimientos, sus distracciones,
sus muertes.
La guerra que no habéis impedido
y de la cual habréis de responder.
Y bailó como nunca,
como un trompo trasladándose,
como una garza en un pie girando,
como un torbellino, como un remolino,
como las hélices de un avión
que hace suspender la gravitación de la masa,
como las aspas de un molino
que hace triturar la harina del hambre
o los sueños de Cervantes.
Girando como gira la esfera de la Tierra,
con su corazón, con su sangre recordando
la escena de Petruschka
—la marioneta tratando de escapar a su destino—.
Un día Serguei Diaghilev fue a verle
e impresionado y como en broma le dijo:
pero hombre, Vatzlav, eres un holgazán!
Te necesito, es necesario que bailes
para el ballet ruso, para mí.
No puedo, le dijo, porque estoy LOCO.
Diaghilev le dio la espalda y se echó a llorar:
qué debo hacer. Es culpa mía.
Rómola recordaba sus palabras al ser internado:
Valor femka! No pierdas la esperanza.
Dios existe.
No es el primero ni el último
que lo afirma o lo niega
sin haber visto su Rostro.
Mientras el fantasma de Nijinsky
Ladies & gentleman
Y el fantasma que va a ser de ti
está entre nosotros. Buenas noches!

CARTA A MI MADRE

Madrid 20 de diciembre de 1963.
Te escribo para decirte
que tengo un nuevo conocido,
el Otoño, con la fría brisa nordeste
soplando sobre álamos y plátanos de la India
en las aceras de Madrid;
y hojas cayendo unas sobre otras
amontonándose
o llevadas por el viento a media calle
o agarradas en el aire por mis manos;
hojas secas, amarillas, crujientes,
recogidas por barrenderos en la madrugada
y más tarde en un montón
quemándose
y el humo grueso subiendo
entre las ramas desnudas, blancas, húmedas
al mediodía.
Ya es la época de Navidad.
Estamos en diciembre
y cómo está la casa?
Estará florecido el pastor
junto al muro negro?
No se ha secado el pozo
y el alcaraván va por el patio?
Ya has pintado —por supuesto—
el cuarto de Clarence del color crema
que aún quedaba en el tarro.
Ya habrás hecho las diligencias de la casa
para esta época
y comprado el mantel blanco para la mesa
y llenado el florero de narcisos rojos
del traspatio
y encendido el cesto de rosas eléctricas
en la noche, para Nuestro Señor,

y cubierto de cortinas el cuarto de Alberto y su esposa
esperando al nieto
por primera vez abuela
y estarás contenta con la llegada del nieto
que conocerá tu Buen Olor
que yo conocí entonces.
Y te veo en las tiendas acompañándote
como lo hacíamos siempre
rodeados de arbolitos cubiertos de luces
y el cielo negro pellizcado de estrellas
y ese olor de Purísimas
olor de madroños y triquitraques quemados;
manzanas y uvas y juguetes en el Mercado San Miguel
y sus alrededores;
candelas romanas en manos de los niños
y villancicos de pastores y del Niño Jesús
en la Catedral Metropolitana
y mi luna de Nicaragua que es dulce, grande y dulce
como tú.

ANA ILCE GÓMEZ
(Masaya, 1945)

Estudió periodismo en la Universidad Nacional Autónoma de Nicaragua y una maes-
tría en gestión y organización de bibliotecas en la Universidad de Barcelona. Es auto-
ra de dos poemarios: Las ceremonias del silencio *(1975) y* Poemas de lo humano
cotidiano *(2004), con el que ganó el Premio Único del Concurso Nacional de Poesía*
Escrita por Mujeres Mariana Sansón. Es miembro de número de la Academia Nicara-
güense de la Lengua. Parte de su obra ha sido traducida al inglés.

ELLOS TAMBIÉN

El mar que contemplamos.
La arena que pisamos.
Las huellas que borramos.
Los otros que vendrán
a contemplar el mar,
a borrar nuestras huellas,
ellos también
darán cuenta del agua,
de la sal,
de la dura sed que nos mató.

COMO RAMITA EN ABRIL

Frágil como una ramita en abril
fue mi corazón.

Pero tú bien sabes que en estas lides
nunca ganó el más fuerte
sino el más atrevido.

ESTOY SOLA AHORA

Estoy sola ahora, pero él ronda mi vida afuera.
Das vueltas alrededor de mi cuerpo.
Sé que estás ahí.
Sé que siempre has estado en tu pequeño estrado
bajo el sol, esperando que yo salga
—contra viento y marea, rabioso y terco
aguardando la hora de mi amor—.
Pero sé que estás ahí donde no estoy,
donde nunca mi vida he estado
donde jamás me buscaste ni te hallaste
para trocar tu victoria en mi derrota y mi muerte
en tu vida.
Ahora das vueltas alrededor de mi cuerpo.
Ahora estoy sola.
Muy lejos de donde tú, en mi eterna búsqueda
golpeas irrefrenablemente la puerta gritando con
toda tu alma: "¡Sé que estás ahí!"
Donde no hay ya claridad
ni huella alguna que te salve.

LA DIOSA DE LA NOCHE

La diosa de la noche me dice:
"Tan eterno como mi reino
será tu corazón…"
Amante, no abras la puerta
al alba.

EL AMOR VIENE CONMIGO

Desde lejanos tiempos el amor viene conmigo.
Como un gato silencioso
me viene persiguiendo a través
de tardes hueras y cenagosos días.
Alguna que otra noche
he escuchado su ronroneo suave
y mi tacto ha sentido la uña fiera
haciendo averiguaciones;
preguntando a mi piel
qué sed padece mi sangre,
el dónde de mis sueños,
el porqué de mis huesos.
Desde lejanos tiempos el amor viene conmigo.
Está conmigo
palpando la ternura de cada costilla,
los tibios cuencos de mi ser
donde se esconde cada beso,
donde nacen los hijos,
donde se abren los gajos de dolor
[humano y tímido.
Desde lejanos tiempos el amor viene conmigo.
Irá conmigo.
Arrasará mi sangre
y un buen día
escribirá en las arcadas de mi vientre
mi canto de gloria,
mi honra fúnebre.

CUANDO SE OYE LA VOZ DEL AMOR

No. No quiero oír su voz.
Amarradme cuando cante

porque su música
—oh, amigos—
es insidiosa como canto
de sirenas
y no me dice sino
que después de él
yo no he de tocar
ningún otro
Paraíso.

ARIA

No soy ángel
que preside la vida
ni sabia
ni agorera.
Únicamente
soy una mujer
cálida
intensa
que en su más apartada
intimidad
cree tener voz
                         y canta.

PIEDRA DE SACRIFICIO

Yo divida a este canto
y heme aquí reducida a polvo.
Desvencijada,
rota,
hambrienta.

Yo lo tuve dolorosamente,
le di vida y me mata,
como cuervo me saca los ojos.
Al final me llevará
a la piedra,
al sacrificio
donde he de soportar el hierro
que merezco.

ENCUENTRO

Esta tarde me he encontrado con la muerte
caminando como si nada.
Nos cruzamos miradas puntiagudas
que llagaban el alma.
Ella altanera, yo humildosa
le mostré mis rodillas canceradas
mi sombra coja
mi vestido de novia ya vestido.
Ella sonrió y me dijo
que ése era el aguinaldo de mi tuerce,
que el de ella ya vendría.

INSCRIPCIÓN A LA ORILLA DEL CAMINO

Oh pálido viajante,
tú que haces alto a mitad del camino
acércate a mi tumba.
Mira, toca la desmoronada corona
de mi júbilo. Y recuerda
que aquí duermo yo.
Yo que un hermoso día triunfé

en el amor y que esta triste tarde
no puedo sobrevivir al olvido.

CARTA

Recuerda, amado, cuando nos conocimos
bajo la gran sombra del Palazzo Corvaia, frente
al gris remolino de la vía del Corso; recuérdalo.
Recuerda cuando música, pantera, amante, dueña
    [del amor,
yo clavaba mi ojo en el tuyo
y no había pie entre nosotros de distancia.
Recuerda las idas y venidas, las vueltas y revueltas
y el amor muriendo y floreciendo. Y nada más.
(Cuando yo era para ti como aquella lejana
dulce muchacha de Brest.)
Recuerda de todo esto. De todo eso que se quedó
aquella mañana en la cruel terminal de Reggio,
la dulce marejada que nos llevaba,
la que nos traía,
el agua mansa,
el líbrame Dios.

MICHÈLE NAJLIS
(Granada, 1946)

Poeta, narradora y teóloga. Es licenciada en ciencias de la educación con especiali-
dad en filología; cursó estudios de teología en el Seminario Bautista de Managua y en
la Facultad de Teología del Centro Intereclesial de Estudios Teológicos y Sociales. Au-
tora de El viento armado *(1971),* Augurios *(poesía y cuentos, 1981),* Ars combinato-
ria *(aforismos y cuentos, 1988),* Caminos de la Estrella Polar *(prosas poéticas, 1990),*
Cantos de Ifigenia *(poesía y cuentos, 1991) y* La soledad sonora *(2005).*

OFICIOS DE MUJER

A vos, Sor Juana,
porque nos precediste.

Aprendimos los oficios del amor y del silencio
de la terca soledad y de la angustia
el oficio del temor y de la muerte
el duro trabajo de apuntalar los sueños.

Aprendimos el oficio de tinieblas y abandono
el trabajo del verso
el canto gregoriano
el mundo misterioso de los astros
el ritual inexorable de la espera
las ceremonias del miedo y del valor
los secretos del arco y su flecha impredecible
de la noche y del fuego que la alumbra.

Aprendimos la alegría
la sonrisa
la luz y las tinieblas
la magia de la ciencia
el árbol, la manzana, el paraíso,
la serpiente, las aves,
los mitos, el enigma.

Aprendimos los oficios de los hombres
y arrebatamos otros
que estaban destinados a los dioses.

COMO SELLO DE FUEGO

> Grábame como un sello en tu brazo
> como un sello en tu corazón.
> *Cantar de los cantares:* 8, 6

Llévame como sello en tu corazón
como sello de fuego en abismo de muerte
como marca de sangre en medio de tu pecho
como huella indeleble de amor en el arco de tu mano.
Llévame grabada, inasible, como el agua en la fuente
como el viento inasible, como el mar.

Llévame como sello de fuego en un cetro de oro
como sello de sangre en el arco pulido de tu mano
como huella de amor, manantial florecido.
Llévame como sello de viento, como sello de mar
como sello de espuma,
como sello inasible de la nada.

EL ETERNO CANTO DE LAS SIRENAS

¿Qué decía, Ulises, el canto de las sirenas
                              que tu pobre astucia
se negó a escuchar?
¿Qué fue de la armoniosa perfección
que tus naves esquivaron?
¿De qué sirvieron tus viajes,
para qué las arenas de Troya,
la victoria a traición,
la embriaguez de Polifemo?
¿Para qué la gloria de los siglos, insensato,
si, hombre al fin, tuviste el milagro al alcance
de tu mano
—más importante que la fama, y por eso
sólo por eso, eterno—
y te negaste, cobarde, a descifrarlo?

Pero las sirenas, Ulises, son eternas.
Otros escuchan ahora nuestros cantos.

EL DON DEL ÁGUILA

Deja que me florezca el corazón
déjalo que cante
déjalo que goce su dolor a solas
que gima su canción de sueño y pesadilla
que abra mis manos al viento de la espuma
que arda al fuego de la hoguera
                              que le estaba destinada
que viva su lenta angustia al lado de los peces
                              oscuros del Leteo
que lance su atarraya al sol
y pesque doradas mariposas

que explore cábalas, horóscopos y puntos cardinales
que teja su guirnalda de blancas flores blancas
y corone mi cabeza desvelada
déjalo que baile
                          su danza con la muerte
déjalo que suba a los planetas
que se desgarre el alma al borde del abismo
déjalo que llore
déjalo que corra, caballo desbocado
centauro desalado por el filo radiante de una estrella
águila herida al final de la galaxia
águila picoteando el lado siempre oscuro de la luna.

Mi corazón, águila sola
sola, solitaria, alzando el alto vuelo de la risa
el blanco, puro, casto, vuelo de la risa.

Mi corazón, sobresalto de luz
vértigo de música y tormenta.
Mi corazón, águila sola
en la transparente soledad de las alturas.

ESTE DON DE LA PALABRA

> La poesía es la camisa férrea
> de mil puntas cruentas que llevo sobre el alma.
>   RUBÉN DARÍO

Este don de la palabra, ¿nació conmigo
en el plácido vientre de mi madre?
¿Fue regalo de dioses o demonios?
¿Acaso lo adquirí de niña
jugando
con la terca soledad?

¿Dónde nacieron mis palabras?
¿Del corazón siempre indómito de Eva?
¿De una lengua viperina reptando inevitable
en medio Paraíso? ¿De las manos de Dios?
¿Del Árbol de la Vida? ¿Nacieron acaso del azogue
de un espejo abandonado?
¿De dónde estas palabras que me queman?
¿De dónde estos sonidos que siempre me rodean?
¿De dónde el ritmo? La melodía alada ¿dónde nace?
Este sobresalto de luz ¿en qué fuente se origina?
Esta oscuridad de mediodía, esta aurora boreal
¿de dónde vienen?
Este vértigo salvaje ¿qué ola lo levanta?
¿Qué viento agita las velas de mis naves
mil veces incendiadas y mil veces renacidas
en las playas de mi Troya invencible?
¿Quién mueve mis manos cuando escribo?
¿Quién me hace padecer la soledad de las palabras?

RÉQUIEM

Polvo serán mis huesos, Señor del Universo
pues tanta luz pusiste en ellos
que hoy cantan la gloria de la Vida.
Ceniza serán mis ojos, porque vieron la luz.
Flores serán mis manos que lograron tocar
las entrañas de la Vida.
En mis ojos comerán gusanos que sabrán escuchar
el canto de la Tierra.
De mis pies nacerán hormigas que andarán por el mundo
con mis dedos descalzos.
De mi sexo desnudo nacerá la música que tantas veces
mitigó la soledad.
Mis brazos serán aire que mueva la copa

fecunda de los árboles.
Mis pies serán río, mar, espuma
en suave y eterno movimiento.
Mi corazón será una flor
simplemente una flor.
Mi boca será el arpa
donde cante el amor.
Mi cabeza coronada de rocío
será relámpago que ascienda
hasta la bóveda plural del cielo único
con un grito de júbilo
que haga vibrar a las estrellas.
Mi plexo será un frío fuego azul
girando para siempre
en el esplendor del cosmos infinito,
plantado en el centro del Árbol de la Vida.

¡Serán ceniza, mas tendrán sentido
polvo serán, mas polvo enamorado!

GIOCONDA BELLI
(Managua, 1948)

Poeta y novelista. Premio de Poesía de la Universidad Nacional de Nicaragua con su primer libro, Sobre la grama *(1972), Premio Casa de las Américas 1978 por* Línea de fuego. *Entre 1982 y 1987 publicó tres libros de poesía:* Truenos y arcoíris, Amor insurrecto *y* De la costilla de Eva. *Premio Internacional de Poesía Generación del 27 en 2002 por* Mi íntima multitud, *Premio Internacional de Poesía Ciudad de Melilla 2006 por* Fuego soy apartado *y* Espada puesta lejos, *Premio Sor Juana de la Feria Internacional del Libro de Guadalajara en 2008. También es una reconocida novelista. Su obra se ha traducido a más de catorce idiomas. Socia del* PEN *Club Internacional y miembro correspondiente de la Academia Nicaragüense de la Lengua. Divide su tiempo entre California y Managua.*

Y DIOS ME HIZO MUJER

Y Dios me hizo mujer,
de pelo largo,
ojos,
nariz y boca de mujer.
Con curvas
y pliegues
y suaves hondonadas
y me cavó por dentro,
me hizo un taller de seres humanos.
Tejió delicadamente mis nervios
y balanceó con cuidado
el número de mis hormonas.

Compuso mi sangre
y me inyectó con ella
para que irrigara
todo mi cuerpo;
nacieron así las ideas,
los sueños,
el instinto.
Todo lo que creó suavemente
a martillazos de soplidos
y taladrazos de amor,
las mil y una cosas que me hacen mujer todos los días
por las que me levanto orgullosa
todas las mañanas
y bendigo mi sexo.

ESTO ES AMOR

> Esto es amor, quien lo probó, lo sabe.
> LOPE DE VEGA

La mente se resiste a olvidar las cosas hermosas,
se aferra a ellas y olvida todo lo doloroso,
mágicamente anonadada por la belleza.
No recuerdo discursos contra mis débiles brazos,
guardando la exacta dimensión de tu cintura;
recuerdo la suave, exacta, lúcida transparencia de tus manos,
tus palabras en un papel que encuentro por allí,
la sensación de dulzura en las mañanas.
Lo prosaico se vuelve bello
cuando el amor lo toca con sus alas de Fénix,
ceniza de mi cigarro que es el humo
después de hacer el amor,
o el humo compartido,
quitado suavemente de la boca sin decir nada,

íntimamente conociendo que lo del uno es del otro
cuando dos se pertenecen.
No te entiendo y quisiera odiarte
y quisiera no sentir como ahora
el calor de las lágrimas en mis ojos
por tanto rato ganado al vacío,
al hastío de los días intrascendentes,
vueltos inmortales en el eco de tu risa
y te amo monstruo apocalíptico de la Biblia de mis días
y te lloro con ganas de odiar
todo lo que alguna vez me hizo sentir
flor rara en un paraíso recobrado
donde toda felicidad era posible
y me dueles en el cuerpo sensible y seco de caricias,
abandonado ya meses al sonido de besos
y palabras susurradas o risas a la hora del baño.
Te añoro con furia de cacto en el desierto
y sé que no vendrás
que nunca vendrás
y que si venís seré débil como no debería
y me resisto a crecerme en roca,
en Tarpeya,
en espartana mujer arrojando su amor lisiado para que no viva
y te escondo y te cuido en la oscuridad
y entre las letras negras de mis escritos
volcados como río de lava entre débiles rayas azules de cuaderno
que me recuerdan que la línea es recta
pero que el mundo es curvo
como la pendiente de mis caderas.
Te amo y te lo grito estés donde estés,
sordo como estás
a la única palabra que puede sacarte del infierno
que estás labrando como ciego destructor
de tu íntima y reprimida ternura que yo conozco
y de cuyo conocimiento
ya nunca podrás escapar.

Y sé que mi sed sólo se sacia con tu agua
y que nadie podrá darme de beber
ni amor, ni sexo, ni rama florida
sin que yo le odie por querer parecérsete
y no quiero saber nada de otras voces
aunque me duela querer ternura
y conversación larga y entendida entre dos
porque sólo vos tenés el cifrado secreto
de la clave de mis palabras
y sólo vos pareces tener
el sol, la luna, el universo de mis alegrías
y por eso quisiera odiarte como no lo logro,
como sé que no lo haré
porque me hechizaste con tu mochila de hierbas
y nostalgias y chispa encendida
y largos silencios
y me tenés presa de tus manos mercuriales
y yo me desato en Venus con tormentas de hojarasca
y ramas largas y mojadas como el agua de las cañadas
y el ozono de la tierra que siente venir la lluvia
y sabe que ya no hay nubes,
ni evaporización,
ni ríos,
que el mundo se secó
y que no volverá jamás a llover,
ni habrá ya nieve o frío o paraíso
donde pájaro alguno pueda romper
el silencio del llanto.

DIOS DIJO

Dios dijo:
Ama a tu prójimo como a ti mismo.
En mi país

el que ama a su prójimo
se juega la vida.

LOS PORTADORES DE SUEÑOS

En todas las profecías
está escrita la destrucción del mundo.
Todas las profecías cuentan
que el hombre creará su propia destrucción.
Pero los siglos y la vida
que siempre se renueva
engendraron también una generación
de amadores y soñadores;
hombres y mujeres que no soñaron
con la destrucción del mundo,
sino con la construcción del mundo
de las mariposas y los ruiseñores.
Desde pequeños venían marcados por el amor.
Detrás de su apariencia cotidiana
guardaban la ternura y el sol de medianoche.
Las madres los encontraban llorando
por un pájaro muerto
y más tarde también los encontraron a muchos
muertos como pájaros.
Estos seres cohabitaron con mujeres traslúcidas
y las dejaron preñadas de miel y de hijos verdecidos
por un invierno de caricias.
Así fue como proliferaron en el mundo los portadores sueños,
atacados ferozmente por los portadores de profecías
habladoras de catástrofes.
Los llamaron ilusos, románticos, pensadores de utopías
dijeron que sus palabras eran viejas
y, en efecto, lo eran porque la memoria del paraíso
es antigua al corazón del hombre.

Los acumuladores de riquezas les temían,
lanzaban sus ejércitos contra ellos,
pero los portadores de sueños todas las noches
hacían el amor
y seguía brotando su semilla del vientre de ellas
que no sólo portaban sueños sino que los
multiplicaban y los hacían correr y hablar.
De esta forma el mundo engendró de nuevo su vida
como también había engendrado
a los que inventaron la manera
de apagar el sol.
Los portadores de sueños sobrevivieron a los
climas gélidos pero en los climas cálidos casi parecían brotar
por generación espontánea.
Quizá las palmeras, los cielos azules, las lluvias
torrenciales tuvieron algo que ver con esto,
la verdad es que como laboriosas hormiguitas
estos especímenes no dejaban de soñar y de construir
hermosos mundos,
mundos de hermanos, de hombres y mujeres que se
llamaban compañeros,
que se enseñaban unos a otros a leer, se consolaban
en las muertes,
se curaban y cuidaban entre ellos, se querían, se
ayudaban en el
arte de querer y en la defensa de la felicidad.
Eran felices en su mundo de azúcar y de viento,
de todas partes venían a impregnarse de su aliento,
de sus claras miradas,
hacia todas partes salían los que habían conocido
portando sueños soñando con profecías nuevas
que hablaban de tiempos de mariposas y ruiseñores
y de que el mundo no tendría que terminar en la
hecatombe.
Por el contrario, los científicos diseñarían
puentes, jardines, juguetes sorprendentes

para hacer más gozosa la felicidad del hombre.
Son peligrosos – imprimían las grandes rotativas
Son peligrosos – decían los presidentes en sus discursos
Son peligrosos – murmuraban los artífices de la guerra.
Hay que destruirlos – imprimían las grandes rotativas
Hay que destruirlos – decían los presidentes en sus discursos
Hay que destruirlos – murmuraban los artífices de la guerra.
Los portadores de sueños conocían su poder
por eso no se extrañaban
también sabían que la vida los había engendrado
para protegerse de la muerte que anuncian las
profecías y por eso defendían su vida aun con la muerte.
Por eso cultivaban jardines de sueños
y los exportaban con grandes lazos de colores.
Los profetas de la oscuridad se pasaban noches y días enteros
vigilando los pasajes y los caminos
buscando estos peligrosos cargamentos
que nunca lograban atrapar
porque el que no tiene ojos para soñar
no ve los sueños ni de día, ni de noche.
Y en el mundo se ha desatado un gran tráfico de
sueños que no pueden detener los traficantes de la muerte;
por doquier hay paquetes con grandes lazos
que sólo esta nueva raza de hombres puede ver
la semilla de estos sueños no se puede detectar
porque va envuelta en rojos corazones
en amplios vestidos de maternidad
donde piececitos soñadores alborotan los vientres
que los albergan.
Dicen que la tierra después de parirlos
desencadenó un cielo de arcoíris
y sopló de fecundidad las raíces de los árboles.
Nosotros sólo sabemos que los hemos visto
sabemos que la vida los engendró
para protegerse de la muerte que anuncian las
profecías.

DAISY ZAMORA
(Managua, 1950)

Poeta y ensayista. Estudió psicología y psicopedagogía y realizó estudios de pintura y dibujo en la Escuela Nacional de Bellas Artes. Premio de Poesía Mariano Fiallos Gil 1977 por Sendario. *Autora de* La violenta espuma *(1981),* En limpio se escribe la vida *(1988),* La mujer nicaragüense en la poesía *(1992, primera antología que recoge los aportes de las poetas a la literatura nicaragüense),* A cada quien la vida *(1994) y* Fiel al corazón *(2005). Catedrática de historia de la cultura de Centroamérica y de talleres de poesía en diversas universidades de Estados Unidos. Poemarios suyos han aparecido en inglés, como* Clean Slate, Riverbed of Memory, Life for Each *y* The Violent Foam.

CUIDADOS INTENSIVOS

Totalmente desnuda yace entre las sábanas,
la misma que a los catorce años
fue estatuilla de marfil / bibelot de alabastro.
Su cuerpo marchito se mimetiza sobre la ajada blancura.
Su cuerpo que nunca desplegó esplendoroso
en fotografías de centerfold
o belleza del mes en alguna revista.

Los hijos la contemplan
bajo la red de tubos, sueros y sondas.

Sobrevivió
al horror solapado,

a la crueldad del otro
dosificada en finos estiletes

¡Quién la viera en el hermoso retrato
de aquel lejano día de sus bodas!

CUANDO LAS VEO PASAR

Cuando las veo pasar alguna vez me digo: qué sentirán
ellas, las que decidieron ser perfectas conservar a toda costa
sus matrimonios no importa cómo les haya resultado el marido
(parrandero mujeriego jugador pendenciero
gritón violento penqueador lunático raro algo anormal
neurótico temático de plano insoportable
dundeco mortalmente aburrido bruto insensible desaseado
ególatra ambicioso desleal politiquero ladrón traidor mentiroso
violador de las hijas verdugo de los hijos emperador de la casa
tirano en todas partes) pero ellas se aguantaron
y sólo Dios que está allá arriba sabe lo que sufrieron.

Cuando las veo pasar tan dignas y envejecidas,
los hijos las hijas ya se han ido en la casa sólo ellas se han quedado
con ese hombre que alguna vez quisieron (tal vez ya se calmó
no bebe apenas habla se mantiene sentado frente al televisor
anda en chancletas se duerme bosteza ronca se levanta temprano
está achacoso cegato inofensivo casi niño) me pregunto:

¿Se atreverán a imaginarse viudas, a soñar alguna noche que son libres
y que vuelven por fin sin culpas a la vida?

MENSAJE URGENTE A MI MADRE

Fuimos educadas para la perfección:
para que nada fallara y se cumpliera
nuestra suerte de princesa-de-cuentos
infantiles.

¡Cómo nos esforzamos, ansiosas por demostrar
que eran ciertas las esperanzas tanto tiempo
atesoradas!

Pero envejecieron los vestidos de novia
y nuestros corazones, exhaustos,
últimos sobrevivientes de la contienda.
Hemos tirado al fondo de vetustos armarios
velos amarillentos, azahares marchitos
ya nunca más seremos sumisas ni perfectas.

Perdón, madre, por las impertinencias
de gallinas viejas y copetudas
que sólo saben cacarearte bellezas
de hijas dóciles y anodinas.

Perdón, por no habernos quedado
donde nos obligaban la tradición
y el buen gusto.

Por atrevernos a ser nosotras mismas
al precio de destrozar
todos tus sueños.

CANTO DE ESPERANZA

Algún día los campos estarán siempre verdes
y la tierra será negra, dulce, y húmeda.

En ella crecerán altos nuestros hijos
y los hijos de nuestros hijos...

Y serán libres como los árboles del monte
y las aves.

Cada mañana se despertarán felices de poseer la vida
y sabrán que la tierra fue reconquistada para ellos.

Algún día...

Hoy aramos los campos resecos
pero cada surco se moja con sangre.

PREÑEZ

Esta inesperada redondez
este perder mi cintura de ánfora
y hacerme tinaja,
es regresar al barro, al sol, al aguacero
y entender cómo germina la semilla
en la humedad caliente de mi tierra.

QUÉ MANOS A TRAVÉS DE MIS MANOS

Las anchas manos pecosas y morenas de mi abuelo
con igual destreza vendaban una herida,
cortaban gardenias
o me suspendían en el aire feliz de la infancia.
Las manos de mi abuela paterna
artríticas ya cerca de su muerte,
una vez fueron frágiles manos, filigrana de plata,

argolla de matrimonio en el anular izquierdo;
pitillera y traguito de scotch o de vino jerez
en atardeceres de blancas celosías
y pisos de madera olorosos de cera,
recostada en su chaise-longue leyendo trágicas historias
de heroínas anémicas o tísicas.
Mi padre siempre cuidó la transparencia de sus manos
delicadas como alas de querube
hechas para lucirlas
con violín o batuta.
Mi madre heredó las manos de mi abuelo Arturo,
pequeñas y nudosas, con dedos romos.
De tantas manos que se han venido juntando
saqué estas manos.
¿De quién tengo las uñas, los dedos,
los nudillos, las palmas, las frágiles muñecas?
Cuando acaricio tu espalda,
las óseas salientes de tus pies
tus largas piernas sólidas,
¿qué manos a través de mis manos
te acarician?

HAGAMOS DE CUENTA

Hagamos de cuenta
que el pasado no existe.

Hagamos de cuenta
que lo que fue no fue.

Y que vos me querés
y yo no temo más.

DEFINICIÓN DEL AMOR

Laberintos
      poblados de fantasmas

Y estancias
      por donde a veces

      entra el sol.

JULIO VALLE-CASTILLO
(Masaya, 1952)

Poeta, pintor y crítico. Estudió humanidades en la Universidad Nacional Autónoma de México. Miembro de número de la Academia Nicaragüense de la Lengua. Autor de El siglo de la poesía en Nicaragua *(tres tomos) (2005). Entre sus poemarios se encuentran* Las armas iniciales *(1977),* Formas migratorias *(1979),* Materia jubilosa *(1986),* Con sus pasos cantados *(1998),* Lienzo del pajaritero *(2003) y* Mementos de vivos y difuntos *(2008). También ha escrito una novela,* Réquiem en Castilla del Oro *(1999).*

BREVE SERMÓN DE LAS SIETE PALABRAS

A fin de que se cumpla, hermanos, la Escritura
        César Vallejo enferma,
es decir, a mí me contagia, el otro cae por primera vez
el prójimo y la prójima se besan y caen hasta pegar
        sus bocas al suelo,
ella llora y aquél pierde el hambre
        —lo único que tenía—
Y él, que vive entre la vida y la muerte,
        agónico, se agrava.
        Entra en franco coma.
Todo marzo y lo que iba de abril,
toda la semana pasó sudando aquella extraña fiebre.
Radiografías y análisis de sangre y esputo
revelaron un organismo en condiciones excelentes.
Pero el jueves 14 de abril de 1938
        estaba todo consumido

y al día siguiente, 15 de abril, Viernes Santo
            / Ya todo está consumado /
Mansión de Santé del Bd. Arago de París,
            9 y 19 / 9 y 20 a.m.
Hora nona y hora sexta extendida en tinieblas,
con sábado y domingo sin resurrección.

Los médicos en los bulevares de la primavera francesa
sacuden ya no sé si un sudario
            / ya no sé si unas sábanas y dictaminan:
—El hombre se muere, ¿pero de qué? ¡Imposible saberlo!

Ellos tienen un aire de panaderos en la clínica.

Los enfermeros se comentan: —El paciente de la pieza 1
está cansado, únicamente cansado y nada más
que cansado. Quiere un descanso eterno.

—Palais Royal… —susurra ahora en griego el enfermo.

Y sigue sudando: 39°, 40°, 41°.
Un sudor grueso / ralo / caliente / helado.
Gotas pesadas como sangre que se escurrían hasta la tierra,
hasta dejarle el frontal y los pómulos socavados
y el perfil de hierro:
metálica la nariz y el mentón metálico
como el pico entreabierto de un cóndor extenuado.
—Me voy a España, madre… —gritó
revolviendo la cabeza circundada de bombarderos.
Y entre los escombros humeantes
la pila bautismal del pueblo.
—Quiero ir a España, hijos, camaradas… —tronó
con los ojos volteados hacia el cielo
donde vuelan pedazos de milicianos
            de la batalla de Teruel,
fémures y párvulos de la Calle de la Paloma,

tobillos y muñecas, vocales y abecedarios de Barcelona,
el tórax de un niño en camisita de la Ronda de Segovia,
dientes de leche de la Calle de Amparo
(la mirada fija, un negro hueco en la boca,
el párpado charneleado y sobre el pecho el núm. 34
        Plaza Marqués de Comillas).

—Padre mío, por qué me has abandonado aquí en París,
allá en Perú al pie del orbe / cárcel de Trujillo /
        Frente de Aragón.
Por qué me desamparaste en la vida.
Por qué me dejas huérfano de madre y padre aquí en la muerte
y Aguedita, Miguel, Víctor Clemente, María Jesús,
        Natividad, Néstor... ausentes.

El lunes anterior, último lunes, lunes postrero de todos,
        los lunes postreros
había dicho: —Quiero uvas...
        según cuenta su mujer con sombrero de luto.
Y ante el racimo: —Oh, ¿es verdad?
        rechazándolas para siempre.

Y no hubo vino, cogñac o taza de café en el mundo
que al labio o paladar de la criatura no se tornara
        hiel, aceite o vinagre.

Y no hubo cáliz que se le brindara que no agotara hasta
        las heces.

—Perdónales, padre, porque los hombres no saben
qué hacer con César Vallejo y perdona a César Vallejo
que nunca supo más que sufrir junto a los hombres
        y camaradas de César Vallejo.
Padre, que no hay víctima que no sea inocente
ni victimario que no tenga de cordero.

César Vallejo ten piedad de César Vallejo que no tuviste
        qué darle a los ladronzuelos de Dios.

César Vallejo azota duro a César Vallejo porque alguien
        llegará a usurpar su lugar de entre
           los muertos.

Condena, padre mío, a los pobres que se dejan explotar
y perdona a los ricos porque ellos no verán jamás el Reino...
A fin de que se cumpliera, hermanos, la Escritura
        no quedó hueso suyo sin quebranto.
Ni hubo clavo que no traspasara su diestra
ni clavo que no traspasara su izquierda,
ni pie derecho hubo sin clavo
ni clavo sin pie izquierdo.

No hubo lanza que no rompiera su costado.

En la inscripción se leía: CÉSAR VALLEJO
pendiendo de la nuca, del cuello, del hombre que
                  se hizo
cruz de sus propios húmeros y pelos.

PARTE DE GUERRA

No se trata de un repliegue táctico
ni de adentrarme con todo y zapatos y anteojos
a congelar esta carne y el osario,
sino de que te quedes sin mi Ofensiva Final.

Te dejo a que te derrotes sola.

BALADA DEL DESERTOR

Hoy amaneció la novedad:
Trajeron a un muchacho del Servicio Militar
en su ataúd de soldado.
                              Este domingo anduvo
franco
y bajó a un mineral
y en una cantina o comidería escuchó unos cuentos terroríficos de la Contra

              y se echó a correr / seguido del miedo
hasta la locura / hasta el pavor /
          hasta el escalofrío de sentirse
                    horas después capturado
a la cabeza del batallón / con la cabeza rapada
          Hacia el frente de guerra.
          Hacia la primera línea de fuego para que se le quite el miedo
Cuando le voló la pierna una mina.

Hubo primeros auxilios.
Pero sus compañeros no pudieron llegar
                              al hospital de campaña.

Dicen que no es héroe. Es desertor.
Dicen que no es mártir, el desangrado.

El pánico tiene aún al muchacho frío.
Cada vez se pone más helado,
su lividez lo funde con la sábana.

Se quedó como un cirio
que se consume en un rincón a sí mismo,
al saberse despernancado / y desbanderado, solo, íngrimo
a lo largo de su tercer día de muerto
porque la hermana y la madre
llegarán al país hasta en el vuelo de las 6 de la tarde.

Dicen que no es héroe ni mártir.
Lo sepultarán sin honores militares.
Es desertor y los desertores...
Pero qué hago yo / qué hacemos
si todos estamos pringados de sangre.

SE PRESENTA EL PAJARITERO

Yo soy mi casaca tirada al basurero por el insolente Cabildo Real.
Yo soy mi sombrero de palma cuajado de malinches,
yo soy mi máscara de madera: tres rayas incisas en cada mejilla,
boca jalada, mentón muy salido, nariz chata y debajo
de los ojos un par de hendijas.

En los hombros me echo un cusuco muerto,
sobre el pecho me tercio una iguana cargada de huevos
y en la espalda me cruzo un garrobo tieso.

Entonces yo ya no soy el ser que era
sino el Pajaritero, El Viejo que no sabe nada
o ha olvidado todo.
Pero que por obra y gracia del baile y del habla,
recobra la más perdida memoria. Sabe hasta lo que ignora,
suelta la lengua a contar y cantar sola...
Ya como Pajaritero, antes de guiar a la cuadrilla de bailantes,
antes de comenzar la danza,
vuelvo a mi calidad de hombre levantándome la máscara
y me bebo a los teotes:
una jícara de chicha fuerte,
otra jícara de chicha fuerte,
otra jícara de chicha de maíz fermentado,
otra toma de chicha fresca.
Una calavera de gato...
Así es como descienden los dioses /

así se me acuerpan los dioses
así me asiste y protege el Santo.
así distingo las 400 voces
del cenzontle y las de los otros pájaros
que poseen tantas como plumas
cuerpo para el vuelo / cuerpo de su canto.
La vida de los pájaros es vuelo que se abre,
en órbitas, rutas, ondas vaivenes sobre el aire.
Todo en ellos es una aspiración de altura:
Hasta los tonos más dulces y altos.
Flores con plumas, con picos, con alas llaman al agua /
se quedan viendo al sol y a su ronda de estrellas
te divisan desde lejos
desde arriba y anuncian tu llegada: revolotean, cantan y perfuman,
y casi de ellas no sobrevive nada.

BLANCA CASTELLÓN
(Managua, 1958)

Autora de Ama del espíritu *(1995),* Flotaciones *(1998),* Orilla opuesta *(2000, Primer Premio Internacional Instituto de Estudios Modernistas) y* Los juegos de Elisa *(2005). Ha sido incluida en diversas antologías, como la* Antología de la poesía erótica española e hispanoamericana *(2003),* El sinónimo antónimo *(2004) y* La poesía del siglo XX en Nicaragua *(2010). Sus poemas han sido traducidos a varios idiomas, entre ellos el francés.*

LOS MORIDORES

Todos nos vamos a morir

sin orden alfabético
sin mayor organización
que el antojo del altísimo

los que ayer bailábamos felices
en la boda de Andrea

cada uno con su risa

con sus ojos y sus cabellos
en diferentes tonos

los visitantes del facebook
los que viajan en buses

los que duermen desnudos
los que contemplan fuentes
musicales en las plazas
los que comen salteado
los que escuchan su ipod
los que abusan de las flores
de los ríos y del libre albedrío
de los árboles

todos nos vamos a morir

te lo digo
lo he venido notando

en la agenda de mi celular
nombres que hay que borrar

en los álbumes de fotos
fotos que hay que enmarcar
con especial nostalgia

amigos íntimos
lejanos
conocidos
ya no giran conmigo alrededor del sol

todos nos vamos a morir

más hondo que como morimos cada día
más largo que como morimos cada noche

más abrazados a la tierra
más reclinados al silencio

créemelo
todos nos vamos a morir.

CANIS SAPIENS

Kafu se parece tanto a mí que
cuando muera tendré que disecarlo

para que lo entierren a mi lado
si es que muere antes que yo

tiene más o menos mi edad
pisa la zona fronteriza que

separa la adultez de la vejez
como poeta que se cree

es un glotón de la belleza
eso lo distingue del resto

de los animales con cola
y hay que ver cómo la mueve

cuando regreso de algún viaje
hace gala de su ritmo

y a pesar de ser inglés se contonea
como el mejor costeño

es tan goloso que no queda satisfecho
con el orden de las estaciones

si llueve llora
si hace calor tiembla de rabia

las puestas de sol y
las auroras boreales

sólo consiguen aumentar
su adicción a la hermosura

así es mi amigo siempre
tomando por asalto

el lugar que supone merecer:
la silla frente al escritorio donde escribo.

GOLPE AL SILENCIO

Llegó la hora.
Pervirtamos al silencio.
Pintémosle la boca en rojo.
Embadurnémoslo de señales.
De sentimientos jadeantes.
Cubramos su timidez con amapolas frescas.
Entrenemos palabras para aturdirlo.
Vámonos de farra con el silencio.
Emborrachémoslo.
No nos importe su acostumbrada anemia.
Olvidemos su muda pedantería.
Carguémoslo en hombros.
Entérese de una vez que todo cambia.
Que sea humilde.
Que haga a un lado su afamada mutismería.
Estalle en gritos como los hijos de la madre tierra.

DESTIEMPO

El reloj se ha vuelto
loco
loco
completamente
loco

he tenido
que atarle
las manecillas
estrangularle
el tic tac

estrellarlo
contra la hiedra

lo malo es que no
encuentro el tiempo

ni la hora exacta
para sepultarlo
de una buena vez.

Ya no queda tiempo.

ADIÓS TRISTEZA

Quiero que estrenes esta noche
la risa que te regalé en tu cumpleaños

vamos
suelta el lazo blanco

abre la caja de cristal con fieltro al fondo

toma la risa y úntala en tu boca
yo sonaré el manojo de llaves

agitaré el vaso con monedas de a centavo
vestiré las líneas de tu mano

enroscaré en mi cuello tus huellas digitales

será una noche exuberante y larga
como el río San Juan

al final
como sorpresa me pincharé
con una aguja el corazón

hasta que brote sangre
y pinte en rojo tu tristeza.

ERICK AGUIRRE
(Managua, 1961)

Narrador, ensayista, poeta y periodista. Autor de las novelas Un sol sobre Managua *(1998) y* Con sangre de hermanos *(2002), así como de los libros de ensayos* Juez y parte *(1999),* La espuma sucia del río *(2000),* Subversión de la memoria *(2005) y* Las máscaras del texto *(2006). Premio Internacional de Poesía Rubén Darío 2009 con* La vida que se ama *(2011). En poesía ha escrito también* Pasado meridiano *(1995) y* Conversación con las sombras *(2000).*

FRITANGUERAS

> Es que somos muy pobres...
> JUAN RULFO

Las fritangueras gordas, gordísimas
como sus hijos taxistas, camioneros,
choferes de empresas nacionales,
sacan sus estufas en las tardes
y se esparcen a lo largo
de las calles sucias y enredadas
de Monseñor Lezcano y La Ceibita.

Sus hijas, jóvenes y hermosas,
despachan coquetas a los clientes
y algunos se tardan comiendo para decirles piropos.

Las fritangueras gordas se limpian la manteca
en sus grandes delantales de dacrón
donde lentamente van guardando los pocos pesos del día.

Cuando pasa la noche,
después que apagan la estufa y aliñan el carretón,
hacen cuentas en silencio
como para convencerse de que todavía son pobres.

VIAJERO ENFERMO

> Aquí yace donde quiso yacer:
> de vuelta del mar está el marinero,
> de vuelta del monte está el cazador
> ROBERT LOUIS STEVENSON

He vivido estos últimos días
en una ciudad reconstruida
hace más de cincuenta años.
Una ciudad de Alemania
que está muy lejos del mar,
donde el recuerdo de un viajero
me trajo a la memoria
un poema de Cesare Pavese
sobre los mares del sur.

He vivido en una esquina quieta
de Halskestrase, en Nüremberg;
en un pequeño callejón
donde a pocos metros abre su boca
y escupe su aliento helado
la estación del metro Maffeiplatz.

Y nada aquí recuerda el mar.
El sol cae demasiado tarde

sobre un horizonte de techos y balcones,
y es imposible despertar a tiempo
para verlo venir de nuevo
desde los verdes campos de Fürth,
más allá de las tierras inmensas
del día y la noche,
donde un aventurero recorrió
isla tras isla:
los paisajes azules y lejanos
que despiertan al viajero
la virginidad de los sentidos;
la gente franca que allí habita
y sonríe fácilmente
como si siempre fuesen niños;
la luz esbelta y tersa magnificando los detalles
en las islas Marquesas o en la bahía de Anaho...

Pero el espíritu de aventura
siempre fue enemigo de la prudencia,
ese hongo venenoso
que paraliza en el hombre
su capacidad de entrega.

Ver el amor llegar,
ver el amor marcharse
en el páramo inhóspito del mundo,
no serviría de nada
si no se obtiene la vida que se ama.

Un cielo y un camino
es todo lo que busca el viajero.
Lo demás puede quedarse a un lado.

Hoy disfruto con pereza
los últimos días de primavera
en esta vieja ciudad,

y la lejanía de mis tierras
al otro lado de los mares
me ha traído a la memoria la extraña voluntad
de ese viajero enfermo
que fue Roberto Luis Stevenson.

Sus versos me recuerdan
que yo también fui joven
y he tenido amigos
(casi todo para ser feliz),
y también extiendo mi vela sin esperanza,
demasiado tarde.

DOS

> Vivir es separarnos del que fuimos
> para internarnos en el que vamos a ser
> OCTAVIO PAZ

El día que nací me dividieron en dos.
Yo me quedé en el lugar
donde mis padres decidieron mi nombre,
allá quedó aquel que fui,
viendo cómo sigue pavoneándose
el que carga engreído este nombre
y engaña sin pudor a todo el mundo.

Creído está el pobre
que llamándose así como se llama
y llevando estas letras en la frente,
este letrero que le impusieron mis padres
como un falso tesoro que guarda para sí,
permanecerá siempre igual a sí mismo.

Cree el pobre que en su nombre está su fuerza,
y la fuerza de toda una vida.
Pero ese nombre no enriquece a quien lo lleva.
Más bien lo veda para siempre
de saber lo que antes era,
de ser quien fue antes de ser sólo este nombre.

A veces lo roza un rasgo oscuro de mi callada sombra.
Entonces se vuelve más lento
y lo envuelven por meses la indecisión y el retraso.
A veces admiro cómo confía en su fuerza,
pues nadie es capaz de vencer su paciencia.
A veces también me intuye
y da la impresión de parecerse a mí,
excepto en todo lo que ya ha perdido.

Pero él habita en las cosas que yo nunca tendré.
Trato de alcanzarlas
y delante de cada una se me aparece él,
para quien no estaban creadas,
emprendiendo la huida hacia un futuro
del que yo he sido expulsado,
huyendo de un pasado en el que yo quedé sin un nombre.

SER HOMBRE

A veces me detengo en plena calle
y me pregunto si soy el mismo
que se desplomó anoche en la cama
para luego despertar, acosado por las horas,
y bañarse aún dormido
bajo el tímido rumor de la mañana.

Largos callejones soleados
con vecinos murmurando bajo los árboles,
frente a sus casas iguales y tristes,
como nichos,
me miran recordándome el préstamo de vida
cuyo saldo duplico ensimismado en medio de la calle,
mientras me pregunto, otra vez,
por aquel que se durmió dejando abierto un costado
y se dejó morir un poco.

¿Soy o no soy este que empieza,
poco a poco, a desconocerse?

Tal vez no exista otro yo más que el ausente.
Tal vez no soy yo el que a veces se detiene
en medio de la calle,
con ojos de quien se sabe existiendo en otros ojos.

¿Habrá un espacio vacío cuando ya no exista
aquel que se durmió y tomó mi lugar en el sueño?

Ese hombre, ese niño que quizás aún duerme
mientras se baña, mientras se detiene en medio de la calle
y se pregunta de nuevo quién soy,
dijo una vez que ser hombre es una fiesta.
Pero cuando el hombre despierta
y se reconoce otro, aún dormido,
bajo la mañana soleada y la mirada insistente
de los vecinos bajo los árboles;
siente necesidad de ser niño y tener a su lado una mujer
en cuyo seno por fin sepa por qué ama lo que ama,
por qué explora con insistencia en el espacio vacío
que ha colmado este poema.

EL REY DE LOS CIEGOS

No entiendo por qué uno solo de mis ojos
se empeña en llorar amargamente
mientras el resto de mí camina por las calles
madurando en silencio
los mismos recuerdos de siempre.

Había olvidado ya que el único rey,
en el país de los ciegos,
es ese hombre que arrastra sus pasos
en el desquiciado laberinto de Managua.

Tiene cuarenta y tantos años
y está lleno de dudas.
Debe dinero a los bancos
pero debe más al espacio que ahora,
más que otros días,
mira abrirse de pronto
entre lo que fue y lo que quiso ser mañana.

Vive con un ojo creyéndose feliz,
mientras con el otro me hace llorar amargamente,
dolido por la brutalidad con que ese falso rey
fustiga al estragado cascajo
que siempre lo está decepcionando;
huesos y carne caminando a tientas
por el odiado camino de monótonas paredes
que ha sido desde siempre mi destino.

Como el verdadero rey de los ciegos,
ha olvidado a los hombres que antes fueron él mismo,
las rectas galerías que a veces se curvan
formando sucesiones paralelas de círculos secretos
que sorprendentemente se bifurcan
y me hacen escribirle un poema cada año.

No entiendo por qué a veces olvido
que nunca he tenido una única vida,
sino también las de otros que viven en mí
y estarán enlazadas conmigo para siempre.
Pero no olvido que ésa es, sin duda alguna,
la verdadera causa de su desgracia.

CARLOS FONSECA GRIGSBY
(Managua, 1988)

Premio Internacional de Poesía Fundación Loewe Joven Creación (2007) por Una oscuridad brillando en la claridad que la claridad no logra comprender. *Reside en Barcelona.*

LOS DEMONIOS INTERNOS
Retrato No. 1: Una mirada es una biografía

Un poeta norteamericano —Hart
Crane— se suicidó no hace mucho.

Dicen que se embriagó en la
víspera de su muerte.
Intentó seducir a marineros del barco,
y lo apabullaron a golpes.

Al día siguiente (Hart Crane)
se lanzó del barco,
para volar en el abismo azul del mar.

Nuestras miradas son como Hart Crane;
se embriagan una noche,
intentan seducirse,
pero al siguiente día: mueren.

LA PALABRA

Y Dios dijo "Hágase la luz" y la luz se hizo.

Y Dios no era poeta.

LO QUE EL BESO LE DIJO A LA AUSENCIA

Está tu espalda en la herida albura de mi memoria.
Por ahora sólo tu espalda. Ahora están tus labios.
Y su sabor que todavía danza sobre los míos.
Recuerdo tus labios y tu espalda.

Pero viene formándose desde el mar de vos
una ola que poco a poco crece
y aumenta su volumen y el de su cabello de espuma
hasta que rompe contra mi rostro.

Entonces, de golpe, estás completa y total.

Y no sólo está tu espalda sino la astronomía de sus lunares.
Y no sólo están tus labios y su sabor sino
la dulce sangre de todas las palabras que asesinamos
mientras ocurría el beso.

Ahora puedo escribir que
en tu desnudez, la belleza se viste de sí misma.
Que quisiera que (ahora, en este instante)
tu brazo extendido sobre la cama se convirtiera en la imagen
del alambre sobre el cual los pájaros de mis labios
vieron el amanecer
y cantaron.
            —Que tengo una caricia derrotada por tu ausencia.

Ahora un magro no-sé-qué navega lerdo por mi boca.
Un desasosiego con cola y dientes.
El perdido marbete de una estrella danzante.
Es que imágenes fantásticas desean desembocar en algo único:
en el espacio entre tus senos y la noche,
mis palabras se vuelven manos.

Por eso me he aguantado hasta ahora
para escribir sobre la playa que es tu nombre,
la playa reservada para tu mirada sin ojos
y mi sonrisa sin dientes. Sobre
el árbol que crece sobre tu vientre,
el coro de gigantes que se aproximan que trae tu caminar.

Busco las llaves de tu habitación.
Sé que allí encontraremos las letras que faltan en el alfabeto del silencio.

EL POEMA DE AMOR

Quise no escribirlo, luché contra él,
desprecié los poemas de amor que se han escrito antes que tú,
pero entonces—

Este poema debería estar escrito por un hombre
        que nunca aprendió a amar,

                        que nunca aprendió a escribir,

por un hombre que nunca te conoció.

I

Por alguien que no escuche el monótono trueno de la palabra
                        que nunca te dije.

Por el que no conoció el mar a través de la última playa de tu ser
ni se tapa los oídos al escuchar
el susurroso rugido silente de la silenciosa hélice del silencio
que llega a Mí como el viento a los páramos desconocidos
o como el fuego a las soledades en llamas.

¡Pero dónde está tu sombra cuando la necesito para esconderme en ella!

Que estás en otro país, dormida,
y de repente todas las cosas se han ido a dormir contigo
—sólo la luna tiene algo de sonámbula en este mundo—
mientras yo lucho contra el poema de amor
y lo escupo y lo desprecio
y pierdo.

II

Tu ausencia es la cárcel donde rayo las paredes con tu nombre
y donde es petrificado el olvido por la punta de tus dedos
o por tu liviana mano que puede transformar cualquier pedazo de oscuridad
en un pedazo de noche.

Entre lo dicho y lo callado
ha quedado una nieve tibia
y tal vez un pájaro que está mudo
y tal vez un barco del fondo del mar.

(Aquí hace una pausa el poeta, se voltea hacia vos
y te dice con vergüenza: "En los primeros versos
quise hablar sobre tu cuerpo, pero me busqué
en los ojos la mirada y no la encontré".)

Que pudiera saltar de mis ojos
y recorrer la distancia entre tu respiración
y mi corazón. Llegar a tu pecho y cruzar

el puente de tu cuello. Contar tus lunares
uno por uno, hasta ver esa
inquieta pupila azul llena de futuro
y la arrebolada de tu mirada

y

que tu piel sea nuevamente el lugar donde la metáfora reveló sus secretos,
mientras yo descubro la libertad de tu sombra.

¿Qué hacer con el amor cuando el amor en el amor no se basta?

(Así está la poesía desde tu vientre gritándome:
¡Escríbeme! ¡Mira la forma que he cogido!)

Ir adentro de la tristeza contigo, tomados de la mano,
y desde allí inventarnos una infancia.

Por tiranía del azar
se ha poblado de algo de vida
mi corazón deshabitado:

de la misma forma
los hombres descubrieron
esa eternidad en andrajos
que es el olvido.

Pero ahora estoy aquí,
con el corazón en forma de ola,
esperando que el viento se robe mis viejos gestos,
las personas que fui antes que vos, todas mis flaquezas
que no llegaste a bautizar y los ojos que tuve
antes de aprender el lenguaje del silencio.

… Esperando que el viento se robe todo esto
y los botes en el basurero de la nada,

todas las demás cosas han empezado a temblar
y sólo tu nombre ha quedado quieto.

III

En la penumbra sin espacio
donde tu cuerpo es lo único que se alumbra;
en el camino donde caminan mis pasos,
separados de mis pies, buscando tus huellas;
en los versos que yo te he escrito pero que no leerás,
que serán nada más los epitafios de nuestros momentos;
allí te he buscado yo,
como la sombra que busca a su propia sombra.

Y te he llamado

en la hora en que he perdido tu caricia,
cuando el tiempo se abre como un gran agujero
donde dejo caer mis recuerdos, uno por uno,
y los veo caer
         caer
              caer
                  caer…

Hasta que se pierden de mi vista.

Hasta que mi soledad se desnuda.

¿Cuánto me vale la luz de un sueño herido
que gime dentro de mi cráneo?

(En él estás acariciando mi soledad
con ternura de madre.)

Sobre esta tierra húmeda, quedará la huella del relámpago
—no tu pie— aunque coincida, curiosamente, su forma.

IV

Cartas vi escritas con sangre, pero nunca con tinta de noche—
de las ruinas que quedaron de la noche, después que pasaras por allí—
Hoy escribo con esa tinta.

(También mis lágrimas están hechas de esa noche.)

Tendí un puente debajo del mundo,
entre mi soledad y tu soledad.
Me bañé en el llanto del tiempo
y de no haber tenido palabra de ti,
en él me hubiera ahogado.
En tus ojos imaginé una patria lejana,
una tumba para mis más profundos secretos,
y la magia de los babilonios.

No sólo los crepúsculos son insoportables.

Lo saben
los extinguidos luceros de mi cuerpo,
mis amargas manos que sueñan
cómo será la próxima vez en que nos tocaremos,
lo sabe lo poco que habitaba en mi desalentado aliento inhabitable.
Imagina tu ausencia
como una noche negra, tan negra y sombría
(como la de Acuña)
que no se ve dónde se alza el porvenir.
Imagina que lo único que hay en esa noche
soy yo y este poema, que se escribe a la terrible intemperie,
mientras monstruos salen de mi cráneo abierto,
hacia la luna.

Este rubio desasosiego…
Este poema que quiere enfermar al tiempo de eternidad
y que tus ojos sean mis únicos relojes.

Tan sólo si pudiéramos ser algo más.

Tan sólo

Si pudiéramos, por ejemplo,
escondernos debajo del tiempo
y jugar a ser estatuas que fueron colocadas frontalmente
en un lugar del que nadie se acuerda.

COSTA RICA

Laureano Albán (1942)
Julieta Dobles (1943)
Alfonso Chase (1945)
Osvaldo Sauma (1949)
Carlos Francisco Monge (1951)
Rodolfo Dada (1952)
Ana Istarú (1960)
Carlos Cortés (1962)
Mauricio Molina (1967)
Luis Chaves (1969)

LAUREANO ALBÁN
(Turrialba, 1942)

Su libro Herencia de otoño *(1980) ganó el Premio Adonáis, en España. Es dos veces Premio Nacional de Poesía y también Premio Nacional de Cultura Magón al conjunto de su obra (2006). En 1991 publicó* Infinita memoria de América: el descubrimiento-Amerindia-Sefarad-Al-Andalus, *que agrupa* Geografía invisible de América *(1982),* El viaje interminable *(1983) y* Todas las piedras del muro *(1988). La traducción al inglés de* El viaje interminable *recibió el premio del Columbia University Translation Center. También es autor de* Aunque es de noche *(1983),* Autorretrato y transfigura-ciones *(1983),* Biografías del terror *(1987),* Suma de claridades *(1991) y* Los noctur-nos de Julieta *(1993).*

INVOCACIÓN DOLIENTE

Padre, cómo me está faltando
tu forma de caer,
tu parcela de miedo,
y esa razón sin tregua de ser pueblo
que sube de tus ojos a la noche.

Cómo saben a yerba destronada
tu nombre sin ciudades,
las redes agrietadas de tus manos.

Yo, en solitario, te declaro héroe,
te nombro capitán de las ternuras
perdidas y dolientes de la tierra,

te abrazo con la prisa de la ausencia,
y pido tu dolor, tu llaga, el ciego
don de ser hombre roto que me falta.

Necesito caer como caíste
entre la lenta atmósfera sin cantos.
Rodar sobre la tierra
bajo golpes continuos
que nadie sabe quién los da.
Y callarme, callar
bajo la certidumbre de la furia.

LA CANCIÓN DE LA QUILLA

En la quilla la noche se transforma
sólo en velocidad. Y surge de ella
un paisaje de cielos desprendidos.
Algo que pudo ser, algo que impera
como una llama sobre el agua rápida,
o un bosque entre los ojos
que se sabe imposible.

La luz no es suficiente
ni su deseo de iluminaciones,
que ella no puede dar a lo invisible
oscuridad y término: figura.

En la quilla el paisaje se convierte,
entre los pumas pálidos del viento,
sólo en velocidad. En lo que siempre
desde la tierra o de su muerte, parte.

En lo que encuentran
los ojos y la llama

cuando se acercan y se funden,
cuando ya no hay espacio,
ya no hay tiempo o palabra
entre el mundo y el hombre, porque ambos
en la mirada, como pajas, arden.

Es un vértice rápido
de sales traspasadas,
de aéreos horizontes reunidos,
de puertas entreabiertas
a lo aún no esperado,
el que en torno a la quilla
y a sus ángulos altos que son ojos,
alrededor de su humedad volante,
va inventando un paraje inesperado:
algo que pueda arder contra el olvido,
como el cristal que créase en la llama
y que aún brilla, después
del esplendor fugaz y su ceniza.
Un paisaje de ecos
que se hunden o emergen
y se abren y definen,
como un inexistente
espejo que pasase
borrando el mundo unísono.

Ahí deseosa es la niebla,
y la brújula gira confundida
hasta hacerse invisible,
los pájaros son un difuso instinto
de altas y derivas en la noche,
y el timón, todo azul, desaparece.

Es nuevo el mar,
como si nunca antes
el hombre lo mirara.

Es otro el cielo,
sin un solo espejismo:
borradas las gaviotas y la muerte.

Todo ha quedado atrás,
sólo la quilla rige
y apunta desnudeces.
El resto del navío
naufragó ya en el tiempo.
Sólo la quilla sola,
sobreviviente faro de inquietud,
nimbada por la velocidad:
ya pronto a otro paisaje
y luego a otro,
constante y sucesivo,
hacia el mundo lejano
que tras el mundo esfúmase.

LLEVABAN LA PALABRA

Llevaban el metal
y su denso relámpago,
la vid, en donde crea
sus rubíes el tiempo,
utensilios de arcilla cristalina
con forma de distancia,
vitrales y poleas,
mecánicas de invierno.

En cada cosa suya,
por pequeña o por llama,
iba un dios, un dios mínimo,
una razón o un mundo.

Que todo lo llevaban
entre olvido y palabra;
ahí, en esa zona
de lo diáfano y diario,
entre esa mansedumbre
de tactos apagados
que es la mano en el tiempo.

Las ciudades crecían,
ya en su piel, ya en sus ojos,
una aquí y otra allá:
cada una en su alba.
Los bosques olorosos
de cedros estatuarios,
se extendían por cubierta
como un credo de savias invisibles.

Llevaban el metal
para otorgar la muerte.
Sabían administrar
la esperanza o el miedo,
con la espada precisa
o la rosa deseada.
La pólvora dormía
con sus lobos cegados,
las semillas también
en su mínima noche.

Y a su lado los ríos
augurales dejaban
el leve sedimento
del futuro pasando.

Las lianas en los mástiles
tejían otro velamen,
todo de savia única,

todo de umbrías sonoras,
donde el viento marino
golpeaba confundiéndose.

El oro cercenado
sobre el cuello y la noche,
saltaba reflejando
sobre ellos la sangre
que cumpliría mañana.

Llevaban las heridas
listas bajo el milagro,
agonías rodeándose
de flores agotadas,
y cielos incendiarios,
y arrasadas comarcas,
y la ciega tortura
enfilada en las manos.

Hombres, dioses equívocos,
aventureros, ángeles:
un poco de ceniza
humana en su mirada
navegaba, cegándoles.

Pero llevaban algo
más solar que sus cuerpos,
con más ríos que su historia,
con más llamas que el tiempo.
Algo delgado, algo
del todo transparente.

Una fórmula leve
para llevar el hecho
hasta su maravilla.
Una convocatoria diaria,

móvil, desleal o leal,
según el hombre,
la oscuridad, la muerte,
o el día o el deseo,
donde quede temblando.

Una gacela, un mármol
donde salta labrada
sobre su propia muerte.
Una ahogada manera
de aspirar la memoria,
a lapsos unitarios,
a momentáneos ríos,
hasta vaticinarla.

Que llevaban la tenue soledad
de decir "hoy", "mañana",
"tierra", "destino", "fuego".
Y así llevar un mundo
acaso en la palabra.
Llevaban la palabra.

JULIETA DOBLES
(San José, 1943)

Cursó un posgrado en literatura hispanoamericana en la Universidad del Estado de Nueva York, donde obtuvo el título de Master of Arts. *Premio Nacional de Poesía con* El peso vivo *(1968). En 1976 recibió el Premio Editorial Costa Rica y el Premio Nacional de Poesía por* Los pasos terrestres, *distinción que recibió también en 1992, 1997 y 2003. Accésit del Premio Adonáis por* Hora de lejanías. *También es autora de* Los delitos de Pandora *(1987),* Una viajera demasiado azul *(1990) y* Amar en Jerusalem *(1992). Miembro de número de la Academia Costarricense de la Lengua.*

CANTO EN VANO PARA UNA RESURRECCIÓN

Alguien se nos está muriendo
siempre,
con esa muerte lenta de los pulsos vacíos,
mientras tú y yo besamos,
reímos de las cosas y del viento,
comemos,
nos amamos,
y sabemos
que toda nuestra luz nos pertenece,
sin ser nuestra siquiera.
Alguien se muere siempre,
hasta cuando
un péndulo dibuja
cuartos de hora hacia la vida,

o cuando fingen niños en la plaza
su muerte de juguete.

Alguien se está muriendo
sin remedio,
con los pies hacia el mar,
que no detiene nunca
su rítmico latido azulsalado.

Cada instante termina para alguien
toda la eternidad,
mientras cantan los coros en la iglesia,
y cada niño nace,
y el pan crece en las rojas
mandíbulas del fuego.

Alguien se muere
con cada movimiento
de tu mano y mi mano,
y nosotros seguimos,
sin saberlo,
engendramos más hijos,
sin saberlo,
y pensamos vivir eternamente,
¡sin saberlo!

DE TESTAMENTOS Y OTRAS VANIDADES

Me moriré enfrentada a la luz retadora
de algún domingo claro que no me necesite.
Cuando los soñolientos abandonen
el dulce marco doble de la almohada,
caeré en él sin pesar,
sabiendo que me voy, que me despido

con la terrible lucidez
de quien cree conocer su laberinto,
marasmo de sorpresas, alegrías o terror,
porque en él se ha extasiado, o reído
o sentido el temor de estar solo
noches enteras, mientras daba voces
silenciosas de auxilio entre la sombra.

He entrado alguna vez,
por qué no, con pavor,
a rozar las aristas del corazón ajeno,
queriendo hallar en ellas otra naturaleza
y he encontrado el mismo intrincado albedrío,
la misma lucha subterránea y sorda
que creía un privilegio de mi altivez más íntima.

¡Oh alma que comparto con tantos!
¡Corazón en común capaz de abrir los mundos,
o cumplir viejas muertes,
espejos innombrables en la nada!
Servidumbre en el polvo y en la cima del gozo,
desamor en el miedo,
pasión entre la muerte,
orgullo en la modestia,
beatitud en el odio.

Cuando muera no puedo, no podré
refugiarme en la dulce
farmacopea de la inconsciencia,
ni en la alegre y terrible locura del recuerdo.
Quiero mirar la muerte con los ojos abiertos
y el corazón en calma,
como esos marineros que se hunden
en la proa del naufragio
con la gorra en la mano,
recibiendo al destino con altivo respeto.

Otros girarán entre rosas,
absortos de abandonos letales.
Yo sé que somos hombres, o sea velas
que se encienden y apagan mutuamente.
Y sé de las debilidades del amor,
y de la servidumbre de la palabra sabia.
Pero también sospecho,
¡oh Dios!, lo sé con certidumbre,
que el mundo nos devuelve lo ofrecido
y que la vida es ese gran puchero
en que vaciamos horas, entusiasmos,
afectos y lealtades,
iras, gozos, envidias y palabras,
y obtenemos una sopa agridulce,
más o menos sabrosa,
según los ingredientes y la ración de amor
con que se especie.

Ese puchero mágico
que transmuta la esencia de las cosas,
se nos vuelve, por arte de lo desconocido,
sueño del alquimista, pasión del ávido,
tormento del violento, lago del apacible.

Yo, que me sueño alquímica,
transmutante de acentos y de voces,
que me descubro ávida de placeres y estrellas,
que me temo violenta de celos e injusticias,
que me quiero apacible de piedad y de músicas,
cederé cuando muera,
mi caldero perfecto, mi potaje aromático
a quien quiera beberlo.
Íntegro quedará para el hambriento
en el fondo de todos esos poemas náufragos.

PELIGRO DE MUERTE

Se nos muere de frío, esposo,
y de todas las hambres de la ausencia.
Yo lo oigo llorar en las noches vacías,
desconsoladamente solo,
transparente y dolido
como un niño en su muerte.

Tú y yo, reos de abandonos letales,
cuánto lo postergamos por el pan o la sal,
o la diaria tarea de construir espejismos
y reflejos ilustres,
como si en él no se nos fuera
el absoluto corazón
del mundo que construimos,
hermanados en beatitud y pasión.

Él, que fue la semilla
del árbol más hermoso
que la vida nos dio,
se nos fue consumiendo en el olvido,
como cualquier matojo
que el viento ignora y mata
entre los resplandores de la escarcha invernal.
Él, que conoció días de embriaguez y de gloria,
coronas donde el fuego de las caricias plenas
lo hacía arder sin cenizas,
zarza votiva,
prado de plenitudes en el deseo sin sombras,
sábana blanca al sol, sin un solo repliegue.
Él, que enfrentó al destino
y a los cuchillos que otros
esgrimieron feroces
contra su risa altiva y campanera.
Él, que nos hizo plenos,

nos dio espacio y poema,
hijos, trueno y ventana.
Él, que nos hizo bellos,
generosos y eternos,
hoy se nos muere, esposo,
deshaciéndose agónico,
entre oleajes de ira y aletazos de sombra,
ahogado en el rencor inexplicable
de tus ojos de ámbar,
y en ese hielo amargo que yo siento en los míos,
dolidos y oscurísimos.

No lo hagamos morir.
Yo no podría mirarte
despojado del brillo y la belleza
que él te dio ante mis ojos.
Ni yo podría mostrarme
como soy ante ti, si él no suaviza
mi gesto acongojado,
mi ceño, mis silencios
y mi torpeza innata.
¿Dónde el aliento que se escapa, dónde?
Él no debe morir,
quedaríamos tan solos,
tan huérfanos,
tan suicidas, tan nadas.

Nuestro amor no merece
morirse de pobreza,
él, que fue tan voraz e ilimitado,
como el mar es voraz en sus gaviotas
y el desierto, infinito
en sus atardeceres
de dunas despertadas en la luz.

Déjame rescatarlo de éstas,
nuestras manos ingratas y sombrías
y volverlo a la vida,
que me voy yo con él,
si él se me acaba.

ALFONSO CHASE
(Cartago, 1945)

Poeta, narrador, ensayista y crítico literario. Obtuvo el Premio Nacional de Cuento, en dos ocasiones el de Poesía, y en 1987 el Joaquín García Monge a la divulgación cultural. En 1999 recibió el Premio Nacional de Cultura Magón por la totalidad de su obra. Además de su poesía, es autor de tres novelas, cuatro colecciones de cuentos y tres volúmenes de literatura infantil. Su poesía está reunida en Los reinos de mi mundo *(1966),* Árbol del tiempo *(1967),* Cuerpos *(1972),* El libro de la patria *(1975),* Los pies sobre la tierra *(1978),* El tigre luminoso *(1983),* Obra en marcha: 1965-1980 *(1982),* Entre el ojo y la noche *(1991) y* Jardines de asfalto *(1995).*

PEQUEÑA AGONÍA DE MI PADRE

Mi padre amasaba las sombras
y creaba sílabas y rostros
que transmitía confiado
y yo soy su hijo con mi disfraz de sombras
y obsesionado de palabras.
Fue artista, relojero, oficinista
y a veces marinero
y recorrió cuando joven el mundo
tocando la guitarra y bailando el swing y el
                                    charleston.
Era alegre pero suspiraba triste por los tejos, la nieve
                                y las colinas
de West Virginia o Massachusetts.
Hace años que vivía secuestrado

por sí mismo. Escribiendo textos
que olvidaron las sombras
y asistido por la mirada de mi madre.
Caminaba mi padre siempre como por sí mismo,
buscando la razón de sus manos
y sus ojos y las huellas de nuestros viejos abuelos

                                        Hálevy

que venden delicatessen en Manhattan.
Y escribía nombres extraños en el libro de Zohar
y criaba las plantas y cortaba las rosas
y copiaba mis poemas en la oficina.
De memoria en memoria,
húmedo de recuerdos se enfermó de pronto
y escuchando la música a oscuras
creía ver el perfil de algún viejo amigo
donde sólo eran sombras,
y nunca aceptó completamente la muerte del Che
o que en Viet-Nam del Norte
los niños sigan yendo a la escuela bajo el suelo.
Se murió de círculo en círculo,
irrecuperable para sí mismo
en la orfandad de nuestras miradas
y desde el principio en la música
y desde siempre en la tierra.
Y unos niños cantaron el Salmo catorce
y un pequeño fragmento de la "Misa criolla".
Tal es su historia. Como toda biografía:
un parpadeo, un pequeño acaso de algo
entrevisto por diminutas rendijas.
Un rostro sin escape. Un cuerpo para siempre
debajo del aire, único con la tierra,
en un monólogo mudo y una pequeña placa:

Our beloved father
1903-1968

LOS MILAGROS POSIBLES

Nunca tuvimos al otoño
como pretexto para escribir un poema.
Tampoco teníamos puentes o gárgolas
o inmensas catedrales donde esconder la tristeza
y abofetear a la melancolía.
Desde niños conocimos la extensión exacta
de la patria, la dimensión de sus bosques,
la altura de sus cordilleras y el rumor
de los ríos temblando adentro de los oídos.
Nunca tuvimos a la primavera con sus brotes,
o la nieve cayendo, necia y obsesiva,
sobre calles y parques.
Nunca tuvimos eso que ustedes cantan en sus poesías
y que nosotros entreveíamos desde un tren,
alguna noche de profundo sueño. Nunca tuvimos
eso que amamos y sin embargo vivíamos en el corazón
mismo de la nieve, en el músculo perfecto del huracán,
al lado del brote creciendo después del invierno.
Nada teníamos, pero todo estaba extendido en la grandeza
del sonido de las chicharras, en la admirable pequeñez
de un monte, coronado de ternura y sol,
la mañana en que íbamos hacia la escuela. Teníamos
una ración de fruta fresca en la mesa y no la veíamos.
Un pedazo de catarata en el sonido de los grillos
y una marmita de fuego en el centro de la rosa.
Todo lo amábamos nosotros que no teníamos nada:
la pluma del gorrión, el árbol con sus flores,
la pampa y el caballo, la tortilla crujiendo
entre las brasas, la mano que nos amó por vez primera,
el beso dado detrás de alguna puerta. Todo eso era
el otoño que apenas descubrimos, la catedral del amor
de nuestra madre, la populosa muchedumbre en las palabras,
la vida aposentada en el quicio de la puerta, el gato
saltando de la tapia a nuestros brazos.

Y todo eso sin convertir el agua en vino,
caminar sobre las aguas o deslizarnos descalzos entre el fuego,
sólo con mirar los ojos de un muchacho, una tarde de lluvia,
salpicada de barro, de sueños y de música.

INSTRUCCIONES PARA ELEVAR UN PAPALOTE

Tómese el hilo dorado del cabello
de una niña en cuyos ojos resida
un gran secreto. Vístase una armadura
al través de la cual pueda verse
el corazón. Pídase a un joven
—de preferencia mecánico—
que enhebre el largo hilo en su muñeca.
El armazón ha de ser como un pájaro
y la cola las alas de alguna mariposa.
Elévese. Elévese el hilo y el pájaro
y déjese a la mariposa en libertad
de tomar el rumbo que quiera.
Contémplese desde una ventana cómo
el aire lo lleva por las nubes. Llámese
a alguien, para mirar acompañado cómo
el pájaro se transforma en serpentina
y la mariposa en el dorado seno de la luna.
Mírese cómo el papalote escribe sobre el cielo
en su lenguaje alado alguna cosa. Bien puede
ser amor o luz o alguna palabra inventada
por su cola. Déjese ir el papalote.
Con el hilo, el pájaro y la mariposa
y el terrible milagro del muchacho
convertido en Pegaso sobre el cielo.

APRENDIENDO A ORAR

Padre nuestro que estás en la sangre.
Ayúdanos a salvarte del silencio,
haznos chispa o relámpago, corona
para la pobreza, pico de cuervo
y rosa despilfarrada en los jardines.
Santificado sea el cuerpo, la ramazón
oculta de las venas, las lágrimas
hablando con la hiedra, el dedo
poniendo límite al horizonte.
Padre nuestro que estás en las cosas.
Ayúdanos a despojarnos de todo,
regocíjanos en el amor al insecto
y la admiración silente por la sombra.
Santificado sea el nombre del prójimo,
el dolor de sus párpados, el filo inacabable
del labio, el arco maravilloso de la nuca
sosteniendo todos sus pensamientos.
Permítenos compartir
la espiga del hambre,
el Porvenir del alba y la sonrisa.
No nos niegues la tentación.
Empújanos al encuentro del dolor
engendrado en el pánico de saberte solo,
mas líbranos de nuestra voluntad
y déjanos en el instante largo de la duda.
Olvídanos en tu reino. No recompenses
nuestras obras, así como nosotros te perdonamos
la soledad perpetua de tu llanto.
Sálvanos de la vida perdurable
y del pan nuestro de cada día,
juzga nuestras deudas y haz que podamos
pagarlas en el doble. Padre nuestro
que estás en la sangre, permítenos
arder en la chispa y desaparecer en el fuego,
ahora y en la hora de nuestra vida. Amén.

ELEGÍA

Cuando dos que se han amado se separan
    —para siempre—
algo se quiebra en el orden interno
    de la noche.
Una mano llama al guante ya perdido
y un hálito
se posa tibiamente en la heredad
    del árbol.
Cuando dos se dicen adiós ante el espejo
    —sin tocarse—
apoyando los dedos en las sombras
la forma detiene el tiempo,
    y en el agua
la luz adquiere imagen de ventana.
    Puede ser que esa luz
en forma deslumbrante se haga ancha
    como el mundo
y un pájaro multicolor caiga desplomado,
    herido por la sed
    que media en el instante
de esos dos que alguna vez se amaron para siempre.
Cuando dos que se aman todavía
    —se separan—
algo los cubre suavemente
y un lenguaje tácito se nace
en el sitio en que esos dos dejaron
la recíproca tortura de olvidarse.
    Algo envejece para siempre sobre el aire.
Posiblemente se suicide un ángel de tristeza
al mirar cuando esos dos desaparecen
—separados por pasos y por besos—
inventando historias y cantando,
mojados y oscuros de una lluvia
que refleja el rumor de sus palabras.

Cuando dos que se amaron se separan,
el verano sube sobre las alas de la noche
y una hoja, sobre el azul del cielo,
abre los ojos y oculta su estupor
con un conjuro.
Cuando dos que se aman se separan
—sin rencores o espadas—
un fantasma encantado cobra vida
y se inclina a recoger
a esos dos labios,
desnudos para siempre de lenguajes.

OSVALDO SAUMA
(San José, 1949)

Poeta y crítico. Autor de Las huellas del desencanto *(1983),* Retrato en familia *(1985),* ASABIS *(1993),* Madre nuestra, fértil tierra *(1997),* Bitácora del iluso *(2000) y* El libro del adiós *(2006). También ha hecho recopilaciones como* Los signos vigilantes. Antología de poesía ecológica *(1992),* Tierra de nadie. Antología de nueve poetas latinoamericanos *(1994),* La sangre iluminada. Antología de seis poetas latinoamericanos *(1998) y* Martes de poesía en el Cuartel de la Boca del Monte *(1998), entre otros.*

UNA MUJER BAILA

una mujer baila
amparada a la noche
despliega sus brazos
como decir sus alas
desde el centro del aire
hacia las afueras del aire
en diagonal a los espacios de la luz
entre los costados de la sombra

una mujer gira
como un astro
y sobre sí misma
esboza
la ruta del azar y sus conjugaciones
gira
baila

alza un tiempo magnético
como quien alza un pájaro
desde la tierra que lo atrapa
y traza con un carbón encendido
el lenguaje bermejo de las cavernas
baila
y con ello sacude
los miedos de la infancia
que aterrados todavía
nos llaman desde su adentro

una mujer baila
sobre el corazón de la madera
para enardecer
el latido ciego de la vida
baila sobre mis heridas
para recrudecerme
el camino del remordimiento

una mujer baila
sola contra la adversidad
baila sobre el planeta errante
sobre un contratiempo de la memoria
y se fuga en esa fuga de la música
y vuelve sobre sí misma
para revelarnos
un deseo desterrado del Paraíso terrenal

MIRÁNDOLA DORMIR

todo hombre es su propio sol
en la medianoche del hastío
cuando los grillos chillan
como fuego endemoniado

y las estrellas
están más distantes que nunca

bajo la luz del aguardiente
todo hombre
apaga
la lumbre interior de la nada
mientras mira dormir
a la mujer que le cedió el destino
no la que le inventó la ilusión
todo hombre
que como yo se emborracha
junto a la mujer
que nos huye en sueños

evade la necesidad del otro
hace de su fracaso
un tintineo abstracto
y se bebe en silencio su perdición

EQUIDAD

que nadie se vaya impune de esta fiesta
ni escape nadie por la puerta trasera
como si no fuese artífice de su negligencia
que no olvide la cuota de horror que se merece
ni diga
no sabía / yo pensaba / tengo el alma noble

que nadie huya
de esta fiesta de los taladros
con licencia de ángel obeso
que prohíban la venta de bulas papales

que nadie abandone el barco
como las ratas
ni cave túneles
como los topos

que no se salve nadie si no nos salvamos todos

TRÍPTICO DEL DESEO

I

tuvo que ser
el santo de los descarriados
o el Divino Niño
los que te trajeron
hasta estos tristes brazos

acaso no le destinaron
un ángel semejante
a Paul Gauguin en Tahití
para que pintara de nuevo
el Paraíso en el ojo de los hombres

II

cerrá las puertas de la noche amor
no permitás que el vaho de los ausentes
perturbe el sueño ingenuo de tu corazón

que no te enturbien el camino

que se retracte Arthur Rimbaud
de sentar la belleza en sus rodillas
y encontrarla amarga

el paso efímero de su luz
borra la propiedad
de las amantes difuntas

nos devuelve la extraviada fe

III

los perversos son los puritanos
amor
los que no entienden
los designios del cielo
y se amarran el corazón
con el lazo de todos los prejuicios
los que envidian la alegría
y no corren la misma suerte
que los amorosos
porque no se arriesgan
a vivir su dolor

los que apuestan por la perpetuidad
y pagan caro los favores del amante

o los que compran el amor
para evitar sus esquirlas

jamás los que buscan
los que hallan
una flor del jardín de las delicias
en cada cuerpo que les tocó compartir
en cada adolescente
destinada al interior de su deseo.

NOTICIAS ANTIGUAS

acalla a tus visiones
hermano Carlos
lo peor acaeció ayer

nos engañaron
Dios no hiere por mano de mujer
ni elige pueblos
ni hay religión que lo contenga

las voces del cielo
jamás
propiciaron la infamia
ni mal aconsejaron
a Dalila o a Judith

Esaú
era la energía incesante
corriendo natural
tras la ciega emotividad de la vida

ni las lentejas de la discordia
ni la madre alcahueta y mezquina
ni la pelambre de la bestia del engaño
van a trepanarle las alas
a estas obscuras señales

Agar
sigue abandonada en el desierto
Ismael
cultiva la flor del rencor
sobre la arena fértil de su pueblo
y la avaricia
como ayer
prosigue adorando el oro del becerro

CARLOS FRANCISCO MONGE
(San José, 1951)

Poeta, crítico y profesor universitario. Ha publicado los ensayos La imagen separada *(1984),* La rama de fresno *(1999),* El vanguardismo literario en Costa Rica *(2005) y* Territorios y figuraciones *(2009), sobre arte y cultura. Ha recibido en varias ocasiones el Premio Nacional de Poesía. Su obra poética está reunida en la antología personal* Biografía de unas palabras *(2000) y los títulos* Astro y labio *(1972),* A los pies de la tiniebla *(1972),* Población del asombro *(1975),* Reino del latido *(1978),* Los fértiles horarios *(1983),* La tinta extinta *(1990),* Enigmas de la imperfección *(2002),* Fábula umbría *(2009) y* Poemas para una ciudad inerme *(2009). Es miembro de la Academia Costarricense de la Lengua.*

COMO EL FARERO

Yo fingí la memoria, el heroísmo,
el devaneo de la tristeza,
la cita con el puerto o el exilio.
Fingí que la mirada, entre la niebla, huyendo,
era de irremediable soledad. Y las espinas
dulzonas y alocadas del juvenil amor
fueron eso: palabras, diminutas hogazas
que el tiempo apresuró.

Vale decir que el mundo, antes maraña,
baldón, torpe astrolabio,
brevísimo pasó entre mis papeles, y allí han quedado
soles, embrujos, muecas,

corazones torcidos, horarios, esplendores.
Y que a veces los leo, los releo,
con la leve sonrisa,
con la luz que ha borrado, como un río de desechos,
aquellos viejos signos.

Como un ángel de sombra
sé que esto es el amor: este claustro de espejos,
estos números casi sagrados que se pierden
suavizando los rostros,
endureciendo el aire,
azuzando el trinillo que en el otoño dejan
los pájaros aquellos.
Como un ángel de sombra, mi delito está aquí:
entre el fuego labrando las señales
que alguien ha de soñar,
como el farero.

CUERPO Y EPIFANÍAS

Estoy en mi destino,
entre mis viejas cosas, mis palabras,
mi indumentaria de ángel o ladrón.
Sé que mi casa aún brilla —aún guardo gestos—
y que en mi cuerpo transitaron largos
silencios sin perdón.
Pero hoy mi piel, mis manos,
mi cuello desvivido por los mares que amé
buscan los paraísos
con sus horarios, con sus viajes truncos;
no importa: con las viles miserias que da el tiempo.

Sé que otras voces
han dejado su azul centella sin memoria,

como estatuas sin sombra.
No he querido saciarme de la música
casi amada del agua dibujando la noche;
ha dejado en mis labios la luz como un retrato
de los sucesos vanos,
una como memoria de temblar con las cosas
que buscamos a diario,
una manera de nombrar los agridulces
aconteceres.

Este verano, aquella vieja historia,
la ceniza atrapada en los zapatos,
o el viento que ha borrado los mapas
de algún día banal,
suben como fantasmas por mi sangre y la inventan.
Con mi verdad a la intemperie, hilvano
mis oficios de amar,
de apretarme a las horas hasta herirlas
y asomarme a las otras fronteras de la noche.
Y mi cuerpo, como un río espantado,
traspié a traspié persiste
bajo el tiempo encendido.

CRÓNICA DEL DESEO

Ha pasado tanta agua, tanta
que no es un río, sino un cuerpo cargado
de noticias,
unas alas manchadas,
la sombra musical de un mar injusto,
las palabras caídas,
el deber.
También habrán pasado, como ahora, los nombres,
las oscuras consejas

o la furia del tiempo, como éste, que nos desliza.
La ciudad, el poblado,
la vieja fantasía levantando costumbres,
sueños de otro lugar,
altares como besos retorcidos. Todos ellos pasando.
Los papelillos torpes, volanderos,
ya me dicen que sí, que hay más tierra dorada
y los patios rebosan, y el limonero
sigue tal cual, y el lado
fatal de la hermosura ya no existe.

      Toda el agua posible. La recuerdo dichosa:
casi estera en la niebla, casi historia quemada,
casi el cuerpo que fui.
Pero no hay tromba que hoy ruede o retumbe;
sólo el agua posible, de la ribera,
crujiente a voces, desafiante,
otras huyendo así, bajo los puentes,
como una voz ahogada o una forma querida.

      Habrán sido larguísimas batallas
las libradas aquí;
retornará la sangre por su curva grácil
y las palabras, como carlancas rotas,
nos marcarán las puertas y muy tarde se irán.
Desde aquí no se escuchan las bridas
del mar, ni el arrebato;
y todo cuanto brilla
los sucesos banales que se fían al tiempo
algo los llama aquí, como razón de amor,
desde las aguas.

RODOLFO DADA
(San José, 1952)

Autor de El abecedario del Yaquí *(1981),* La voz del caracol *(1988),* Cuajiniquil *(1975),* El domador *(1973),* Kotuma, la rana y la luna *(1984),* De azul el mar *(2004) y de la antología personal* Cardumen *(2004). Premio Universitario de Cuento 1971, Premio Carmen Lyra 1981, Premio Editorial Costa Rica 1981 y Premio* UNA-*Palabra.*

KARINA DICE SUS PRIMERAS PALABRAS

1

Karina dice mar,
y la palabra es agua,
sal, barcos a lo lejos.

Dice mar,
y la palabra es un delfín,
una ballena, un pez volador,
un arrecife.

Dice mar,
y una ola azul
inunda el cuarto y la cocina.

2

Karina dice agua,
y la palabra empapa la tierra,
hace crecer las plantas,
florecer un desierto.

Dice agua
y sus manos chapotean
en un río.

3

Karina dice árbol,
y surge un mundo de hojas,
de ramas, de líquenes.

Un bosque entero
lleno de pájaros.

4

Karina dice leche,
y la palabra es una madre inmensa,
un mundo,
un biberón repleto.

Un delfín esperando,
una ballena y su cría,
un ternero,
un potrillo,
un venadito.

Dice leche,
y la palabra blanca
se hace un río en la boca.

5

Karina dice cuchara
y hay un campo sembrado
de trigo,
de arroz.

Hay un plato de leche,
una sopa en la mesa.

6

Karina dice pan,
y la palabra se amasa,
entra por la puerta del horno,
sale dorada
y pinta una sonrisa
en la boca de todos
los niños del mundo.

Dice pan como decir amigo.

7

Karina dice más
y encienden de nuevo
las velas del pastel.

Dice más
y papá sigue rascándole la espalda.

Karina dice más
y la cuchara se hunde
en el platón de sopa.

8

Karina dice ternura

y la palabra se hace nido,
un gato acariciado,
un patito en la sala,
la voz de papá,
la luz de la mañana.

9

Karina dice mariposa,
y las palabra se llena de colores,
ojos, alas, patas, formas
que danzan en un aire
repleto de néctar y de flores.

10

Karina dice mundo,
y todo cabe:
la casa, las ciudades,
los países, un grano de arena,
el atardecer mismo, el mar azul,
los peces, el ganado,
las personas que caminan
por la acera,

ella misma iluminada
con la palabra en la boca.

11

Karina dice cielo,
y la palabra se llena de nubes
y gaviotas
una fragata es un punto lejano,
un gavilán.

Las nubes tienen forma
de animales,
de montañas.

La palabra cielo,
es celeste como un pájaro.

12

Karina dice paz,
y es como decir la casa,
el cuarto,
como decir la música,
el futuro.

Dice paz

y la palabra vuela blanca
sobre mil niños jugando,
sobre una mesa servida,
sobre un hospital desierto.

Dice paz
y la palabra vuela.

13

Karina dice con.

El sol con la luna,
mamá con papá,
Nicole con Karina,
amigo con amiga,
río con mar.

Dice con
y es como juntar dos manos.

15

Karina dice y.

Entonces las palabras caminan de la mano:

el perro y el gato,
el sol y la luna,
el llanto y la sonrisa
y el mar,
el mar,

sobre todo el mar.

16

Karina dice no,

y la tristeza inunda la cocina:
el arroz sin el plato,
la galleta sin caja.

Dice no
y queda un beso solo,
un vestido en la cama,
un paseo perdido,
un perrito sentado.

17

Karina dice sí,

y la alegría hace fiesta en el plato:
el baile del arroz,
del espagueti,
del fresco de limón.

Dice sí
y el vestido sonríe,
el beso de papá,
una bola en la playa,
la muñeca en el cuarto,
un perrito abrazado.

18

Karina dice sol,

y la palabra es una bola de fuego.

Luz y calor sobre la tierra,
el mar, las montañas,
verdor entre los árboles, las plantas.
La tierra girando
alrededor de esa palabra encendida.

19

Karina dice luna

y la luna inicia
su camino nocturno,
en esta selva que conoce
mejor que la palma de su mano:

el árbol del almendro, el jabalí,
el vuelo dormido de un tucán,
del puma, del mono congo
del oso perezoso,
de una pareja de guacamayas.

y el canto del río,
sobre todo el canto,
donde la luna se refleja.

20

Karina dice sueño
y el libro se cierra.

El abuelo sale de puntillas.

Ella duerme plácida
junto a Nicole.

Nada se escucha,
nada se piensa,
sólo un mosquito zumba,
sólo un rayito de luz
flota en el cuarto.

Silencio.

CUENTO DE UNA SIRENA

Hace muchos, muchos años
me hice amigo de una sirena.
Tenía el pelo de coral y sólo conocía
la lengua de las algas.

Ella me invitó a su casa.
Compré un traje de buzo
y descendimos las corrientes del mar.

Su casa era una cueva entre acantilados.
Tenía una cama de piedra,
una estufa de aguas turbulentas
y la campana de un naufragio.

Hice amistad con pulpos y medusas
y conversaba con los peces
mientras ella regresaba
después de cantarle a los marinos
y de la mano recorríamos
los jardines del mar.
Pero un día se me acabó el aire.
—¡Me ahogo!— le dije.

Salí a la superficie.
Nos abrazamos con tristeza.
No podía vivir más en su cueva.

Ahora, cuando escucho el canto de sirenas
en medio de la noche,
saco un remo y navego hasta su isla.

ANA ISTARÚ
(San José, 1960)

Poeta y dramaturga. Reunió su poesía de adolescencia en Palabra nueva *(1975) y dos años más tarde obtuvo el Premio Joven Creación con* Poemas para un día cualquiera *(1977). Estudió teatro en la Universidad de Costa Rica. Premio Latinoamericano* EDUCA *1982 por* La estación de fiebre, *que se publicó en España en 1986 y en 1991 y se tradujo al francés. En 1990 obtuvo la beca de la Fundación John Simon Guggenheim. Otros poemarios importantes son* La muerte y otros efímeros agravios *(1989) y* Verbo madre *(1995). Premio de Dramaturgia María Teresa León 1995 con* Baby Boom en el paraíso *y Premio Hermanos Machado 1999 con la comedia* Hombres en escabeche.

XV

De dónde has llegado,
hombre dormido.
Qué nube te vertió,
qué carabela.
Quién te autoriza a este derrame
de nenúfares,
quién deslizó en tu tez
el pájaro de plata.
Te posas en mi lecho con descuido:
eres un ángel olvidado
dentro de un camarote.
Yo no comprendo este hombre
tan extenso.
No puedo ya dormir: mi sábana

se empeña en ser un viento alisio,
la flor de la lavanda.
Mi almohada, que retoma
su viaje de gaviotas.
Mis antiguos zapatos, dos erizos.
Y este hombre pequeñito,
desnudo sin siquiera una gardenia.
Por qué mi mano vuela
a su incauta porcelana,
a su carne de membrillos.
Qué contratiempo.
Qué miraré otra vez ya nunca
si sólo puedo mirar mi visitante.
De dónde vino la zarza de tu ceja,
los dos puntos de cobre de tu tórax.
Qué pana buscaré,
si no tu vello.
Qué vaso, qué beso,
qué ribera sin tu boca,
hombre dormido.
Qué pan de oro
sin tu sueño.

XXVIII

pene de pana
pene flor del destinado mío
empuñadura del sol
envidia del anturio
agua palabra
mástil de las estrellas
garza despierta
garza dormida
cigüeña
farol de la promesa fecunda sobre el humus

anguila escarcha
brazo del guerrillero
medusa tenor
de la línea el alma cardinal
columna cálida
ovillo menguante
generosa cintura
sonrisa oscura y clara
de puntillas el amor
vías lácteas dormidas
despiertas vías lácteas
canción del pueblo
desmesurados niños atesora encierro tibio
cuna de la semilla
fruto brillante
panal el pene
himno
cónsul de Dios más excelente excelso
que ninguno
la nuez se hermana con su cuello
llave de naves invisibles
la delicia
vendavales sus quehaceres
azadón
un exaltado obrero
pene de penas el olvido
desbordadas deidades te humedecen
oboe maduro
oboe el tenue
tú muerte viva de la muerte

LA MUERTE ES UN REPLIEGUE

Todos seremos despeñados
en álgido preludio hacia el adiós,
la oscuridad, la nube indescifrable.
Llegar a ser no ser
ni nada de la nada.
A quién tender el viaje umbilical
de la nostalgia,
decirle sollozantes,
ya nos vamos, que voy, me voy.
Estamos en la muerte chapoteando,
enrarecidos.
Lleva el filo de este beso a la testuz
poblada de la fresa,
al polvo calcinado por el brillo,
al punto sacro sobre este territorio
donde por vez primera vi y así lo supe:
éste es mi amado,
rozando, tangencial, el infinito. El sol,
los mármoles celestes,
los que viajan aún: los argonautas
que elevan la nave azul del mundo.
Lleva este beso y ponlo
como un dardo de amor encarnizado
en todo lo que existe.
Mi muerte es un repliegue,
una estrategia genial
de la semilla.
Partículas de mí rodando por el cosmos,
hilando el trance ileso de los astros.
El pulso de la nada es la tibieza,
el átomo dormido que retorna,
no la amargura.
Agua que fui y carbono dulce
que el orbe recupera,

engendran otra faz, otra costilla flamante,
locomotoras,
la fe de los salmones,
la naranja,
la rabia irreverente de los hombres,
los que elevan
la nave azul del mundo
y dan su trozo
de luz a cada cosa,
su migaja de paz sobre la tierra.

ESTE PAÍS ESTÁ EN EL SUEÑO

que digan yo lo admito que no existe
pondré no importe mi piel por territorio
este país no es nada no hubo nunca
este país no ocurre
está en el sueño
mi boca se desangra
no es nada nunca y es todo cuanto tengo
si no de dónde vengo
si no es de este asterisco
y este país no existe
estoy por tanto un tanto consternada

yo no inventé la lluvia sin embargo
que nadie me la arranque
es el agua quien define esta frontera
este glóbulo de luz
este barquito misérrimo y amado
donde el cielo deviene catarata
me importa un pito
yo nada tengo contra octubre
muy al contrario

yo sé que no hubo historia
si acaso fuimos un rumor maledicencias
un trillo nebuloso la huérfana del mundo
no tuvimos virrey que combatir qué pretensiones
tuvimos eso sí
me reconforta
a Juan don Juan y don Juanito
(Santamaría por supuesto y Mora y Mora)

pero somos pocos en saberlo
me alegra tanto decir que nuestro héroe
el único por cierto
era moreno descalzo pobre campesino
para colmo era un chiquillo
luchó qué novedad contra los yankis
podría besarlo
con tanto hollín se atoran las palabras
quiero llorar zurcirle las heridas
esto está hecho y consumado
tenemos héroe para rato
y qué carajo a ver quién me lo quita

este país no es
y qué me importa
puedo tomar mis venas tejerle un barrilete
ya sé que no es ni un barrio de París
que la gente pobrecita
casi casi se hace la europea
y mira con desprecio a los vecinos

si supieran

en fin perdono los perdono
pido perdón a mis hermanos
salvadoreños nicas panameños
la gente es inocente en todas partes

son otros más arriba
la clase perniciosa
estamos claros

que digan yo lo admito que no existe
yo no inventé la lluvia sin embargo
yo sé que no hubo historia
estamos entre tanto por hacerla
estoy un poco triste
puedo donar mi traje hacer las velas
amar con un amor inenarrable
este terrón del aire adonde vine
pondré no importa mi piel por territorio
es lógico
no soy en balde comunista
eso se aprende a fuerza de amar hasta romperse
este país
está en el sueño que nos toca
sobre la faz del mundo
que nadie me lo arranque
es todo cuanto tengo
más este corazón para simiente
y qué carajo a ver
con tanto amor
quién me lo quita

DE LAS DORADAS UBRES

No llores, bestia dulce, trino del hambre.
Mira esta luna atorada entre mis pechos.
Te daré teta, como la madre gata,
con barriga de ensueño, con mamas de franela.

No llores más, cachorro, por tu rosal de leche
y el goterón de nube de mis ubres doradas.

No llores más, ternero de belfos de penumbra.
Te daré teta, como la madre vaca,
con reguerete lácteo, tazón de mansedumbre,
que todo cuanto nutre nunca es vano.

No llores más, oh hambre de la tierra.

CARLOS CORTÉS
(San José, 1962)

Poeta, narrador y ensayista. Estudió periodismo en Costa Rica y España y una maestría en la Universidad de París II. Ha publicado nueve libros de poesía. Premio Mesoamericano Luis Cardoza y Aragón por Autorretratos y cruci/ficciones *(2006), Premio de los Juegos Florales de Guatemala 1998 con* La carne contigua *y finalista del Premio Internacional Jaime Sabines (1994). En 1997 publicó la edición bilingüe de la antología* Poésie costaricienne du XXᵉ siècle, *en francés y español.*

CANTIGA

Hoy me he sentado como se sentaría el último niño
que quedara en la tierra, para pensarte
como se piensa algo por última vez, como se
ama algo que ya no se ama, me he sentado como
una estrella en la mañana a escribirte el último,
óigase bien, el último poema que te escribo en la vida,
que es como dictarte gotas de películas mudas al oído,
gotearte flor de luna o ponzoña de mariposa
a la luz de un futuro mediodía, parado en seco
en mitad de la mar, hoy he rememorado todo lo que viví en vos,
aunque las malas lenguas digan que fue sobre vos o vos
sobre mí o haciendo el 69 o debatiendo la posición árabe,
hoy he resuelto que eso ya es historia
y no precisamente de la general sino una muy muy
particular, una que ya está tan lejos de los dos
que parece que no vale la pena recordarla hoy,

sin embargo la fui desenredando toda como una memoria
de papel, recordando los besos de doble sentido,
la pasión avanzando en un solo sentido, las caricias
invirtiendo los cinco sentidos, y resuelvo y hago público
que no tengo nada más que decirte, que si te encontrara
en el cielo o en la tierra, si de nuevo coincidiéramos en
el mismo lado de la luz que da a la calle no agregaría
una sola letra al tango, no te traicionaría, de todos modos
vos no ibas a alcanzarme con los ojos o con los gritos
de tanto memorizar que en otro tiempo lloraste por algo
que valiera la pena, que tantas veces ronroneaste de amor,
porque vos lo hacías así, ronroneando, lastimándote, negando
y me hiciste discursos exaltados cuando vos no,
no estás hecha para eso,
ni me sorprenderías in fraganti como lo hiciste la primera vez
y como quisiste y acostumbraste a hacer más o menos
durante el año & medio en que fuimos toda-una-vida,
cuando estuvimos juntos en la misma sombra,
pero hoy creo que no tengo ni una cola de nada más que darte
y tampoco es porque no tenga nada o te lo haya dado todo,
no es eso, porque tal vez pierdo el tiempo en furias
más cercanas, como bien acostumbramos los hombres,
no es eso, porque no tuvimos un hijo ni vos abortaste,
no porque no te haya raptado de los brazos de tu madre,
no porque no nos casáramos varias veces
en una pequeña ermita colonial de Nicaragua
o vos volvieras con tu parentela y tu padre me echara a los perros,
no fue por eso que hoy he remontado río arriba los memoriosos rápidos,
ventilado las íntimas mazmorras y puesto las manos al fuego,
sino por amor, mientras dura este pedazo de papel para volver a amarte.

EN EL COMIENZO

en el principio
todo olía como si hubiera sido
            creado
en un principio
ahora lugar común
cuando dios era hombre
y mi madre madre de todos los hombres
en la hora de la plegaria solar
y del mar informe y gaseoso
el oleaje de fuego te trajo
a la raíz de las aguas

hasta que los campos amanecieran
cubiertos por la espuma multiplicadora
            que el viento del significado
esparza la canción que ha sido emprendida

y el cuerpo cobre su sonido
y la palabra su labio

en el tiempo de la mirada
            de la semilla
que se vuelca sobre sí misma

aquí empieza el cántico
aquí su fuego de animal
que murmulla
del habla que habla
la oración de la vida
en el légamo sin tacto de tu ternura
todo huele como si hubiera sido
creado y estuviera creándose

palabra que carece de la memoria del eco
el poeta divide en su frente
la claridad de las tinieblas

palabra que se dice por primera vez
como el nombre del silencio
canción que se canta en la voz de los huesos

no hay nombres sólo silencios
no hay materia sólo el canto que retorna
al entorno primordial
y canta el secreto

en el comienzo
la palabra aún húmeda de semejanzas
y semejantes

en el principio
        en el comienzo
todo era canto
todo era canción

el mundo era la memoria del mundo

PEQUEÑA ALEGORÍA DE LA FELICIDAD

Sólo quien ha llevado
el suicidio
en la punta de la vida
el silencio como una plomada
cada hora de subsistencia
multiplicando el fondo de la muerte
y después   mucho después
ama
Ama

no importa si con nostalgia o ahogo
no importa si con miedo
podrá salvarse
podrá salvarnos de nosotros mismos
sólo quien ha visto la vida
arrepentirse en sus manos putrefactas
sólo quien ha enterrado a los muertos
de su corazón
quemado las naves
bebido la sagrada bilis del descontento
lanzado sus sueños en una botella
al mar de todas las incertidumbres
podrá decir que está vivo
sólo quien ha tragado
entre sorbo y sorbo
poco a poco
su propia manera de morirse
ha visto al diablo quitándose la máscara
en el espejo mezquino de cada mañana
sólo quien se ha cortado pedazos de sí mismo
y los ha visto revenar en un cuerpo bienamado
sólo quien sepa morir lo sabrá
sabrá vivir

LA VANIDAD

Jakub ben al mansour
hijo de yusuf
príncipe del mogreb
constructor del acueducto de la ciudad roja
en 1192 destrozaste fez para hacer de rabat
la capital del imperio
los libros de historia y filosofía ardieron
en fogatas más altas que el ánima de fátima

la hija del profeta
para conservar la pureza del quóram

arrasaste mil veces españa y mil veces la rehiciste
y después creaste la mezquita de sevilla
y soñaste con unir el mar rojo con el mediterráneo

redujiste a polvo y piedra
los más grandes palacios de tu época
para amontonar otros mayores
humillaste el orgullo de las antiguas ciudades
para saciar tu vanidad de conquistador
y ahora
jakub ben al mansour
de tus jardines imperiales no quedan más que tallos
quebrados y resecos
y de tus propios palacios tan sólo subsisten
las ruinas de los sueños de los reyes
que quisieron igualarte

pero nadie detiene la historia
león del desierto
en meknés
la puerta más hermosa del islam
recuerda tu hazaña
en marrakech
se hacen aún más viejos los muros
que no pudiste derrotar y la arena bajo el sol
cuenta de tus insondables fatigas

MEMENTO

en enero del 82
me acerqué al mar

y oí claramente que dijo tu nombre
no me acuerdo lo que dijo
pero sé que era tu nombre
y yo estaba enamorado
y pensaba que el mar
había llegado
hasta aquí
hasta esta orilla lejana del mundo
para saludarnos

al atardecer supimos
que nunca más seríamos tan felices

mientras la línea del horizonte
fue partiendo poco a poco
el día de la noche
y el rumor del mar
se fue convirtiendo en silencio
vimos la silueta apenas visible
de un pájaro desaparecer
contra la esfera agónica del sol

a las 6 de la tarde
el minutero del mar
marcó la hora definitiva
y se hizo de noche

escuchamos el oleaje de la eternidad
haciéndose permanentemente arena
con el color del sol extinto
sobre la piel
creíamos que ya éramos eternos
y que el mar nos había regalado
un soplo de inmortalidad

recorrimos la playa por última vez
cada uno intentando llenar
las pisadas del otro sobre la arena
pero mientras lo hacíamos
la crecida iba borrando
con implacable nitidez
la estela de las huellas

y luego

luego nos dijimos adiós
como si nos separáramos
para siempre

era enero del 82
en guanacaste
creo que en el coco
en una casa de alquiler
que daba a la costa de yugoslavia
(en un afiche turístico)
y de esto
han pasado más de 20 años
pero no mil
y tu rostro se me extravía
en el castillo de naipes de los recuerdos

nunca más volvimos a aquel lugar
último atardecer del primer amor
en que nos fundimos
con el color esquivo de la felicidad

MAURICIO MOLINA
(San José, 1967)

Doctor en psicología por la Universidad Aristóteles, en Grecia, y profesor de la Universidad de Costa Rica. Con su primer libro, Abominable libro de la nieve, *obtuvo en 1998 el Premio Hispanoamericano de Poesía Sor Juana Inés de la Cruz. En este libro crea su heterónimo, el poeta Nicolae Orescu. En 2000 recibió una mención honorífica en el Concurso de Poesía Pablo Neruda por* Maremonstrum. *En 2003, su tercer libro,* Abrir las puertas del mar, *ganó el Premio Editorial Costa Rica. Al año siguiente publicó* Las cenizas de Orfeo.

EL SUEÑO DE BEOWULF

Es vana la ambición del cazador que harto de leones y bestias de segunda, busca hacer de su cuarto un bestiario medieval.

Recoge libros de una selva hundida entre las sombras, cuelga en las paredes la cabeza de un dragón de Dinamarca, las alas de un ángel nocturno.

Y en la pared desnuda, que espera su último trofeo, coloca el espejo.

LENGUAJE DE LLUVIA

Dame tu comunión
loba buena
levanta tu hocico esta noche

Canta una canción dulce
que sirva para un día de noviembre
Derrama el vino
de esta copa cerrada
y aúllame suave en el oído

Desordena mis artefactos
pequeña extraña
y revela mi mente
en tu cuarto oscuro

entonces bésame suave
como si estuviera lloviendo

EL VIEJO LICÁNTROPO

A Lílith, la que aúlla en la noche

El viejo licántropo se pasea en Bucarest
Hay un alfil sobre la torre del castillo
una flor amarilla en su solapa
Negra la noche la sangre negra
Se juega el tres de bastos
y la lluvia es cosa de ranas
Los príncipes de la tierra
deciden otra vez
Se equivocan hasta en el color de
sus sombreros.
¿Amanecerá en Bucarest?

La hora no es conocida por sincera
ni por seria
y si acaso me preguntas
qué gano cortándole la pata

al batracio
te señalo al pobre licántropo
que otra vez da vueltas a la plaza

Ella
mientras tanto
para matar el invierno
inventa palabras
pinta de blanco sus labios
descubriendo el dulce placer de
la licantroginia
Descorcha una manzana
y tiembla de frío
mientras piensa
que la meta
no es el lobo

CITY LIGHTS

Inauguran la plaza, los relojes, las estatuas, el final de las vírgenes. Inauguran con cenas con fuegos de artificio, con el licor de una manzana rota. Celebran sin temor a que se apaguen las velas para un ciego, el piano para un mudo o se quiebre la copa de vino para un zurdo.

¿Pero quién festeja la hierba del parque?, ¿el cuerpo de Charlot que durmió allí, que dejó su figura pintada esperando el invierno?

PRELUDIO PARA LA BODA DE LAS FLORES

Una flor cuelga en sus ojos
¿cómo arrancar los pétalos y orar
por las noches de deseo?

Por calles de ceniza
donde los enanos imaginaron tulipanes negros
se arrastran cansados los cuerpos de los caracoles.

Nunca es cierta la palabra que desciende de jardines,
no es sagrada la boca de los lirios en el agua.

¿dónde encontrar el corazón en flor,
el naipe que floreció en tierra amarga?

EL CÍCLOPE

Mira por el ojo de la cerradura,
por el hueco sediento de los grifos.
Mira por las grietas
que abren las termitas y los años
en mi casa de madera.
Y fuera de ella
me espía desde las fisuras
más pequeñas de la noche.

Busco cerrarlas
y aparecen nuevas:
Su ojo sin límites
en mitad de la tierra.

Busco la salida de esta cueva
y no hay un solo carnero
para engañar su mano.

ASTROLABIO

A Camilo

Enano que buscás un caballo
para transitar el mediodía,
desnudo y frágil asomando la lengua
a beber el vino blanco de una teta.

Las flores dan vuelta
los carruseles dan vuelta
y vos en el centro
caballero vagabundo
con tu arpa de musgo
y tus ganas de mamar mariposas
Vos bostezando en el barco
agitando pulmones y manos
para medir la distancia en el cielo:
tu pequeño astrolabio

ODA A G. HAGI

Hagi,
el viejo anda en bata negra
y parece no escuchar las voces.
Con un gesto de su boca blanca
dice basta.
La bella diosa juega con su alacrán,
el viejo sale de su cueva
con el candil rumano
y la botella de vino azul.
En Bucarest ya nadie cree en flores, Hagi,
pero sales con un par de lirios en los pies
y caminas por una ruta de astros de Hachís.

Te persigue cansada la Vía Láctea
cuando llegas a Madrid a venerar tu secreto.
Anoche te dabas un beso húmedo
con la arpía de cabellos rubios
Ahora cantas una canción de fuego y luna
en honor del último de los Cárpatos.

(Pero el *míster* no te escucha, Hagi)

El conde está de malas
y se acuesta refunfuñando
mientras se hace de madrugada.
Se ha mirado en el cristal
pero no ha visto su rostro:
mira a Alicia,
que llora en el cuarto de los espejos
y llora,
no a través
sino desnuda, delante del espejo.

LUIS CHAVES
(San José, 1969)

Poeta, traductor y articulista. Es coeditor de la revista de poesía alternativa latino-americana Los Amigos de lo Ajeno. *En 1996 publicó* El anónimo *y en 1998 obtuvo el Premio Hispanoamericano Sor Juana Inés de la Cruz por* Los animales que imagina-mos, *publicado en Costa Rica y en México. En 2001,* Historias Polaroid *fue finalista del Premio Internacional de Poesía del Festival de Medellín. Ese mismo año editó en Ecuador una* Antología de la nueva poesía costarricense. *En 2005 recibió el Premio Fray Luis de León, en España, por* Chan Marshall. *Otras de sus obras importantes son* Cumbia *(2003) y* Asfalto, un road poem *(2006). Fue editor de la revista* Soho.

TRADUCCIÓN LIBRE DE UN TEMA INÉDITO DE CHAN MARSHALL

I

Arrancaron la hiedra.
De raíz. No les fue fácil, sin embargo.
Emplearon podadoras,
palas y guantes para no lastimarse.
Esa hiedra que tardó años en cubrir
la pared al fondo del patio.
Aferrada al concreto, parecía resistirse.
Era su territorio.
Si hubiera podido hablar
no lo hubiera hecho,
habría gritado,
no hubiera perdido el tiempo

en hacerlos entrar en razón
porque el objetivo de esta mañana
era cortarla, ver la pared lisa, perpendicular.
La hiedra dejó marcas
como huellas de ave pequeña,
similares a las que dejan en la arena
los pájaros marinos.

Tenías dieciséis en esa foto,
atrás la hiedra crecía como un cáncer.
Sin simetría, con determinación.
Dieciséis y ya sabías
lo que las manos no alcanzaban,
lo que era tu nombre escrito en tinta china,
lo que era una canción repetida hasta dormir,
despertar con ella.
Sabías de esta ciudad de tullidos,
obesos y descompensados,
condenada a la pequeñez.
La hiedra nada sabía de eso
pero crecía detrás tuyo
en la misma foto
donde aún tenés dieciséis
y ya la pared está totalmente verde,
cubierta por la hiedra que no sabe
lo que nosotros sí.
Por eso pueden cortarla de raíz,
con esfuerzo pero con éxito.
Al sol le da lo mismo,
igual cae directo sobre la pared
donde no está tu sombra.
Ni la hiedra.

II

La lluvia sobre tu nombre
escrito con tinta china, ¿recordás?
Empezó a correr sobre el papel,
sin simetría, con voluntad propia.
Como lo haría una hiedra en la pared
donde alguien hubiera podido tomar una foto
a la niña de dieciséis,
que ya no era niña,
obsesionada con la palabra deformidad,
dormida escuchando la misma canción
que ya es difícil precisar de dónde proviene
si de adentro o de afuera
yellow hair / you are such a funny bear
Y las cosas que crecían sin saber nada de esto.
Durmiera o no la niña, crecían, como el cáncer.
La hiedra también.
Entonces el nombre se convertía en otra cosa:
una mancha negra sobre papel,
como una enfermedad
o la idea que tenemos de la enfermedad.

La hiedra en cambio
no tiene ideas.
Si se enferma, muere.
La niña tiene ideas,
se enferma, muere.
Pero la hiedra estaba sana,
seguía creciendo,
empezaba a invadir la casa del vecino.
El vecino tullido que vive con su madre,
la madre obesa,
la familia descompensada
que tenemos de vecinos.
De todas formas, la cortaron de raíz

aunque estaba sana,
de un verde temperamental.
No porque tuviera ideas la planta
sino por cosas que explicaría mejor
un biólogo o un botánico
o tal vez la gorda de al lado
que vive hablando de su jardín,
del jardín y de la voluntad de un dios
que le envió un hijo tullido
como castigo tal vez,
por obesa,
por gorda,
por solterona,
por vecina,
porque sí.

Porque no hay razón para nada,
un día algo está sano,
la mañana siguiente lo arrancan de raíz.
Un día se tiene dieciséis
y la vida es una extensa playa en la tarde,
la arena tatuada con huellas de pájaros marinos.
Y ese momento dura lo que dura
una canción que se repite
hasta entrar en el sueño
mientras lo demás sigue creciendo,
dentro y fuera,
en silencio,
lejos de la simetría,
con determinación.

FOTO

En la vieja billetera moldeada por la nalga, la fotografía de épocas mejores. Los dos en un parque de otro país. La foto en la que para siempre ella mirará, no a él, que la abraza, sino al desconocido que la tomó.

MUDANZAS

1

Si vieras.
Dos semanas de temporal
borraron la huella ocre
de las macetas.

Revuelta en la lavadora,
ropa blanca y de color.

Una casa reducida a cajas de cartón
la tarde que gira sobre el eje de la lluvia.
El mentolado falso
de un Derby suave + una Halls.

Ese color de la plasticina
cuando se mezclan todas las barras.

2

El mundo da tantas vueltas
que parece no moverse.
Pensé decirlo
pero preferí, de copiloto,
verte manejar en círculos
por el estacionamiento.

3

Las hormigas vinieron
en las cajas de la mudanza.
El apartamento nuevo
empieza a parecer una casa.
De otro, pero una casa.

4

En el departamento nuevo,
el albañil pica la pared buscando
dónde está la fuga de agua.

No es desorden lo que se ve,
es un orden disparejo.

Bolsas plásticas,
cartones con cursiva en pilot
Cocina / libros / baño
Si otro, en este momento, entrara,
no sabría si alguien llega o se va.

5

Envuelto en la nicotina
de la inmovilidad,
se ablanda el cerebro
y se endurece el corazón.

Sin camisa me veo más viejo,
pensé decirlo pero preferí
recordar la vez que fui tu copiloto
y manejabas en círculos
por el estacionamiento.

6

Francisca, silenciosa,
se mueve por cada ambiente.
Para allá con la escoba,
para acá con el balde.
Dentro de esa boca,
siempre cerrada,
brilla un diente de oro.

7

Un pausa que amenaza
con convertirse en otra cosa.

La ropa sin tender,
el gusto del falso mentol,
el espacio libre
donde finalmente parqueaste.

8

Rodeando latas de cerveza,
los amigos discutían
cuánto dura la juventud.
Pensaste en voz alta
"qué me importa, si nunca fui joven".

Luego se agitó el borrador de la niebla.
Luego irrumpieron los grillos.

9

Aquí tendría que ir una frase decisiva
pero se destiñe la camiseta
de la tarde que hablábamos
mientras crecía el pasto
y sin darte cuenta
usabas mis muletillas
cada seis palabras.

Lo que no se va a secar,
lo que brilla sin elección,
un periodo equivocado para la mudanza,
el cerebro: masa de plasticina,
el corazón: dos puertas de carro
que sólo saben cerrarse.

10

Debajo de esto hay una canción,
aunque no se escucha ni se ve.

Las promesas de la casa nueva
quedaron en la casa vieja.

Del temporal va quedando ese color
de todas las barras de plasticina
que se mezclan se mezclan,
el martilleo que silencia
la tenacidad de una fuga,
esas gotas de lluvia
como las venas de la ventana.
Y el canto de los grillos
crece como otra niebla.

Debajo de esto hay algo mejor.

PANAMÁ

Tristán Solarte (1924)
Demetrio Fábrega (1932)
César Young Núñez (1934)
Pedro Rivera (1939)
Dimas Lidio Pitty (1941)
Moravia Ochoa (1941)
Manuel Orestes Nieto (1951)
Consuelo Tomás (1957)
José Carr M. (1958)
Javier Alvarado (1982)

TRISTÁN SOLARTE
(Bocas del Toro, 1924)

Seudónimo de Guillermo Sánchez Borbón. Premio Nacional de Literatura Ricardo Miró en múltiples ocasiones. Autor, entre otros, de El ahogado *(1954),* Evocaciones *(1955),* Voces y paisajes de vida y muerte *(1955),* Confesiones de un magistrado *(1968),* Aproximación poética a la muerte y otros poemas *(1973),* Viene de lejos *(2001),* La serpiente de cristal *(2002) y la antología poética personal* El camino recorrido *(2002). Miembro de número de la Academia Panameña de la Lengua.*

POEMA BÁRBARO

Voy a envolver mis pasos con la sombra de un pez
cualquiera
para escalar esta cumbre de niebla
mi voz se yergue en medio del viento como una estatua del
sueño
Voy a hablar de mi padre devorado por las uvas
de mi abuelo sideral espantapájaros consumido por la
niebla
del ángel de mi guarda dulce compañía pastor de mi muerte
fina campanada creciéndome entre el alba y la noche
cómplice de todos mis pecados
de mi hermana Mireya que se ocultaba detrás de unos
anteojos oscuros
para que no la encontrara el día
de mi madre que perdió toda una vida tejiendo con
luciérnagas

el traje que había de lucir un gallo en las madrugadas del
más allá
Traigo frente a mí un relámpago inmovilizado a la altura de
la frente
Por mis manos se desliza un río
Por estas mismas manos que un día soltaron las amarras del
mar
Por mis ojos campos yermos donde pastan antiguos bueyes
regresa Mambrú triste y cansado

CONFESIÓN

Yo vi las esferas
Yo toqué las fronteras
y mis manos se mancharon de eternidad
la silencio me expulsó del mundo
Ahora puedo escuchar los interminables comadreos de los
muertos
en la paz simétrica de los necrocomios
Yo sé el volumen exacto de infierno que hay en cada tumba
Y hay sigilos de hielo en mis labios
Conozco nombres y rostros que me callo
entornando los párpados
En noches de oscuridad sin fin saco
al viento mi fantasmómetro
Ése soy yo señoras y señores
el despreciable el desterrado el réprobo
Huid de mí
Crucificadme en el fondo de un río
que yo renaceré al tercer día de vuestra muerte

EL CURA SIN CABEZA

Diré cómo era el cura sin cabeza
que vi una noche al pie de mi ventana,
cuando daba una vuelta a la manzana,
bordeando el tajamar, reza que reza:

pechicaído, triste (con tristeza
de cura sin cabeza y sin sotana);
flotando a un pie del suelo la sotana
de fósforo, raída de pobreza.

Ya todos te olvidaron: invisible
espectro por faroles consumido,
no estás ni en el infierno ni en la gloria.

¡Silencio!, no hagas ruidos tan horribles,
que todos en el pueblo se han dormido
y sólo vela un niño en mi memoria.

ULTIMÁTUM DE ZEUS

Para desintrincarme de los brazos
que me estrangulan —rubia enredadera—
de Calipso, implacable carcelera,
quisiera ver hoy en el cañamazo

donde se borda mi destino, el trazo
firme del mensajero o mensajera
que porta el ultimátum: o me libra,
o hará saltar su bastión en pedazos.

Cautivo de su sexo y de sus pechos,
embrutecido de placer yacía:
aunque a veces, durmiendo al lado de ella,

soñaba con Ítaca y otro lecho
(y Penélope en él se consumía
con mi recuerdo, inútilmente bella).

DESEO

¡Ay, si a la Mona Lisa
pudiera dinamitarle
las compuertas de su risa!

MEMENTO

Cautiva imagen, entre dos espejos,
mirando prolongarse al infinito
el rostro de un desconocido, un viejo
de ojos tristes y párpados marchitos.
La mano, puro huesos y pellejo,
vuela a la boca para ahogar tu grito,
eslabonando secos morabitos
que avanzan a medida que me alejo.
Vertiginoso, móvil palimpsesto
de lívidos ancianos repetidos
—arrugas, queratosis, piel cetrinapetrificados
en el mismo gesto
del que de pronto se ha reconocido
en el extraño que dobló la esquina.

ARS MORIENDI

El hombre que al morir recuerda cosas,
cositas, sombras de cositas, flores

en celo, deslumbrantes mariposas
y un mar azul listado de verdores;
y rosas y rodillas espinosas
y muslos entreabiertos a colores,
se muere de la muerte más hermosa
y vuela a un paraíso de pintores.
En cambio, aquel que invoca esplendorosas
ciudadelas guardadas por cuestores
feroces, y utopías luminosas,
lo mandan a un infierno de oradores
o lleno de estreñidos pensadores,
todos de una elocuencia pavorosa.

NOSTALGIA Y MIEDO

Ayer pasé frente al solar vacío
donde hace tiempo estuvo nuestra casa.
¡Sentí una cabanga!
y miedo
de que por aquel espacio en blanco
una noche de éstas se fuese
el resto de la aldea.

NEW APPROACH

¿Figuro yo en el inventario helado
de tus nostalgias? No me dejes fuera,
mi amor, del archipiélago añorado,
ni del invierno hincado en sus riberas.
Para poder vivir lo recordado
el tiempo se ha devuelto en la escollera;
y yo recorro el pueblo, desvelado,

y tú cuentas mis pasos en la acera.
¿Lo ves? El sol sin nubes ha incendiado
tus pechos bajo el agua del pasado
—todo es de nuevo como entonces era—.
Cautivo de un instante, yo quisiera
tocar, arder en el fulgor dorado,
abrazarme llorando a tus caderas.

DEMETRIO FÁBREGA
(Ciudad de Panamá, 1932)

Poeta, ensayista y traductor literario de inglés, italiano, portugués, alemán, francés y japonés. Se ha desempeñado como periodista y diplomático. Premio Nacional de Poesía Ricardo Miró en varias ocasiones. Miembro de número de la Academia Panameña de la Lengua y correspondiente de la Real Academia Española.

LIBRO DE LA MAL SENTADA

> ya, señora, ten por bien
> de me dar el gualardón.
> MARQUÉS DE ASTORGA

Por tu color mortal vengo vencido,
heme que vengo por tu piel cegado,
la frente traigo de laurel cansado
y el prado de vivir por ti caído.

Me fui por cosas de oro prometido
rasgando mundos con mi potro armado,
y el resplandor que había en tu costado
pobre dejó mi estado perseguido.

Ya se me rompe el tiempo y me condena
porque te fui a buscar y ciego anduve,
porque sentí tus galas en mi cuello.

Si ya sólo morir y en tierra ajena
podré, siquiera por lo mal que estuve,
que sea después, después de aquello.

CUERPO AMOROSO

VIII

Entre los sauces de la noche vi
cómo venías por las losas húmedas
dejando atrás estrellas agitadas.

XIII

En el secreto de la tarde
deshacer tu calzado reviviendo
las calles de alegría que pasamos.

Una tras otra las dóciles prendas
ir dejando caer aún temblorosas
del vuelco de la carne enamorada.

Luego, las lides demorar, mirando,
ávido, el fruto prometido.

XVI

Cerca, ceñirte.
Hablar las venas.
Que del rozarse nuestras manos surjan
ondas, países, bosques, llamas, vuelos.

Así, cumplir las blancas guerras,
mundo en temblor, asombro
de ver un ángel, con dolor, dormir.

XVIII

Hollada tu inocencia, lloro
sobre tu cuerpo sosegado.

XXI

Qué podían los dioses
que te mostré en mis libros y borraste,
sino vernos amándonos, pensando
que no era mayor cosa ser un dios.

TANGOS PERDIDOS

Amor, ch'a nullo amato amar perdona,
mi prese del costui piacer sì forte
che come vedi ancor non m'abandona.
DANTE, *Divina Comedia,* canto v

Tango primero

Prima dolorosa,
blanda herida,
fulgor de penas iracundas,
¿quién se abre paso por tus carnes,
intruso en los jardines
que consagré con sus fuentes
de delirio,

sus alamedas de estremecedor azul,
y el estanque agitado de pronto
por el filo de tu risa en la saciedad,
mientras un paje núbil nos miraba contando
jazmines de agonizante olor?

¡Cómo se van los días,
cómo va agolpándose la noche,
capitana loca,
en los puertos perdidos!

¿Qué hacer con tanta ciudad,
tantos ojos, tantos labios abiertos,
tantas horas iguales, y la pesadumbre
tranquila y pertinaz que me dejaron tus noches,
inasible dulzor que en la memoria persigo
blandiendo una espada inútil
en la penumbra enemiga?

Te llamé ayer con el alarido
de uñas lentamente arrancadas, con fiebre
de desesperados ángeles taciturnos,
como si estuvieras nuevamente allí,
poniendo tu desnudez,
un manjar más, sobre la mesa del convite.

Detrás del malecón flotan desechos confundiéndose
con algo que me diste,
un sabor de hace tanto que no logro reconstruir,
amenaza apacible, suavidad ardiente,
vuelco de la sangre sorprendida.

A veces, dentro de un caracol
busco el murmullo de tu cuerpo dormido,
las formas que quise aprenderme
a flor de labio y con las yemas

de mis dedos atónitos,
última, tú, pobre pasión.

Perecerá la cegadora lis
en la hondonada de tu talle
como el último fruto del nogal
se pudrió tercamente en el invierno indeciso.

Aire que te vas
y no llegarás nunca
a conocer sus suspiros en el desasosiego
de los atardeceres violentados;
¿y también tú,
también te irás, amiga soledad?

Un día, el sonido impreciso
de un perro aullando en la distancia
me pareció tu gemir,
avasallada paulatinamente por el placer,
débilmente prolongándose, apagándose
como la ola que estalló en el farallón solitario.

Las noches calladas, en mi cuarto solo,
las maderas crujen como mi alma
por la que caminan secretamente
tú y tus sombras.
Mi áurea y profunda fugitiva, tú
que ahora tal vez estés jugando
con las heces del amor,
mientras la nieve tardía cae desde mis árboles
derretida ya, destinada
a desaparecer en la tierra.

Tango segundo

En el perfume de los lirios cansados
la débil llama de tu nombre irrumpe,
doble puñal de caricias y angustias
hundiéndose en la sangre incómoda,
agitando hasta el desvaído
recuerdo del primer temblor de amor.

Alma apenas maltrecha,
voz apenas con desesperación,
¿eras acaso tú la señalada
para ungir las palabras del prodigio, perdidas?

En el palacio desierto
la escalinata resonó despertando
con los suspiros que arrancaste al huir
húmeda aún, las trenzas incendiadas
como las mieses rojas de la tarde
que desgranaba el ocio de mis manos.

Cada amanecer con el mismo color,
y en cada bruma interna el mismo sobresalto,
y la mañana que llegó se vuelve
simplemente la noche que se fue.

Si me preguntaras cómo, cuánto tiempo,
se mantendrá como una espina trémula
la memoria de tu garganta llamándome en la oscuridad,
queda, gimiendo en lo más vivo de tu piel, te diría:
hasta que un ruiseñor dormido eche a volar
en medio de las margaritas rojas que crecerán sobre tu tumba,
y se haya borrado de tus muslos el último sudor ajeno.

CÉSAR YOUNG NÚÑEZ
(Ciudad de Panamá, 1934)

Poeta, ensayista y profesor de lengua y literatura. Autor de Poemas de rutina *(1967),* Instrucciones para ángeles *(1972-1973),* Carta a Blancanieves *(1976),* Poesía mía que estás en los cielos *(1991),* La musa inoportuna. Obra (in)completa *(2004) y* Crónicas de rutina *(2005). Mención de Honor del Concurso Literario Ricardo Miró (1962), Segunda Mención del Concurso Literario Ricardo Miró (1965), Premio Universidad (1972-1973).*

POEMA VERTICAL

Me
coso
un
ojo
en
la
mano
y
te
miro
tocándote

NO ME REGAÑES, MAMÁ

Tal vez lo pongas en duda
Tal vez no lo tomes en serio

413

Tal vez lo tomes en duda
Tal vez no lo pongas en serio
Yo únicamente quería saber
Mamá
De dónde son los cantantes

EN QUÉ LÍO TE HAS METIDO, SÚPER RATÓN

A Efraín Huerta

Consultar a las nubes cuando ya marzo se haya Idus
Invocar una transmisión telepática
con el telón de fondo de la *belle époque*
Así es hermoso inventar puentes
Imaginar una posibilidad
Que nos conduzca a esa posibilidad
para pactar con el ying y el yang
empezar es partir delfín
ya lo decía Eliot
Y tú, Super Ratón, con más agallas
que el mejor tirador del Far West,
¿no ves que te tiembla el pulso
en el minuto que precede
a la catástrofe?

En el final es donde se empieza
Y tú el más hermoso niño de la tierra
No eres más que el bebé de Rosemary
después de haber apretado el gatillo

CARTA ESPONTÁNEA A MIS AMIGOS

Estoy parado, pobre recuerdo mío, sobre el tiempo,
A mil ochocientos metros sobre el nivel del sueño.
Mi recuerdo mece la cuna donde duerme tu nombre.
Deseos de mil cosas se alborotan en mi frente.
Pero mientras tanto estoy doblando este papel
para enviarlo en el pico de la paloma que una vez me robé
en la Plaza del Vaticano.
¡Atención, amigos!
Oh mis buenos amigos
que compartís conmigo
el delicioso y amargo ejercicio de la poesía
con Carta Vieja y ojos de mujeres fáciles.
Oh, si por ventura viéreis a mi melancolía,
por favor, amigos, pónganle un par de zapatos nuevos,
para que pueda otra vez caminar sin que se duela de mí.
Llévenla, si les es posible, muy de mañana
a tomarse una taza de café.
Infórmenle que estoy pronto a reconciliarme
y si las lágrimas acuden a sus ojos cómprenle
una caja de pañuelos verdes, y luego, llévenla
a su casa, oblíguenla a que se acueste y con un periódico
abaníquenle el tierno rostro.
Por lo que más quieran, trátenla tan delicadamente
que hasta una consulta médica les pidiera, o mejor,
un pequeño trago de mar y sol fuerte por si tiene insomnio.
Melancolía, prostituta enferma, ángel mío,
flor que se extingue
por las dolorosas calles de mi poema.
Melancolía de un tiempo y de una historia
Sumergidas en no sé qué catálogos que guarda
la memoria triste.
Tomo un trago de ron porque el frío corre
como un vendedor de periódicos voceando entre la lluvia.
Afuera un viento helado viene de muy lejos.

Triste, muy ando por el mundo. Vi a la miseria
muerta de hambre y traté de ahogarla en un charco de la calle
y me sangré las manos.
Abro mis brazos, perdido y solo.
(Pobre criatura sin destino.)
Quiero tenerte, retenerte,
Elevarme y desclavarme tu cruz de lágrimas,
desde este lugar donde te vivo cada día.

NO LLORES MÁS QUE TU LLANTO ME ENTRISTECE

Lloro por las cosas que uno siempre quiso
y nunca nunca tuvimos ni la sombra
Lloro por el hombre de la tienda azul
que le robaron dos tazas de té
y tiene el corazón destrozado
Lloro porque no le hice nunca una canción de kuna
al poeta Aristeydes Turpana
por no dominar el idioma kuna
Lloro por el kama sutra porque no es sutra ni la kama
Lloro por el hambre porque nunca tiene sed
Lloro por la mujer que todavía amo
Lloro por Janis Joplin y Violeta Parra
porque llenaron mi corazón de música
Lloro porque siempre me fui sin decir adiós
Lloro por mi juventud de vino y tesoro
y cuando quiero llorar suben de precio las lágrimas
Lloro por la llorona loca, por el llorón
Lloro loros, Loro lloros
Lloro por Llorente y por mi llorillanto
Lloro por mi llori/queo técnico en el octavo asalto
¡Y cuando no me dan de beber lloro!

CARTA TARDÍA

Yo escupí la luz de la noche que cavó en tu rostro
mutilados luceros de jácara y lujuria.
Tú apenas soñabas con los blancos molinos de viento de tu infancia.
Tú ibas con tu dolor, como una lámpara rota en las afueras de tu sueño.
Tú a quien los marineros ebrios en la "Good Neighbor"
y los soldados aburridos y los diputados cuyos dioses eran
"Speedy González" y los magos de la UPI
con noticias sobre la muerte de Marilyn Monroe y el insomnio
de la princesa Margarita,
emborrachaban con wiskhy en aquel bar
lleno de humos y cervezas y traganíqueles borrachos,
y ultrajaban tus senos y tu carne humillada
como la tierra misma que sangraba por la ventana de tus adversidades.

Ahora pienso en tus ojos avanzando por las madrugadas
en las afueras de Río Abajo, en automáticos burdeles,
Villamor, Ancón, París, Las Flores,
huyendo hacia donde no encontraras rosados Volkswagens
y donde ningún hijo de rico pudiera violarte
y escupirte el rostro y sin que Jesús pudiera consolarte
porque Cristo vive en la casa de los ricos
hasta la segunda la tercera y la cuarta venida del hijo del hombre.

Tú tenías dieciocho años.
Tú corazón huérfano de vida a quien los funcionarios de turno
amarraban a un largo despojo.
Tus ojos miraban los paraísos de tu lejana casa junto al río,
sin que la felicidad pudiera hablar con Dios para que te diera la mano,
el padre de familia, el católico ferviente, ciudadano destacado,
jugaba sus dólares con muñequitas rubias en hoteles de lujo.
Muchas veces hemos intentado que tu corazón se abriera de la dicha,
que abandonaras la soledad de tus paredes vacías,
que la pureza de tu rostro, que tus manos blancas y suaves
como al primer baile que fuiste con los ojos ebrios de amor

volviera a tu dolor y a tu nostalgia,
pero apenas si fuimos capaces de lastimar tu ternura agotada y sin vida.
Esta noche hay otro Cristo clavado en la cruz.

Triste, tan triste como aquel que murió por salvar a los hombres.
Pero tú sabes, muchacha,
que un día el alba
bañará el rostro de la nueva mañana,
podrás cantar de la mano de los jóvenes héroes,
entonces ya nunca más estarás enferma,
ni pasarás hambre ni tendrás lágrimas,
y te diré que esta patria a ti pertenece.

PEDRO RIVERA
(Ciudad de Panamá, 1939)

Poeta, narrador, ensayista, cineasta y periodista. Varias veces fue Premio Nacional de Literatura Ricardo Miró en poesía, cuento y ensayo. En poesía ha publicado: Las voces del dolor que trajo el alba *(1958),* Panamá, incendio de sollozos *(1959),* Mayo en el tiempo *(1959),* Despedida del hombre *(1961),* Los pájaros regresan de la niebla *(1969),* Libro de parábolas *(1983),* Para hacer el amor con la ventana abierta *(1989)* y La mirada de Ícaro *(2001). En el Fondo de Cultura Económica publicó* El libro de la invasión *(1998) junto con Fernando Martínez.*

PARA HACER EL AMOR CON LA VENTANA ABIERTA

1

Anoche la vi mientras dormías.
Tenía los labios fruncidos por el goce
y sobre el pubis un sueño desgreñado
de relinchos.

2

¿Qué decir de la fruta que yace entre tus piernas?
¿Acaso es un aguacate picoteado por bimbines?
¿Acaso rama de la que cuelga un mamoncillo perezoso?
¿O tal vez un caimito que ha hecho pacto con el diablo?
¿Quizás un mamey con ganas de pájaro o fusil?
La toco con brevedad y salta
inventa los colores del arcoíris

y en menos de lo que canta un gallo atrapa mis jugos seminales.
¿Con qué nombre nombrarla mientras agonice
en sus laberintos pegajosos?

3

Hagamos el amor en la cubierta de un navío
a la sombra de un palo de aguacate
en las butacas de un cinematógrafo
(donde pasen un filme de dibujos animados)
debajo de la mesa de una fonda china
en el mar
          entre olas
peces
y medusas
en el campanario más alto de la iglesia
en el asiento trasero de un Volkswagen
en la cama de un faquír egipcio
en un hotel de mala muerte
en el cascarón de un terremoto
en olla
piso
desván
o tren
o aquí, en la cama, míralo, como Dios manda.

4

Mi lengua te lame de los pies a la cabeza.
Mis dientes coronan de azúcar tus pezones,
Plancton de deseo filtran tus agallas.
Me doy perfecta cuenta:
          el amor
es un océano en donde tu pez habita.

Yo, pescador, arrojo la carnada
sedal y anzuelo entre musgos y apetito
y me doy perfecta cuenta:
por la boca muere el pez.

5

¿Por qué no hacerlo junto a los arrecifes en el atardecer
en la arena
junto al mar
y decir sabroso
cuando introduzca hasta el fondo la vara enrojecida
para que todos los pulpos del placer circunden tu grito de sal y ola
y seas literalmente envuelta por la tinta
que arroja mi tentáculo mayor antes del desmayo?

6

Ven, me dices, mientras avanzo
armado hasta los dientes
con bayoneta calada
para el combate cuerpo a cuerpo.

¿Por qué no opones resistencia y tú misma
bajas el puente del castillo?

Un centinela de casco colorado
derrama aceite en el túnel de la muerte
y cuando entra
       ataca
       se encabrita
cierras las paredes, estrangulas
al único soldado de mi ejército invasor.

7

Vertical, en ángulo de 90 grados
sentada sobre mi carne te contemplo.
Te revuelcas en un charco de aguijones.
De tus senos cae rocío y un lento
aroma de mariscos naufraga en mi memoria.
Subes y bajas como las olas del océano.
Bajas y subes
en un vértigo de espigas.
Mas, de pronto, un rayo congela
tu ademán
y quedas inmóvil
como izada
        en un mástil de bandera.

8

No muerdas el árbol del paisaje.
Lámelo con suavidad para que se hinchen sus corolas.
Bésalo como a un niño que juega con su piel de goma
Succiona su mínimo ademán de escapatoria
y cata
entre lengua y paladar
este sabor de húmedos antílopes.

9

Como en oración, de rodillas, largo rato
juegas a la lleva, al mirón mirón mirón
con sus helechos y fisuras.

Haces pases mágicos a su varita de hada buena.
Exorcizas los traumas de su estirpe.

Lo levantas como a Lázaro del sueño.
Y cuando los demonios se amotinan en tu sangre
subes fiera, horizontal
para tragarte de un zarpazo
este que ha sido
el eterno muro de tus lamentaciones.

10

Junto al árbol, Eva de los mil pecados,
te subes la falda con gracia de pez
o de paloma.
Apoyas la cabeza en los líquenes del viento
y galopas.
Bajo nuestros pies, entonces,
la tierra tiembla con el vaivén de tu cintura.
Y cuando los volcanes estallan al unísono
y cuando el chorro de lava brota
de la rigidez que te penetra
en tu garganta se oye
un rugido de tambores silenciosos.

11

Debajo de las greñas del paisaje,
entre estrellas de mar, pólipos y conchas,
se abre tu erizo de amar
al sentir el *arponazo*
y el chorro estrepitoso de peces diminutos
nadando en tus ovarios.

12

Cara a cara, cuerpo a cuerpo,
tu David con honda de humedades
siempre derrota a este Goliat
que tanto amas.

MEMORABILIA

Sócrates, Atenas, 470-399 a.d.n.e., hijo de cantero y partera,
de baja estatura y feo, sostiene que distingue al hombre de
las bestias y por tanto debe someter por vía de la razón al
animal interno.

La verdad oculta sus vástagos al ojo más agudo.
Aun cuando la vieja soldadesca subjetiva custodie
el palacio donde nenúfares y colibríes
juegan a ser sol, verdad y sistema planetario
el yo agoniza bajo una montaña de prejuicios.

Por eso la justificación del devenir es
primero incertidumbre.

Dado que al margen de la verdad
todo
nada significa
la especulación sobre el cosmos se torna irrelevante
si tú, quien pregunta y se responde, nunca
percibes la mueca de tu rostro en el espejo
rictus en el cual se transforma la sonrisa espuria
lágrima en la que sacian los pájaros su sed de vuelo.

¿Quién soy yo, quién tú? ¿Acaso tesituras semejantes
algo más que la piel sobre la piel

osamenta delirante revolviendo despojos
de profundidad y abismo en los vertederos de la Dióspolis?
No sabemos qué, de dónde, cómo, quiénes somos
ni por qué el magma de los propósitos gregarios
subordina la necesidad de reconocerse uno mismo en los demás.

¿El alma que muere es inmortal?
¿Lo verdadero y lo falso acaso son la misma cosa,
reverso de la luz, anverso de la sombra
o, lo que es peor, dorso del tiempo inmemorial
en cuyos confines amor y muerte intercambian sus lenguajes?

¿Desde qué ángulo contemplas el arriba del abajo?
Pensares meterse en las mismas entrañas de la noche
contemplar pequeñas luciérnagas en los bordes de la sombra
escuchar susurros angustiosos de almas que transmigran.
El único saber es la conciencia de la ignorancia propia.

La conciencia del error es el camino a la verdad.
Por eso la certeza de ignorar es el máximo saber.

Sin embargo, el poder tiene más valor que la verdad a secas,
lo comprueba el garrote, la cicuta,
la soga que suprime el paladar del moribundo, la estaca
(con el tiempo el gas intravenoso o la silla eléctrica),
el hacha empuñada por la mano del verdugo, en cuyo yugo
muere quien pregunta, el que busca una sola de todas las respuestas,
el sembrador de dudas, el insurrecto aristócrata
debajo de cuyas sandalias rotas y raída vestidura
el gen oculta y ennoblece la soberbia humana.
La misma bestia que empuja los carruajes del crepúsculo
también llena de alaridos cada recoveco del amor.
El mar y el cielo de Grecia tienen la misma tinta de conjura.
Las condiciones para el crimen están dadas desde siempre.

Maldita sea la noche y la luna cómplice maldita
malditos los gusanos, los buitres, el juicio prematuro
el cálice en la mano firme y temblorosa
la muerte coronada una y otra vez por las lluvias del otoño.
Malditos los ventisqueros en donde los pájaros despluman
envidiosos vuelos y pérfidas noblezas.
Malditos sean
los incapaces de sentir el soplo azul de la mayéutica,
el buril de la palabra, según el reducto ad absurdum
cuando sonsaca conceptos de la testuz estúpida
Maldito el amor porque no muere
y sin embargo muere
porque año tras año, milenio tras milenio
una y otra vez
el más venerable fantasma de la Hélade
bebe la cicuta
y en vano la esperma de sus dudas y argumentos
—sólo sé que nada sé— preña la certeza del magíster:

Maldita sea la muerte.
Malditos sean los asesinos de la muerte.
Malditos sean los que todavía no terminan de matar la inteligencia.

DIMAS LIDIO PITTY
(Potrerillos, 1941)

Poeta, narrador y periodista. Premio Nacional de Literatura en varias ocasiones, en poesía, cuento y novela. Miembro de número de la Academia Panameña de la Lengua y correspondiente de la Real Academia Española. Profesor extraordinario de la Universidad Autónoma de Chiriquí. En poesía ha publicado Camino de las cosas, El país azul, Memorias del silencio, Crónica prohibida, Sonetos desnudos, Rumor de multitud, Décimas chiricanas, Relicario de cojos y bergantes, Coplas sobre una esperanza *y* Huellas en el agua *(recopilación de su poesía de 1965 a 2005, dos volúmenes).*

LA SANGRE Y EL RÍO
(Elegía a Martin Luther King)

> ... al yanqui que viene y va,
> negro, dale ya...
> RAFAEL ALBERTI

I

Las aguas del Mississippi siempre fueron puras.
En ellas abrevaban los animales y los hombres rojos,
en la fría luz de la mañana o al hundirse el sol en los remansos.
Así fue por mucho tiempo.
Luego los conquistadores las enturbiaron,
con crímenes y devastaciones,
y ya no fue translúcido el hielo en el invierno
ni cristalino el cauce en primavera.
Sin embargo, el río nutrió a *pioneers* y *trapers,*

427

de bigotes heroicos y largos fusiles de Kentucky,
en éxodo al *Far West,*
en viaje al oro y a *The pastures of Heaven.*
Caravanas y rebaños pernoctaron en él,
antes de afrontar el desierto
y las arenas y los vientos de Gila y Arizona.
Para peregrinos y bestias,
el río fue vida y esperanza.

II

Después llegaron los negros arrancados a su nativa Kenya
y mientras añoraban la tierra y los cielos de su pueblo,
mientras soñaban con volver a contemplar un día el Kilimanjaro
—dios de los hombres oscuros—
el látigo caía en sus espaldas,
destruyendo toda esperanza.
Así nacieron los *spirituals* y el *jazz*
—de algodón y sangre y lágrimas:
música de dolor y magia,
música para vivir en medio de la muerte—
mientras las aguas bajaban de los Grandes Lagos,
de los bosques de Arkansas y Missouri,
con navíos repletos de pieles y madera.
Mark Twain y Whitman vieron esto;
y Beecher Stowe y Lincoln y John Brown;
todos vieron a los negros lavar sus heridas en el Mississippi,
cuando caía el silencio en los algodonales
y la noche era como "la noche negra de su África".

III

Así fue por mucho tiempo.
Luego la guerra tiñó las aguas de sangre.

Manantiales rojos cayeron en el río:
sangre de negros y de blancos,
de caballos y de cerdos;
sangre de hombres y de bestias.
Desde entonces no han sido claras las aguas del Gran Río
y cada día un nuevo asesinato añade sangre al Mississippi.
Ayer la guerra, hoy el Ku-Klux-Klán;
ayer el látigo, hoy balas 30.06;
ayer los amos y el negrero, hoy los políticos y el *dollar*.
Pero las víctimas no cambian:
siguen siendo los hombres de Kenya
y los *spirituals*
y el *jazz*.

IV

Martin Luther King ha dado su sangre al Mississippi;
se ha unido a Malcom X y a miles de hermanos caídos en el Sur,
en el Norte,
en puentes y caminos,
en los *ghettos* del odio urbanizado.
Ahora su sangre se une al légamo del río
y enriquece las tierras de Louisiana
y promueve la ira entre los hombres.
Luther King ha muerto.
En la próxima primavera serán más rojas las aguas
y más ardientes el deshielo y los rencores.
Así será
mientras balas 30.06 continúen asesinando al *blues*,
al sueño negro
y a la vida negra.

V

El río está cambiado:
los animales no beben de sus aguas,

los hombres no beben de sus aguas;
el río hiede a crimen y a cadáver.
¿Qué diría el hombre rojo, si lo viera?
¿Qué dirían Tom Sawyer y Huck Finn?
¿Y el negro Joe?
¿Y el tío Tom diría: "Es bueno el amo; sí, señor"?
No:
la sangre dice que no,
Luther King dice que no
y los negros
y los pueblos
gritamos que NO.

VI

El río está sucio.
El Gran Padre de los Ríos,
el río de Sitting Bull, de Pontiac,
de los dioses y los animales,
el río puro y dulce está podrido:
lo han envenenado el Ku-Klux-Klan y el *dollar*.
El río está sucio:
lo han llenado de muerte los negreros,
lo han manchado de pus y de carroña.

VII

Ya los negros no deben llorar por sus heridas,
cuando cae la noche en los algodonales
y el país reposa del crimen y el comercio.
(Luther King murió engañado:
le dijeron que el agua estaba limpia,
que el negro debía ser manso;
y hablándole de paz lo asesinaron.)

Ahora los negros deben recordar su África, su Kenya;
revivir la caza de las fieras;
empuñar la lanza y el escudo
y destrozar el látigo y el amo.
No más Ku-Klux-Klan ni *black and white*.
No más barrios para negros.
No más Wallace para negros.
No más aire
ni vida
ni muerte para negros.

VIII

El río está sucio.
                    Sí, señor.
Luther King está muerto.
                              Sí, señor.
Abajo los negreros.
                    Sí, señor.
El río y el mundo serán limpios.
                                  Sí, señor.
Los negros y los pueblos serán libres.
                                        Sí, señor.
Para siempre serán libres.
                    Sí, señor.
                              Sí, señor.
                                        Sí, señor.

IN THE CANAL ZONE

Tú
mi yo
cruza la cerca y corre

detrás de esa alambrada está la muerte
captúrala y rómpele el pescuezo
Luego podrás irte a acostar con tu mujer
y vivir
o morir
o no hacer nada.

EL ESPEJO ROTO

No creía
Nunca creí que los yanquis fueran malos
En el año 49
un marine Santa Claus me regaló un *jeep*
y un carrito de bomberos
Le pregunté cómo era el cielo en su país
Nunca supe qué me dijo
pero sentí que era azul

Luego oí de las praderas y del Gran Padre de los Ríos
Más tarde de Montana y de las "hojas" de Walt Whitman
Así amé a Pawmanock
como antes el carrito de bomberos
¡Nunca creí que los yanquis fueran malos!

Ha venido enero con sus días en el bolsillo
Salgo a ver la ciudad y a los amigos
Quiero hablar de verano y carnavales

En la calle donde vivo
un cartel grita GO HOME en rojo y negro
En el Parque Catedral y en la Avenida Perú
Más afiches dicen
FUERA FUERA LOS INVASORES

Yo pienso en la grandeza de Abraham Lincoln
No les puedo creer a esos carteles
Un soldado me dio un carrito en el año 49

5 de Mayo es la plaza
Con su madre a una niña de 10 meses
una bala "Made in USA" le dejó el cuerpo sin cabeza
¿Dónde está la ternura de Walt Whitman?

Hay 21 muertos "Made in USA" en Panamá
Su muerte es GO HOME definitivo

Yo recuerdo un carrito y digo ¡PERROS!
y busco un fusil
mientras quiero una flor para mis muertos.

VIAJE AL FIN DE TI

Para conocerte
olvidé tu nombre
y me olvidé de mí

Fui de tus ojos a tu boca
de tu boca a tus senos
y a tu vientre
para conocerte

Para conocerte
recorrí tu cuerpo
todo
de la luz al sexo
y a donde fuese
ya estaba yo.

MORAVIA OCHOA
(Ciudad de Panamá, 1941)

Licenciada en filosofía, letras y educación. Tres veces Premio Ricardo Miró en Poesía: en 1957-1958, con Raíces primordiales, *en 1964 con* El espejo, *y en 1966 con* Múltiple voz. *También es autora de* Yesca *(1962),* Cuerdas sobre tu voz de alba infinitas *(1964),* Savias corporales *(1966),* Donde trazan los ríos *(1967),* Ganas de estar un poco juntos *(1975),* Círculos y planetas *(1977),* Hacer la guerra es ir con todo *(1979),* Me ensayo para ser una mujer *(1984),* En la trampa y otras versiones inéditas *(1997),* Contar desnuda *(2000) y* Las esferas del viaje *(Panamá, 2005).*

ESTE PAÍS Y OTROS POEMÍNIMOS

"Mantenga usted su mano sobre mi corazón. Silencio?
No lo escucha? es mi viejo motor
medio averiado"
Winston Orrillo

"uno se marcha luego por el mundo
incompleto de sí
completo sólo de su silencio"
Otto René Castillo

"porque los días cambian sus atuendos
antiguos, y todo cambia, urgente
en la hoguera del alba"
Winston Orrillo

1

Este país del cual alguien le contó
este país de miedo este país hermosísimo y
cruel
este país un % desterrado
este país con sus poetas que piensan en pop
y en inglés
este país waltdisney, este país probeta
este país de riñones distraídos
este país con sus anteojos miopes
este país con sus perros paseándose
este país de mascotas con lacitos
este país que quiso que la poesía dijera
lo que tiene que decir
este país con sus montones de payasos
este país del callejón sin la salida
este país del cartavieja y el canal
y el amor
pero donde siempre gana la emboscada y
el cartavieja
y todavía el amor es una ganancia

Este país necesitado
donde hay ollas desnudas sin metáfora
este país donde el dolor llega sin impuestos
este país del disfraz y la trampa
este país cansado e iracundo
este país que ya no puede más
este país que definitivamente ya no se
presta al juego
es muy probable que
en algo se parezca a tu país.

2

Tú no puedes morir Latinoamérica
tu fuerza está en los pobres que son millones
está por todos los lugares
en los panes que faltan
en todo lo que te quitan que es casi el corazón
en los muertos que están en todas partes
en el acoso que no puedes aceptar
en el poeta si es que su lengua es válida
como arma del presente
en los países cuyas conciencias
crecen como planetas

el guerrillero te arma con sus bombas de tiempo

3

La señora no está
se convirtió en un cangrejo
de tan rica que era
millones refrigerados
encapsulados
la señora alma de caracol
la señora que atravesó las islas y los continentes

en naves para turistas
conteniéndose
secreta todavía
y regresa del soñar y desear
porque no sabe cómo el camino se perdió
la señora que no aprende a morir
la que no tiene entrañas
y se mató la boca
por no gritar
la que se oculta en sanatorios privados

la señora que es culpable de no ver más allá de
su nariz
la señora del botox de la liposucción
la señora que no habla del horror
la señora en la casa inmaculada
la señora de los tés en el club

que cumple sentencia de silencio
cadena de muerte a perpetuidad
la señora gata burguesa que lee a Proust
y se deleita
código de da vinci
la señora con delitos de omisión y pasión
la señora sin énfasis
la señora del falso pelo rubio y de los silicones

la señora del aretito en la garganta
para adelgazar
la señora que llora pero siempre a escondidas
la querida señora del rímel
la señora que nunca se estropea el peinado
la señora con moretones ocultos
la que mira por sobre sus ojos
la señora siniestramente inútil
incolora
inodora a pesar del perfume
la señora que nunca vio el país

4

Este innoble cansancio
a la noble razón la desrazona
Pliégueme como carta ya leída
que la cordura vuela
como un cordero o golondrina

5

Con qué mano llamarte / con qué voz inducirte
con qué paz abarcarte
con qué olvido olvidarte
porque a pesar de negarte decirte no —no quiero
cayó mi piel al cántaro de fuego
porque a pesar del tiempo en que no te olvidé
regreso contra el tiempo y sus razones

y hallo tu casa sedienta todavía

6

ent-END-imiento?:
declaro formalmente
que
nada ha
terminado
Es solo cosa de
voltear la página.
Capítulo sediento

7

Amor que dijo por aquí he pasado
eran mares de ser, mil cosas, todo
un mundo que en su voz lleva mi modo
y en donde todavía está mi estado.

Ahora como antes busco y nado
recojo velas, arenisca, yodo
un buque de papel es mi acomodo
yo lo hago fuerte, móvil, descansado.

Qué cerca el tiempo que se fue lejano
qué lejos tiempo pero qué cercano
avísame si estoy en hora, vida!

Avísame si puedo tocar puerto
avísame si en este desconcierto
tengo el reloj al día o ya me olvida.

8

Me han dicho que el amor huyó volado
me han dicho que mejor, me han dicho bueno
a veces una pizca de veneno
pero qué bueno ver: no me ha tocado.

Me han dicho adiós, de allá se ha regresado
me han dicho prisa, miedo, crisantemo
me han dicho que el dolor camina ajeno
y que llevas mi piel en tu costado

Pero nada es el fin, amor ni pena
la vida es voluntad que se encadena
profundo al corazón y sus motivos.

Como un pájaro es, sin daño, dueño,
invulnerable cotre desde un sueño
profundo y personal. ¡Estamos vivos!

MANUEL ORESTES NIETO
(Ciudad de Panamá, 1951)

Licenciado en filosofía y letras, y diplomático. Director de la Biblioteca Nacional. Premio Nacional de Literatura Ricardo Miró de Poesía en cuatro ocasiones. Premio Casa de las Américas en 1975. Medalla Gabriela Mistral 1996. Premio José Lezama Lima de Casa de las Américas 2010. Es autor de Poemas al hombre de la calle, Reconstrucción de los hechos, Enemigo común, Dar la cara, Diminuto país de gigantes crímenes, Oratorio para Victoriano Lorenzo, Panamá en la memoria de los mares *y* Poeta de utilidad pública. *La antología* Rendición de cuentas *(1991) recoge veinte años de su producción poética.*

AQUEL PAÍS EN SU MEMORIA

Ella me hablaba del lugar donde nació,
caliente, húmedo y fluvial,
como quien cuenta el naufragio de un país.

Al oírle, daba la impresión de que esa patria selvática,
que describía hasta en los sonidos de las aves
y el temor a las jaurías de animales de ojos violáceos,
quedaba demasiado lejos.

Sus historias quedaban truncas,
abatidas por un silencio ardiente y melancólico,
hijo de una lejanía.

Siempre sentí temor cuando repetía
que los huracanes aparecían de pronto
como gigantes sin rumbo que todo lo arrasaban.

Pero me contaba de su país de montañas
desde donde se miraban dos mares a la vez,
página a página,
rugido a rugido,
como los vientos abruptos y los aguajes
que cuarteaban las orillas de los esteros.

Cuando la lluvia nos encerraba en casa
y no podíamos salir,
le pedía que me dijera cómo era aquel lugar
de árboles tan altos como el cielo
y de escarabajos de color lapislázuli.

Y, entonces, su país era una bruma alegre en sus ojos.

Su inolvidable país donde el sol era una fiesta roja
que teñía el océano,
manojos de sal y espuma en las noches fosforescentes
donde las estrellas fugaces se contaban por cientos.

El país que a fuerza de remembranzas
permaneció inalterable en su corazón de cristal
y en su memoria fresca
y que, de cuando en cuando, abría
para verlo flotar en un mar de lágrimas.

EL SUEÑO INEFABLE

Día a día
—por ochenta y siete años—
ella fue un instante calcinado de felicidad

por la luz de un inefable sueño
que no pudo cumplirse.
El intento de todo lo que fundamos
contra las tempestades,
las conjuras para detener las sombras,
las mareas rojas del dolor,
la dicha triturada por las postergaciones.

Y también, ella fue la centella más brillante,
la luz de plata
de un cuarzo cuajado y limpio,
el árbol frondoso y su cúspide de oro,
donde aún se posan las quimeras
como bandadas de aves
que viajan desde los confines azulados
y que vuelven cada invierno
a descansar después de sus hazañas.

OLOR A ALCANFOR

¿Quién fuiste, realmente,
Baldomera Espinosa, viuda de Muñoz?

¿La abuela descalza que llegó desde la selva?
¿La mirada fija de un cóndor?
¿La sombra que deambulaba
por entre los cuartos en la madrugada?

¿Un olor a alcanfor y a inciensos?
¿Una vela, un vaso de agua,
cuatro centavos?

¿La magia de tus manos en alcohol
para conjurar la fiebre?

¿La que presentía las duras desgracias?
¿La que lloraba a solas?

¿Quién fuiste, abuela?

¿Una mariposa grabada en el aire,
un largo viaje por las arterias rosadas del tiempo,
la resonancia sin igual de un caracol esmaltado,
una hoja de sábila,
la canela olorosa de tu piel,
tus manos ásperas y tiernas,
una lágrima redonda como los recuerdos
o, acaso, esta indescriptible desolación
al verte ahora,
como un colibrí que cae vencido entre mis manos,
atravesado, sin razón,
por una brutal espada?

UN MAR DENTRO DEL MAR

Créeme: hay un mar dentro del mar.

Una planicie del pastor y la hierba,
del ave y la semilla.
Un horizonte vegetal de esmeraldas y cristales,
flotando en un plato de porcelana y sol.
Una ilusión de magnolias y lirios
en aromas de albahaca y canela.
Un centelleo de robles y pinos,
como cuando el viento vuelve de sus auroras boreales.
Una copa de agua sin fondo,
donde los árboles están enraizados en la transparencia
y sus frutos son de una luz azul.

Una gaviota insumergible caminando a su nido,
eternamente esculpido en hielo verde.
Una cumbre cortada como un embalse
en un volcán.

Créeme: el Mar de los Sargazos existe.

Donde el pez y la rosa
nacen de la misma explosión de la vida;
donde el ala de la mariposa y el girasol,
al surcar el aire,
fundan el rito del silencio de la esponja;
donde la rosa de los vientos
tiene su epicentro de espuma y nube.
Un mediodía de humo y savia
en el corazón de un caracol milenario.
Un esplendor en la proa de un buque insignia.
Un lunar de especies inigualables
esparcidas en las sienes de los hombres,
de sus pirámides y sus geometrías,
de sus números arábigos y sus secretos cuneiformes,
de su miedo a morir a solas
y su certidumbre de poder navegar los años
cada vez que una estrella se alinea al milenio de sus destellos.
Créeme: el Mar de los Sargazos fue el inicio del mar.

No lo olvides.
Recuérdalo para siempre.
Un estanque de lirios y tortugas.
Una fortificación de perlas trituradas.
Un mar sin violencia dentro de los mares.
Un sonido a mar en un mar de sonidos.
Una ola dentro de un bosque.
Un pez de alas blancas.
Un caballo de escamas plateadas.

Un monumento, un frenesí, un sueño, un adiós,
una bienvenida, unos ojos, un tiempo,
como el mar mismo y su vocación de permanecer allí,
en su propio fondo y sin orillas.

CONSUELO TOMÁS
(Isla Colón, Bocas del Toro, 1957)

Poeta, narradora, actriz, dramaturga, comunicadora social y educadora. Premio Nacional de Literatura Ricardo Miró en poesía, cuento y novela. En poesía ha publicado: Confieso estas ternuras y estas rabias *(1983),* Las preguntas indeseables *(1984),* Motivos generales *(1992),* Apelaciones *(1993),* El cuarto Edén *(1994),* Agonía de la reina *(1995) y* Libro de las propensiones *(2000).*

DE LA PROPENSIÓN A LOS ACCIDENTES

Me he estrellado contra el cielo esta mañana.

La palabra que no dije
se hizo cráter en el centro de mi boca.

Lo que quedó de mí podría recogerse con cuchara
una que los duendes usan para tragarse auroras y presagios

Les ha sido muy difícil identificarme.

El marfil que sustentaba mi vértice en el mundo
es ahora una espiral de sueños en soltura.

Ilusiones borrosas astillan mis pulmones
el cerebro está lleno de gorriones lastimados, pero vivos
y candiles encendidos para los ritos nobles.

Se me ha derramado la arena de los días
en castillos para nadie defendibles
y una mancha de señales emergentes

De tres neuronas salvadas del colapso
han salido carcajadas y un ruido de tambores.

Sólo así han sabido
de quién es ese cadáver tan bonito.

HUBIERA

Hubiera podido amarle sin costumbre
amarle sin seguro como siempre
al revés y sin raíces
amarle sin querer llegar al fondo amarle porque sí
sin esperanza en lo oscuro
amarle sólo con el cuerpo en la penumbra
con la piel despierta cobrada de rocío
amarle sin fantasía y sin sueños
desde mi orilla solitaria y en silencio
amarle sin pena ni gloria
sin salir de mí (triste burbuja)
amarle por azar por es acaso
sin tocar sin mirar sin descubrir
amarle así impersonalmente cabeza fría
amarle solamente con la carne y el instinto
sin llevarme su nombre en las horas intermedias
sin recordarle siquiera durante la ausencia
sin espera sin sorpresa sin color sin desaire
Yo hubiera podido amarle desamándole
Pero le amé como se debe
como ama una mujer de corazón abierto
o una mariposa que se lanza al infinito.

EL DÍA QUE TE VAYAS

No habrá pañuelos agitándose
Ni lágrimas ni manos en el aire
Mirarás el reloj asegurarás el equipaje
La libreta con las direcciones
el alma
los recuerdos
Un cierto peso en ese corazón
Siempre duele dejar una tierra que se hizo querible
A pesar tuyo

El día que te vayas
Alzaremos la copa por haberte conocido
Sabremos de un espacio vacío en la mirada
Una voz que ya no va a escucharse
Una remota esperanza vestida siempre para tu regreso
Y nada más.

RECUERDO DE FUTURO

… volvéis a andar
cenicientos y apocalípticos
olisqueando la dolorida carne del Caribe.
EFRAÍN HUERTA

Nos pusieron una venda en los ojos
nos echaron a caminar
nos llamaron por números
nos escondieron la identificación
nos dieron mentiras para entretenernos
llamaron accidente a nuestras muertes obligadas

comieron y rieron de su hazaña
soñaron con nuestras caras débiles

y cuando vieron
que toda América lloraba por nosotros
se tiraron al mar
ahogándose.

EL CUARTO EDÉN

Eva orgullosa   mujer inacabada
vacía cada mes sus néctares fecundos
y se mira en el espejo
buscándose en la sombra.

Eva orgullosa
hembra humana   peligrosa
sin brillos cosméticos
ni resplandores falsos.

Eva profana,
llora y no proclama
la enorme vastedad de sus fisuras.

Eva desnuda,
pequeña   estrellada
llenando cada día los cántaros de anhelo
en el pecho del hombre que completa su jornada.

Adán un hombre
interminable   bello
vagabundo creciente
por las heridas del mundo
y los confines del beso.

Adán humano
triste o feliz
padre o hermano
risa de mar   mirada océano.

Húndese su sexo en Eva
como un pez consciente de su agua.

Navega y cabalga
hecho su amo.
Bebe de su boca.
La ilumina y enciende.
La eleva hasta sí misma.
Le da de su milagro.

AGONÍA DE LA REINA

Darte la vida en estallidos de la carne y perderme en ello.
Fue la máxima consigna que coronó el universo en mis cabellos.
Cruce del cielo y del infierno mi vestido de flores.
Me di en las cascadas de tu aliento
en la efervescencia y la pólvora
con el dolor surcando los contornos de este tiempo.
Limpié lágrimas y escombros después de las conflagraciones
con una caravana de fantasmas cruzándome la calma.
Sembré las flores arrancadas de mi risa
y te puse con ellas un jardín en el pecho.

Era un levitar de aromas en mis senos
una comparsa de libélulas cantándome en el vientre
un olor de mangos en las manos esparcido.
Era mi cuerpo el lecho de tu río
La caverna oscura en que para tu calor
hube de inventar el fuego.

Multipliqué los panes para tu hambre de niño
y se fue deshojando el árbol que cuidé para ti
contra el frío de todos los inviernos.
En ramas desnudas bajo un cielo de plomo
vi tornarse mis brazos extendidos.

Cuando un pedazo del sol agonizaba en mi ventana
y tus ojos miraban caer meteoros de cruda lejanía
yo contaba los hijos que perdí en guerras sin nombre
los animales enjaulados en mi boca
y los días vagabundos
con el musgo entre mis piernas que no tuvo sello.
Barcos fantasmas vi partir desde mi cuerpo.
Mordí la ácida fruta de los nocturnos desamparos
y las horas incrustaron alfileres de veneno
en mi carne fugitiva.

Desierta y extendida como una oscura estepa
Depositó la noche sus misterios
En la enormidad de mis amplias orfandades.
Las guardé para ti en el cofre de mis dedos.
Los secretos de las piedras me fueron revelados.
La savia de los troncos me entregaron sus milagros
Para curarte al retorno de tus vuelos a la furia
Desflecado el estandarte
Con que alzaste hacia lo alto tus deseos.

De esperarte se gastaron mis sentidos.
Llovió edad sobre mi pelo y la mirada se me llenó de humo.
Dejaron de saltar los arlequines de mis manos.
Aprendí a no pestañear en los eclipses.
De mi falda se marchó el olor de crisantemos
Y el carrusel de mi risa se convirtió en silencio.
Rota la cabalgadura que cargó mis esperanzas

Prófuga gris en su evasión perfecta
En su tristeza yace como tenía que ser
En un ovillo de huesos sin sustento
Sobre una mezcolanza de plomo y de ceniza.

JOSÉ CARR M.
(Ciudad de Panamá, 1958)

Poeta, educador, ensayista, narrador y periodista. Ha obtenido diversos premios en poesía, cuento y ensayo. Ha sido tres veces Premio Nacional de Literatura en poesía. Ha traducido del portugués al español a los poetas Drummond de Andrade, Thiago de Melo y Vinicius de Moraes, y a René Char del francés al español. Fundador y director de la revista digital Tragaluz. *En poesía ha publicado* La Rosa contra el muro *(1991),* Estación de la sangre *(1995) y* Reino adentro (Más allá de la Rosa) *(2006).*

SEGUNDO DISCURSO

4

Seas de la llama
intensa arboladura,
—Oh, signo de los verbos—
ESCRITURA.
Alumbra en la promesa
de este abismo
al triste corazón
por el que gimo.
Porque los hombres pierden
la balanza,
el equilibrio dulce
de la Rosa.
Porque los hombres hablan
por la espada.

453

5

Cuando la Rosa ha sido
arrebatada
del pecho y de las manos
de los hombres,
no queda otro sonido
a las palabras
que el de las cajas
(solitarias y pobres)
en que desciende
el que se va a la muerte
desarraigado
y sin extremaunciones.

6

Ya que a la vida
hoy se levanta un muro.
Ya que contra el amor,
lo que le espanta.
Ya que el silencio
es un espacio oscuro,
no guardes esos panes:
NO HAY ALIANZAS.
El arca sobre el hombro,
suspendida,
nos lleva por la tierra
a la batalla.
No ceses de latir
porque te espanta.
VIDA.
DURA LA FLOR.
La Rosa se agiganta.

CUARTO DISCURSO
(CASTIGO Y EXHUMACIONES)

3

> Miro mi cara en el espejo para saber quién
> soy, para saber cómo me portaré dentro de
> unas horas, cuando me enfrente con el fin.
> Mi carne puede tener miedo: yo no.
>
> JORGE LUIS BORGES,
> "Deutsches Réquiem"

En mí combate a muerte, silencioso,
el amor por la vida y sus hogueras.
La voz de algún arcángel de granito
me hostiga desde dentro o desde fuera.

Musita tu canción, infeliz poeta,
que mas allá de ti y de las canciones
se extiende la fiel ley de la materia:
que todo nazca, crezca y al final no sea.
Mutándose, moviéndose, en su esencia.

¿Será verdad que ante la muerte somos
el fiel de la balanza y el rasero;
que no lo que deseado y sostenido,
sino lo que callamos y creímos?

¿Será verdad que por tu boca el signo
de tantas vidas muertas ya se ha dicho?
¿Que vieron otros, en los ojos míos,
imágenes que nunca he presentido?
¿Será tanto fulgor verdad de espanto?
¿Será tanto dolor de voz y espera
razón de ser, salud de flor y abeja?
Presencia fiel serás en lo que dejas.

SOLILOQUIO DEL FUSILADO

Dos

Del ancho mar surgieron los dolores
como voces de monstruos, alaridos
de la carne y del alma. Los dolores
vinieron de la mar y sus rugidos.

Y conocí la sal por sus ausencias.
La ruta de su tráfico hacia el hombre.

Me fui, pues, tras la sal y su presencia
para instalarla firme en estos montes.
Me hice Victoriano "el Salinero";
del mar un caracol: Tupac mulero.

Ocho

De algo hay que morirse; yo, de Patria.
Y ya que se aproxima ésta, mi hora:
el final de servir y hacer la guerra,
comprendo que mi sangre sea un rellano
y estación de aforos para primaveras.

He de morir, lo sé, y no tengo miedo;
lo dice el mar, el viento, esta tristeza
de azulosa nostalgia en mis memorias.
Ya sé que he de morir a plomo y cielo,
mas recuerda que fui dulce y angustiado
como un soplo de rosa, que fui breve,
besado por el sol y las palmeras;
toma mi sangre, ya todo lo he dado:
mañana volveré, multiplicado.

EPITAFIO

> Esperamos el clarín y el himno,
> somos la historia y el hombre.
> JESÚS COS CAUSSE

Cuando los fusiles callaron
se inclinó hacia un lado su figura
y así ha quedado Usted, eternizado.
No estuve en esa plaza
aquella tarde de mayo,
pero hoy estoy aquí para decirle
a las generaciones que han llegado
que con ese gesto de héroe atravesado
por las cinco descargas de la muerte
se inicia nuestra verdadera historia
de pueblo que sacude su pasado.

No piense Usted que va a descansar
ahora que le han llenado el pecho de plomos.
En Usted, General Lorenzo,
ha sido condecorado el hombre istmeño
con el más humilde de los metales.

Que no se olvide alguno
que la patria sobre sus pies camina
y sobre su mansa sangre se levanta.

Sea Usted, General Lorenzo,
que desde que mataron su cuerpo
—por el camino humilde de su sangre—
la muerte se ha marchado a otra parte.

¡Que nadie pregunte por su tumba:
aquí fue muerto el hombre y se ha quedado!

LIBRO IV / EL ALBA ENTRE LAS MANOS

5

Recuerdo que hace siglos fui flor y fui ciruelo.
Ahora soy el árbol que hace años cultivaste
sin la esperanza de probar sus frutos.
Crecieron mis raíces, son gruesas como sierpes
y se han alimentado en lo espeso de tu sangre.
Siéntate bajo mi sombra, cansado penitente.
Por fin eres el Rey que te soñaste.
Descansa, sufriente, porque todas las batallas fenecieron
con su carga de cadáveres ahítos de muerte.
Contémplate en tus muertes y mira que eres
todos los que han marchado bajo soles violentos.
Las banderas que humillaste en tantos campos
son tus propias enseñas derrotadas,
y son tus estandartes los que hablaron de victorias.
Ahora danza, canta, grita o hártate de paz.
Éstas son tus esperas coronadas.
Sumérgete en amor o sólo calla.
Ve hacia la flor, sé pez o simple caña:
Hoy tu silencio dirá más que todas las palabras.

JAVIER ALVARADO
(Santiago de Veraguas, 1982)

Premio Nacional de Poesía Joven de Panamá Gustavo Batista Cedeño 2000, 2004 y 2007. Premio de Poesía Pablo Neruda 2004 y Premio de Poesía Stella Sierra también en 2007. Mención de Honor del Premio Casa de las Américas de Cuba 2010 con Carta natal al país de los locos (Poeta en Escocia), *Premio Centroamericano de Literatura Rogelio Sinán 2010-2011 con* Balada sin ovejas para un pastor de huesos *y Primer Premio de los X Juegos Florales Belice y Panamá con* Ojos parlantes para estaciones de ceguera. *Autor de* Tiempos de vida y muerte *(2001),* Caminos errabundos y otras ciudades *(2002),* Poemas para caminar bajo un paraguas *(2003),* Aquí, todo tu cuerpo escrito *(2005),* Por ti no pasa nunca el tiempo (y otros poemas al espejo) *(2005),* No me cubre de edad la primavera *(2008) y* Soy mi desconocido *(2008).*

ENTERRADERO DE EL CIPRIÁN

En este enterradero todos tenemos epitafio
Una oscura canción que nos persigue desde el pasado hasta el presente
Como una guirnalda de pobres vegetales,
Estos muertos que me habitan a veces, que tanto cargo
Que corrijo en sus posturas, en sus gestos, en sus hábitos,
Que corren detrás de mí como el niño tras el llanto amargo del agua
Se van navegando junto a mi sangre
Como se va escapando el invierno en su fragata.

¿A dónde se fue quedando el ropaje de nuestros primeros abuelos
Y el disfraz de loca y pordiosera de mi abuela
Con su legajo estival después de pasar por los chamuscados

Telares del viento, si eso dicen que la locura entra por el aire
A su viento, donde todos hemos de ir con el primer himno o la campanada
Terrena de esta suerte, de ser huérfano en la luz,
En la territorialidad y en el polvo?

¿A dónde está ella y el cruel abuelo
Que fue dispersando sus hijos por la tierra
(Vitervo, Bredio, Janeth)
Como las cuentas prófugas de un collar
Que halamos con la rabia del tiempo, con esa sacudida
De los animales que vuelven del espasmo
Cuando la noche se posa sobre nosotros
Como un gigantesco amaranto o como un pulpo
Que se ha sacado partituras con el orgasmo pétreo de su tinta?

Oh, mis primeros muertos que el chubasco del invierno
Me trae en desordenadas imágenes
Donde se contemplan el bestiario de las musas
Si no he podido contemplar la levadura de sus huesos
¿Dónde está su tumba, abuela inmemorial de maíz y greda
Macaria Espinoza la que se fue sin ataúd
Sólo con la mortaja de llanto de sus hijos ausentes
En su humildad y en su locura?

Nosotros abandonaremos estos cuerpos, habitaremos estas burbujas
Que el invierno escupe.
Habrá tumbas desde el cielo a la fragata.
Nos hospedaremos en tu casa y seremos todos tan reales y desconocidos.
Éste es tu enterradero de El Ciprián, donde todos tendremos epitafio.

MEDITACIONES EN UN BOSQUE DE ESCOCIA

Seguiste las instrucciones para leer a los árboles
ERNESTO CARRIÓN

Abro estas rocas para estar despierto
Para imaginar que he colocado sobre este suelo cada uno de sus árboles.
Hay dioses blancos y hay dioses más oscuros
Algo que el chubasco me ha permitido ver
Algo que no sucede y que sin embargo ocurre en mi conciencia
Suelo derramarme sobre este campo como el pequeño arroyo
Que en vez de morir se va a alimentar la charca afiligranada de los patos,
Me subo a los troncos y las ramas levemente se resquebrajan
Abro la fábula del cuervo y Edgar Allan Poe va sucediendo
Sobre los bucles de Minerva.
Hay un esturión castrado
Y un ánfora de sol que destella copos de nieve;
Ese mundo irregular donde se abre el poema
Y la sombra se hace corpus,
Vino de la realidad para el deleite de otras desapariciones
Un muchacho juega desde su puerto y empieza desde siempre
A escupir las tempestades, otra chica más arriba
Es la que esparce el viento por la tierra
Ambos combinan el aguaviento que azota estos lugares.

En este verano que parece invierno solía jugar con mi caballo
Ornamentar mi silla de montar con los cascabeles de mi patria
Perder el equilibrio en los telares acuosos de la nieve
El vino que se derrama y va aletargando las alquerías
Las sastrerías del agua que susurran sus verdades a los troncos
A los hábitos de los ascetas y de quienes viven en el monte
Vegetando entre las oscuras estepas que huelen a pino recién cortado
Imaginándome que puedo permanecer como un hilo de estrella
Donde va colgando el pergamino de la araña
Esa sacudida de los peces y de los mares que se van abriendo
Hacia la conquista de ese otro mundo, donde no hay palabras

Y poseemos malos hábitos, eso de amar con un lirio resplandeciente
Con un guijarro empalmado que se abre hasta dominar el cristal de la semilla
Asistir a los oficios nocturnales y seguir al Buen Pastor en su domingo
Por la siesta de los cereales y el pan
En cada paso del corcel que se retira
Entre calles asfaltadas por las corolas de las flores.
Termino por creer que hay una estatua rota
O un arenque saliendo de la endurecida lengua.
Hay fitoplánctones y pirañas en nuestro estómago
Lunas quebradizas que cuelgan de las orejas
Y una luz color de ámbar que destilan los cestos olvidados de manzanas.

OFRENDA DE CEBOLLA

> Not a red rose or a satin heart.
> I give you an onion.
> [...]
> It promises light
> like the careful undressing of love.
> CAROL ANN DUFFY, "VALENTINE"

No me des la rosa
No me des el páramo, las calles.
No me des el tintineo del árbol,
No me des el agua y su cofre de cristales.
No me des las espinas de lo bello,
Dame la cebolla.
Ésas que se cultivan en Coclé o en otras partes del mundo
Donde su piel es blanca,
Nívea como un pecho de lobezno adolescente
Parda como el plumaje de una tierrerita
Desdoblada sobre la hoja inmóvil.
No me des del labio acuoso
Ni el bosque petrificado que llevas dentro

Como una copa de vino desmadrada
Los dones terrenales y celestiales
Que la creación te fue otorgando
Con las espigas demolidas,
Mejor el cráter nocturno
La cereza pálida
El venado derretido que alza los cuernos
En los festines de la cama
Olorosos como la canela llevada en el desierto
El sexo en el pico del ave
Que va goteando el semen táctil
O la enjundia del misticismo en la semilla.
Prefiero huir de tus reinos
Y dejar el servicio puesto,
Los utensilios, la comida fría
Ésa es la comunión de tu cuerpo al pelarte
Al quitar la piel y ser poseso del cuchillo
Y descubrir tu carne en gajos curvilíneos
Que se abren despaciosos como un milagro
O un pacto de Dios en los corderos.
No me des nada,
Sólo sembrad una cebolla aquí en mi tierra
Que el tallo vaya creciendo hasta alcanzar
La desmesura del cielo y el juicio de todos los confines.
Yo te dejo una rosa,
Te dejo los vientos, los mares, las residencias
Todo lo palpado, oído, gustado, visto y olfateado.
No me des los dones, no me des el cuerpo.
No me des las estaciones
Ni el abrigo ni el paraguas.
Arrebátame todos los vegetales del mundo
Pero no me dejes en orfandad
Sin la cebolla.

DEMASIADO CERCA O DEMASIADO LEJOS

> Mi cabeza no sé cuál
> No ya una, no única
> Ya parecida a las parecidas,
> Ni femenina, ni masculina
> WISLAWA SZYMBORSKA

Sucede que estoy muy cerca o demasiado lejos
Que puedo vestir de hombre o de mujer
O con la piel de cualquier animal de monte
O de ciudad
Que puedo desgañitarme a voz de cuello como una campana
Entre las manos del día
O arder como un cohete en las barricadas de la noche
Ser algo corpóreo o incorpóreo que se defina en la luz
Ante el humano ojo
O ante la necedad del microscopio
Que puedo hendirme de raíz a cualquier suceso de la historia
Que le temo y no le temo a la casualidad
O al miedo de encontrarme
Y no tener espejos
O lenguas para hablar con los desconocidos
O los conocidos, a quienes más temo,
En cualquier rastrojo o vestigio de metrópolis
Donde siempre existo
Donde muto, donde me cambio la piel
Para ser agua, tierra, fuego, aire
Una mixtura de elementos.
No sé dónde aprendí a escribir y dónde coloqué
El balbuceo y la fabulación del verso
Algo nacido como un arrullo de una A vivencial
En el sánscrito que siempre oigo
O al escribir un hexámetro sobre Troya robándomelo Homero
Sencillamente cantarlos ante el mar de Lesbos mientras Safo
Colocaba una mano para fraguar el aguaviento en mi pene o mi vagina.

Bien pude ser una ninfa o nadar como sirena
Ser mitológicamente alguien
El perdido amor de Quevedo o Góngora
Luego ser un heterónimo de Pessoa
E irme a pasear al Cabo Verde
Habitando América y sus Antillas
En el susurro como un velamen
Sentarme sobre Lezama e incitarlo a cantar
Y a habitar su otro Paradiso
O ser el caldo de congrio en la mesa de Neruda
O la espuma de Vallejo ante sus páginas
Cuajadas por la hierba
La piedra de sol de Paz
O este paseo para Turistas
Por el istmo de Panamá o por la Isla Mágica
Que nos trazó Rogelio
Tan incomprensible es la realidad
Tan ajena del mundo
Tan expectante como la muerte de los espectadores en el circo.
Yo puedo ser un mimo
O el grito que asfixie esta insólita brevedad
De ser o no ser
De estar siempre cerca o nunca demasiado lejos

Índice

Sumario 9

Agradecimientos 11

Prólogo. Inventando sueños 13

GUATEMALA

MARCO ANTONIO FLORES

Los hermanos Karamasov 27

Iniciación 27

Visita 28

Testamento del exiliado *(Fragmentos)* 29

De la esposa 32

Esquizofrenia 33

ANA MARÍA RODAS

De acuerdo... 34

Domingo 12 de septiembre, 1937... 34

Asumamos la actitud de vírgenes... 35

Limpiaste el esperma... 36

Porque yo soy la causante de tus iras... 36

Vine, doctor, porque me duele la cabeza... 37

Dijeron que un poema... 37

Ya sé... 39

El más perfecto amor... 39

La última vez que creíste hacer el amor... 40

FRANCISCO MORALES SANTOS

Madre, nosotros también somos historia 41

Napalm 48
Reglas para enamorar gradualmente a una muchacha 48

ISABEL DE LOS ÁNGELES RUANO

Juego de palabras 49
Mis furias 49
Oración a Vallejo 50
La palabra 52
Hora sin soporte 53
Mi cuerpo 54

LUIS EDUARDO RIVERA

Enumeraciones 55
Un hombre en el espejo 56
Réquiem 58
Poemas de un desempleado 59

ENRIQUE NORIEGA

Barco a la deriva 63
Avivado el deseo por que te muestres 65
Me agradan los ancianos 65
Homenaje 66
Parábola de los espejos 67
Quevedeana 67

AÍDA TOLEDO

En la morgue 68
Degradación en fá(bula) menor 69
Epigramas de Gilaume 69
Después moriremos de miedo 73
A qué temer 73
Monólogo interruptus 74
Durante la ausencia... 75
Minotaura 4 75

HUMBERTO AK'ABAL

Camino al revés 76
Vuelo 76
No sé 77
Una persona 77
Piedras 77

Allá 78

Chonimutux 78

A veces ríos 79

El triste 79

Hablo 79

Poesía 80

Embarazada 80

Pluma encendida 80

Jaguar 81

JAVIER PAYERAS

Inventá... 82

Preso en una bomba de nylon... 83

Relato de Raymond Carver con mi vida 83

Dorado amarillo 84

Tengo ventanas viendo al norte... 84

Somos el cuchillo sangriento... 85

Colores en el polvo 85

Eclesiastés 86

Dibujo de un diálogo 87

Pequeño muchacho 87

ALLAN MILLS

Poema escrito en un templo 88

Soliloquio en chat 89

Las líneas de ese otro libro que lees... 89

Hay que ver que no se use... 90

El animal que calla... 90

El indio no es el que mira usted... 91

Leche 92

Frontera 93

EL SALVADOR

CLARIBEL ALEGRÍA

Ars poética 97

Carta al tiempo 98

Ausencia 100
Barajando recuerdos 100
Carta a un desterrado 101

MANLIO ARGUETA
Sobre un ramo de rosas que te ofrecí 104
Cárcel 106
Post-card 107
Nadie toca la puerta 108
Los zopilotes 108

ALFONSO KIJADURÍAS
Secreto 110
Mala hierba 110
La cita 111
Letras de oro 111
El mendigo 112
Conjuro 112
Himno 113
Impulso 113
Opciones 113
No dejar huella 114

DAVID ESCOBAR GALINDO
Yo no soy 115
La palabra es un pétalo 117
Duelo ceremonial por la violencia *(Fragmento)* 117

RICARDO LINDO FUENTES
Carta a mi hermana Matilde 120

MIGUEL HUEZO MIXCO
Santa Bárbara 129
Ciudad Tecún Umán 130
Río Suchiate 131
La gran guerra 131

RENÉ RODAS
Protocolos de paz 135

OTONIEL GUEVARA
Homenaje 141
Sucedió 142

Pohema 143

Amor 144

Sal 144

Himno de amor 144

De creer 145

Niños 146

Nunca tuve una casa 146

JORGE GALÁN

La adivinanza 148

Race horce 149

El gran frío 150

Los trenes en la niebla 151

ROXANA MÉNDEZ

El cofre 154

Memoria 155

Primera escena para un día terrible 155

Mujer en su oficina 156

Memoria y distancia 158

HONDURAS

POMPEYO DEL VALLE

Memoria de esta luz 163

Honduras 164

El pájaro 165

Hora pasada 165

Estudio de mi madre 166

Los sátiros 166

Octavio Paz escribe y con razón 168

ÓSCAR ACOSTA

La batalla 170

Los amantes 171

La presencia en las cosas 171

El balandro 171

Mi país 172

País de sordos 173

Los niños 173

Expediente negro 174

Parque zoológico 175

RIGOBERTO PAREDES

Ultimátum 176

Memorial 176

Noticias de Caronte 177

Ars erótica 178

Monte de Venus 179

Memoria del solo 179

Estación perdida II 180

JUAN RAMÓN SARAVIA

De cómo terminó el primer coloquio sobre botánica 181

De cómo algunas curaciones resultan peor que la enfermedad misma 182

De cómo las piedras, el bambú y otros supuestos despedicios han
    demostrado ser excelente material didáctico para la cátedra de
    historia 182

Mensaje a Otto René desde el sitio en que su médula tocó las raíces
    de la hoguera 183

Loa latinoamericana al primer centenario de la Estatua de la Libertad 183

Epicuro cierra los ojos al pasar frente al espejo 186

JOSÉ GONZÁLEZ

Cadillac Ranch, segunda parte 187

MARÍA EUGENIA RAMOS

Ausencia 191

Base U. S. Army 192

Una larga playa 192

Hora de ahora 193

Elegía 194

Amnistía 194

Memoria 195

REBECA BECERRA LANZA

Amanece y salgo... 196

Soñé que estaba en un sitio... 198

Quiero morir como un hombre... 199

Vi que te estabas yendo diminuto sobre el aire...   199
Yo te espero en la penumbra de mi memoria...   200
FABRICIO ESTRADA
El espejo   201
No son palabras   201
American School Geography Lesson   202
Canción de exilio para un recién nacido   204
Primer y último canto para Yamahata   205
MAYRA OYUELA
Prohibido olvidar   207
Tranviaria   208
Bendita   210
GUSTAVO CAMPOS
A mí me dijeron   211
De tigres y otros signos   213
Paisajes fracturados   214
Cara al nacimiento   216
Puente   216
Retrato de quien espera un pájaro   217

NICARAGUA

ERNESTO CARDENAL
Oración por Marilyn Monroe   221
Te doy, Claudia, estos versos, porque tú eres su dueña...   223
Al perderte yo a ti tú y yo hemos perdido...   224
Muchachas que algún día leáis emocionadas estos versos...   224
Ésta será mi venganza...   224
De pronto suena en la noche una sirena...   224
Epitafio para la tumba de Adolfo Báez Bone   225
Somoza desveliza la estatua de Somoza en el Estadio Somoza   225
Salmo 1   225
Salmo 5   226
EDWIN YLLESCAS SALINAS
Patio vacío   228

Háblame de la noche 229

La extranjera 230

Cerdo y unicornio 230

La negra Tomasa 231

Si la bestia quisiera 232

Viejo cofre bajo la cama 232

IVÁN URIARTE

Business anthropology 234

Roque Dalton entra al tercer milenio 236

De remotos peñascos 239

El puente órfico 240

LUIS ROCHA URTECHO

Mesa 242

Aunque como hordas llegan 243

Domus Áurea 244

CARLOS PEREZALONSO

Las hamacas 246

Poema vergüenza para Julio Cabrales 247

Ocaso en el tránsito 248

¿Que cómo es Nicaragua? 249

Cadejo 249

VIDALUZ MENESES

Última postal a mi padre, general Meneses 250

Dueña del canto 251

Carta a mi madre 252

Palabras para el último encuentro 253

FANOR TÉLLEZ

Edad diversa 257

Vida en la tierra 258

Visión 258

Funeral en la familia 259

Miss Babian atendiendo en un bar de la Costa Atlántica 259

Domingo 260

Amarse nada más 261

After the Mardi Grass 261

Julio Cabrales

    El espectro de la rosa 263

    Carta a mi madre 271

Ana Ilce Gómez

    Ellos también 273

    Como ramita en abril 273

    Estoy sola ahora 274

    La diosa de la noche 274

    El amor viene conmigo 275

    Cuando se oye la voz del amor 275

    Aria 276

    Piedra de sacrificio 276

    Encuentro 277

    Inscripción a la orilla del camino 277

    Carta 278

Michèle Najlis

    Oficios de mujer 279

    Como sello de fuego 280

    El eterno canto de las sirenas 281

    El don del águila 201

    Este don de la palabra 282

    Réquiem 283

Gioconda Belli

    Y Dios me hizo mujer 285

    Esto es amor 286

    Dios dijo 288

    Los portadores de sueños 289

Daisy Zamora

    Cuidados intensivos 292

    Cuando las veo pasar 293

    Mensaje urgente a mi madre 294

    Canto de esperanza 294

    Preñez 295

    Qué manos a través de mis manos 295

    Hagamos de cuenta 296

    Definición del amor 297

JULIO VALLE-CASTILLO

    Breve sermón de las Siete Palabras 298

    Parte de guerra 301

    Balada del desertor 302

    Se presenta el Pajaritero 303

BLANCA CASTELLÓN

    Los moridores 305

    Canis sapiens 307

    Golpe al silencio 308

    Destiempo 308

    Adiós tristeza 309

ERICK AGUIRRE

    Fritangueras 311

    Viajero enfermo 312

    Dos 314

    Ser hombre 315

    El rey de los ciegos 317

CARLOS FONSECA GRIGSBY

    Los demonios internos. *Retrato No. 1: Una mirada es una biografía* 319

    La palabra 320

    Lo que el beso le dijo a la ausencia 320

    El poema de amor 321

COSTA RICA

LAUREANO ALBÁN

    Invocación doliente 329

    La canción de la quilla 330

    Llevaban la palabra 332

JULIETA DOBLES

    Canto en vano para una resurrección 336

    De testamentos y otras vanidades 337

    Peligro de muerte 340

ALFONSO CHASE

    Pequeña agonía de mi padre 343

Los milagros posibles 345

Instrucciones para elevar un papalote 346

Aprendiendo a orar 347

Elegía 348

OSVALDO SAUMA

Una mujer baila 350

Mirándola dormir 351

Equidad 352

Tríptico del deseo 353

Noticias antiguas 355

CARLOS FRANCISCO MONGE

Como el farero 356

Cuerpo y epifanías 357

Crónica del deseo 358

RODOLFO DADA

Karina dice sus primeras palabras 360

Cuento de una sirena 368

ANA ISTARÚ

xv. De dónde has llegado... 369

xxviii. pene de pana 370

La muerte es un repliegue 372

Este país está en el sueño 373

De las doradas ubres 375

CARLOS CORTÉS

Cantiga 377

En el comienzo 379

Pequeña alegoría de la felicidad 380

La vanidad 381

Memento 382

MAURICIO MOLINA

El sueño de Beowulf 385

Lenguaje de lluvia 385

El viejo licántropo 386

City lights 387

Preludio para la boda de las flores 387

El cíclope 388

Astrolabio 389

Oda a G. Hagi 389

LUIS CHAVES

Traducción libre de un tema inédito de Chan Marshall 391

Foto 395

Mudanzas 395

PANAMÁ

TRISTÁN SOLARTE

Poema bárbaro 401

Confesión 402

El cura sin cabeza 403

Ultimátum de Zeus 403

Deseo 404

Memento 404

Ars moriendi 404

Nostalgia y miedo 405

New approach 405

DEMETRIO FÁBREGA

Libro de la mal sentada 407

Cuerpo amoroso 408

Tangos perdidos 409

CÉSAR YOUNG NÚÑEZ

Poema vertical 413

No me regañes, mamá 413

En qué lío te has metido, Súper Ratón 414

Carta espontánea a mis amigos 415

No llores más que tu llanto me entristece 416

Carta tardía 417

PEDRO RIVERA

Para hacer el amor con la ventana abierta 419

Memorabilia 424

DIMAS LIDIO PITTY

La sangre y el río *(Elegía a Martin Luther King)* 427

In the Canal Zone 431

El espejo roto 432

Viaje al fin de ti 433

MORAVIA OCHOA

Este país y otros poemínimos 434

MANUEL ORESTES NIETO

Aquel país en su memoria 440

El sueño inefable 441

Olor a alcanfor 442

Un mar dentro del mar 443

CONSUELO TOMÁS

De la propensión a los accidentes 446

Hubiera 447

El día que te vayas 448

Recuerdo de futuro 448

El cuarto Edén 449

Agonía de la reina 450

JOSÉ CARR M.

Segundo discurso 453

Cuarto discurso (castigo y exhumaciones) 455

Soliloquio del fusilado 456

Epitafio 457

Libro IV / El alba entre las manos 458

JAVIER ALVARADO

Enterradero en El Ciprián 459

Meditaciones en un bosque de Escocia 461

Ofrenda de cebolla 462

Demasiado cerca o demasiado lejos 464

Puertas abiertas. Antología de poesía centroamericana,
selección de Sergio Ramírez, se terminó de imprimir y encuadernar
en junio de 2012 en Impresora y Encuadernadora Progreso,
S. A. de C. V. (IEPSA), calzada San Lorenzo, 244; 09830 México, D. F.
En su composición, elaborada en el Departamento de Integración Digital
del FCE, se utilizaron tipos Poppl-Pontifex BE. El cuidado de la edición
estuvo a cargo de *Julio Gallardo Sánchez.*

El tiraje fue de 2 000 ejemplares.